AF330712

C. CHATELAIN, Capitaine breveté d'État-Major

'AFRIQUE

ET

L'EXPANSION COLONIALE

AVEC 5 CARTES DANS LE TEXTE

PARIS

Henri CHARLES-LAVAUZELLE

Éditeur militaire

10, Rue Danton, Boulevard Saint-Germain, 118

(MÊME MAISON A LIMOGES)

L'AFRIQUE
ET L'EXPANSION COLONIALE

C. CHATELAIN, Capitaine breveté d'État-Major

L'AFRIQUE

ET

L'EXPANSION COLONIALE

PARIS

Henri CHARLES-LAVAUZELLE

Éditeur militaire

10, Rue Danton, Boulevard Saint-Germain, 118

(MÊME MAISON A LIMOGES)

INTRODUCTION

Les vingt dernières années du XIXᵉ siècle ont vu se
dérouler les événements qui se rapportent au partage
du continent africain, et les documents diplomatiques
qui en ont été la conséquence ont eu leur épilogue
dans la convention franco-anglaise du 21 mars 1899.

Les limites de notre empire africain sont désormais
partout fermées, notre part est faite : du Sénégal aux
sources du Mbonou, d'Alger à l'embouchure du Congo,
on peut faire dans les deux sens plus de cinq mille kilomètres sans quitter les territoires soumis à l'influence
française. C'est un lot immense, si ce n'est le meilleur.

Nous nous sommes proposé, dans le travail exposé
ci-après, d'étudier les causes qui ont poussé les différents
États de l'Europe à étendre leur influence en Afrique et
à se partager ce continent.

Ces causes sont de nature économique.

Les progrès de l'industrie dans le cours du siècle
qui vient de prendre fin ont produit une révolution complète dans les conditions d'existence de la société humaine.

Il y a moins de vingt ans, la France était, sur la
mappemonde, un point minuscule, qu'on remarquait
à peine ; aujourd'hui, son territoire a décuplé d'étendue
et la population des régions qu'elle a soumises à son
influence est égale à celle de la mère patrie.

Pour des raisons que nous verrons se développer au cours de cette étude, l'esprit public en France a été longtemps rebelle à ce mouvement d'expansion, et un grand nombre d'entre nous voient encore notre pays tel qu'il était il y a vingt ans, c'est-à-dire enfermé dans ses étroites frontières. Leur idéal a cessé d'exister, et il n'est au pouvoir de personne d'enrayer le mouvement commencé.

Dans l'évolution qui a suivi la Révolution française, l'économie politique s'est surtout préoccupée de la production des richesses, croyant qu'il suffisait de produire beaucoup pour assurer le bien-être des individus. Mais toutes les nations ont voulu produire, et, grâce aux progrès réalisés dans l'outillage, la production a fini par excéder la consommation : de là pléthore d'objets manufacturés et menace de crise sociale.

Dans ces conditions, la recherche de nouveaux débouchés s'imposait pour l'écoulement du trop plein des richesses accumulées, en même temps qu'apparaissait la nécessité d'exploiter ces régions tropicales, qui seules peuvent fournir les matières premières et les produits indispensables à la satisfaction des besoins de la société, dans son état actuel.

C'est sous les effets irrésistibles de la loi du progrès que l'humanité cède à cette force qui la pousse à accroître de plus en plus son empire sur la nature, et pour la satisfaction de laquelle il importe qu'aucune des parties de notre globe n'échappe à l'influence de son action.

Dans ce mouvement d'expansion coloniale, l'Angleterre a sur nous une avance dont nous avons été obligés de subir les effets. Grâce à sa situation géographique, elle est bien plus indépendante que nous ne pouvons l'être et, dégagés qu'ils sont des mille questions qui préoccupent les nôtres, ses ministres ont toujours pu agir avec une unité de vues et un esprit de suite qui ne pouvaient que produire les meilleurs résultats.

Quoi qu'il en soit, la période de conquête est close aujourd'hui pour notre empire colonial, et tous nos efforts doivent dorénavant avoir pour but son exploitation.

Actuellement, nous y dépensons, en moyenne 100 millions par an (88 millions pour 1899), alors que nous achetons pour un milliard de produits coloniaux à l'étranger, et notamment pour 175 millions de café, pour 170 millions de coton, pour 180 millions de soie ; or, nos colonies africaines peuvent nous fournir les meilleures qualités de café, qui y poussent spontanément, le Soudan produirait des quantités incalculables de coton, et Madagascar nous donnerait de la soie au delà de nos besoins.

A nous donc de prendre les mesures nécessaires pour tirer de nos possessions ce milliard de marchandises que l'étranger s'enrichit à produire actuellement pour nous. C'est là un vaste champ ouvert à notre activité et qui promet à notre race, si nous savons en tirer profit, une longue période de prospérité.

L'AFRIQUE
ET L'EXPANSION COLONIALE

PREMIÈRE PARTIE
CONSIDÉRATIONS GÉNÉRALES

I. — L'EXPANSION COLONIALE

---

§ 1ᵉʳ. COUP D'ŒIL D'ENSEMBLE

1° Situation géographique de l'Europe.

La situation privilégiée qu'occupe l'Europe sur notre globe a été la cause déterminante de la supériorité de la race blanche.

La douceur du climat et la fertilité du sol n'ont joué qu'un rôle secondaire dans ce résultat ; c'est à la facilité des communications entre les différents groupements humains qu'il faut attribuer les progrès qui ont été réalisés.

En effet, quoique étant la plus petite des parties du monde, l'Europe possède un développement de côtes tout à fait hors de proportion avec son étendue. Sous ce rapport, elle offre un contraste frappant avec l'Afrique, qui, bien que présentant une superficie trois fois plus grande, possède un développement de côtes moindre.

C'est à ces nombreuses anfractuosités qui découpent profondément ses contours et à la quantité des cours d'eau qui la sillonnent que l'Europe doit d'être aujourd'hui le centre de l'activité vitale du monde entier.

Grâce à ces circonstances, elle a vu se développer sur son sol des Etats florissants, qui de tout temps ont fait des efforts pour se répandre sur le monde et en faire la conquête.

Cette force expansive, preuve de leur puissance, a assuré, pendant un temps plus ou moins long suivant les circonstances, la prospérité des peuples qui l'ont possédée, en leur procurant un accroissement de richesse et en augmentant leur influence sur le développement de la civilisation.

Dans l'antiquité, les colonies grecques et romaines ont dominé le monde ; dans les temps modernes, l'Espagne, le Portugal, la Hollande, l'Angleterre et la France ont créé des colonies florissantes, dont quelques-unes sont devenues de vastes empires.

2° La surproduction industrielle.

Aujourd'hui, le mouvement colonial semble redoubler d'intensité, et tous les peuples veulent y prendre part ; c'est que la question se présente sous un jour nouveau.

Depuis le commencement de ce siècle, un facteur jusqu'alors inconnu est entré en jeu : le développement industriel. A peu près nulle au siècle dernier, l'industrie a pris dans le nôtre, grâce à la découverte de la houille, de la vapeur, de l'électricité, etc., un développement extraordinaire, qui se traduit aujourd'hui par une surproduction.

Les nations industrielles ont prospéré quelque temps et ont trouvé, dans l'exportation qu'elles faisaient de produits manufacturés vers les nations voisines, une nouvelle source de richesses ; mais, depuis un certain nombre d'années, ces dernières se sont mises à produire à leur tour, après s'être pourvues de l'outillage nécessaire. Elles sont donc arrivées à se suffire à elles-mêmes.

Bien plus, des peuples encore absolument dénués d'industrie et de commerce extérieur il y a moins d'un demi-siècle menacent de faire sous peu une redoutable concurrence aux États de l'Europe occidentale ; ce sont la Russie, le Japon, l'Inde elle-même.

La Russie est en lutte ouverte contre l'influence de l'Angleterre dans l'Asie centrale, en Perse et dans l'Extrême-Orient ; son transsibérien lui permettra sous peu d'accaparer une part énorme du commerce de la Chine.

Les progrès du Japon prennent des proportions qui doivent appeler l'attention. La situation insulaire de cette puissance lui crée un privilège naturel dans les entreprises commerciales. Son sol possède des gisements métalliques nombreux, et sa houille supplante déjà celle de l'Angleterre sur les marchés de l'Extrême-Orient.

Il n'est pas jusqu'à l'Inde qui ne doive donner des sujets d'inquiétude aux peuples de la vieille Europe. L'Inde, se suffit à elle-même aujourd'hui pour la fabrication et le commerce des étoffes ; les populations de l'Extrême-Orient sont arrivées à se servir des machines inventées par les Européens et à produire autant que l'Occident avec un salaire quatre à cinq fois moindre. Puisque ces régions contiennent du charbon et du fer, matières premières indispensables à l'industrie, on peut se demander, si bientôt il ne restera plus à l'actif des exportations européennes que les objets de luxe et de précision, dont l'Occident conservera indubitablement le monopole, et si ce monopole de quelques articles d'un prix élevé compensera jamais pour l'Europe la manufacture perdue sans retour des articles courants, la destruction du gros commerce, jusqu'alors tenu par elle, et l'enlèvement de ses anciens débouchés.

Notre expérience plus que séculaire dans les pays nouvellement ouverts à la civilisation nous montre les masses de la population absolument rebelles à la consommation de nos articles autres que ceux d'un prix peu élevé et de première nécessité.

Or, voilà que les Asiatiques fabriquent eux-mêmes ces articles, avec une main-d'œuvre bien des fois moins chère que la nôtre et avec l'outillage européen le plus perfectionné. Il est à craindre que, non seulement ils n'importent plus d'Europe leurs objets de première nécessité, les seuls qui forment la matière d'un commerce étendu, mais que, renversant la situation, ils nous offrent les objets dont nous aurons besoin à un prix tel de bon marché que nos ouvriers ne pourront jamais l'atteindre.

Voici donc comment semble devoir se poser dans un avenir plus ou moins éloigné, le problème entre l'Asie et l'Europe : deux mondes économiques vont se trouver en présence avec le même outillage, des facultés inégales de consommation et une échelle de salaires absolument dissemblables. A ce problème commercial et industriel, s'en ajoutera un second, un problème démographique causé par l'inégale rapidité de multiplication des Asiatiques et des Européens; la Chine est une fourmilière d'hommes ; sa population dépasse le chiffre de quatre cents millions ; ses coolies se répandent déjà un peu partout, y prospèrent et s'y multiplient rapidement. Le jour où, malgré la réaction qui semble s'y produire aujourd'hui, cet immense empire entrera franchement dans la lice, verra le problème se compliquer terriblement.

De ce qui précède ressort, d'une façon indubitable, que le nombre des débouchés commerciaux diminue en raison directe du développement industriel, et qu'il y a forcément surproduction chez la plupart des grandes puissances.

De là une concurrence très vive et la recherche toute naturelle de nouveaux débouchés.

3° Les entreprises coloniales.

La création de colonies semble être, quant à présent du moins, le seul moyen d'amener d'heureux résultats. On espère y trouver et au besoin y créer des consommateurs ; de plus, on compte s'y procurer à peu de frais les matières premières nécessaires à l'industrie et y ouvrir un vaste champ d'action pour l'agriculture.

On divise généralement les colonies en deux classes, déterminées, d'une part, par le climat auquel sont soumises les régions qu'elles comprennent et, d'autre part, par la densité de la population indigène et son degré d'aptitude à la civilisation. Ce sont les colonies de peuplement et les colonies d'exploitation.

Les premières ont surtout de l'importance pour les peuples exubérants, lesquels fournissent chaque année un contingent assez élevé à l'émigration, parce qu'elles leur permettent de conserver sous leur drapeau ces émigrants et qu'elles participent au développement de la race. Quant aux secondes, en assurant des débouchés aux nations industrielles, elles peuvent à un moment donné servir de soupapes de sûreté à leur équilibre social.

On donne également le nom de colonies à des postes stratégiques qui servent de ports de relâche et de ravitaillement pour les flottes de guerre ; mais ce ne sont pas là réellement des colonies.

Dans les colonies de peuplement, l'Européen peut s'acclimater facilement et s'occuper des travaux de la terre, comme dans la mère patrie. Dans les colonies d'exploitation, au contraire, il doit se borner à des occupations commerciales, ou faire cultiver le sol par les indigènes.

Les colonies de peuplement, fondées dans des terres vierges ou peu peuplées, par migrations successives du trop plein de la population, concourent au développement des races fécondes. Souvent, il est vrai, elles rompent le lien qui les unit avec la métropole, quand elles se sentent assez fortes pour agir avec indépendance ; mais, encore dans ce cas, elles répandent au loin le nom, la langue et les arts de la mère patrie ; elles contribuent à l'extension de son influence, ainsi qu'à sa richesse ; car elles restent instinctivement en rapports commerciaux avec elle.

Dans l'antiquité, les colonies grecques de la Méditerranée occidentale et de l'Asie Mineure ne se fondèrent pas autrement. Dans les temps modernes, c'est ainsi que se constituèrent les grandes colonies de l'Amérique où se répandirent les races espagnole, anglo-saxonne et française, ainsi que les colonies anglo-saxonnes de l'Australie et du Cap.

Les colonies d'exploitation sont destinées à la mise en valeur, sous la domination de la métropole, des régions qu'elles comprennent et dont le climat ne permet pas, la plupart du temps, le travail manuel aux Européens. Elles sont, à la fois, une source de matières premières et un marché d'écoulement pour l'industrie nationale.

Les principales puissances de l'Europe ont, en ces dernières années, fait tous leurs efforts soit pour se créer un empire colonial, soit pour étendre celui qu'elles possédaient déjà, et c'est principalement vers l'Afrique qu'elles ont dirigé ces efforts.

Aujourd'hui, l'occupation de ce vaste continent, encore à peu près inexploré il y a vingt-cinq ans, est un fait accompli.

Une activité fiévreuse a présidé au partage de ce monstre colossal; mais les enthousiasmes se sont bientôt refroidis, car les frais de conquête et d'occupation, ainsi que ceux d'exploitation, ont dépassé toutes les prévisions, et l'on n'entrevoit pas encore le moment où pourra commencer l'ère des bénéfices.

§ 2. L'ANGLETERRE ET SES COLONIES

1° Sa situation actuelle.

Nous avons constaté que la position géographique de l'Europe a eu une grande influence sur son histoire ; il en est de même pour la Grande-Bretagne.

Entourée de tous côtés par l'Océan, sa population devait infailliblement se répandre au dehors, grâce aux facilités de communication qu'offre l'élément liquide. Puisque, dans la lutte pour l'existence, les faibles sont inévitablement absorbés ou dominés par les forts, en admettant même que le sol anglais eût été, à un moment donné, habité par une population indolente, il devait fatalement tomber tôt ou tard entre les mains d'une race douée d'une grande vitalité et jouer le rôle que sa situation relative lui assigne.

Longtemps enfermé chez lui, John Bull s'est contenté de son *home* et a vécu de l'agriculture ; mais un homme d'une intelligence supérieure, Cromwell, lui a fait entrevoir sa véritable voie lorsqu'il a dit que l'Angleterre devait être avant tout une puissance maritime. Chacun sait le chemin qu'il a parcouru depuis.

Dans ses rapports avec les autres États européens, l'Angleterre tient à conserver intactes l'indépendance et la sécurité relatives que lui assure sa situation insulaire. Elle n'intervient dans les démêlés européens que pour défendre ses propres intérêts, et elle a toujours su se servir des rivalités des différents États pour les lancer les uns contre les autres et combattre ainsi, sans entrer elle-même en lutte, ceux qui se trouvaient en concurrence directe avec elle. C'est de cette manière que, dans son long duel avec la France, depuis Cromwell jusqu'à la chute de Napoléon, elle a réussi à coaliser à plusieurs reprises toute l'Europe contre nous. Elle a même été assez habile pour se servir de nous contre la Russie en 1854 et contre la Chine en 1860.

Dans le cas d'un conflit européen, il est probable qu'elle chercherait à tirer profit de la guerre sans coup férir. La vie économique se trouvant interrompue pendant la lutte chez les États combattants, elle en profiterait, au grand bénéfice de son commerce et de son industrie, pour jouer le rôle de pourvoyeur et entrerait en scène au moment des préliminaires de paix — comme elle l'a du reste fait déjà en 1878, après la guerre russo-turque — afin d'obtenir, par sa diplomatie, une part importante du butin. Elle le pourrait alors d'autant mieux qu'elle aurait conservé toute sa force, pendant que les belligérants, les vainqueurs aussi bien que les vaincus, se trouveraient également épuisés.

Les richesses minières du sol de l'Angleterre ont fait d'elle la première nation industrielle du monde. De nombreux centres d'une activité prodigieuse y mettent en action toutes les industries; les gisements de houille et de fer en ont fixé les emplacements, et les populations s'y sont agglomérées dans des proportions qui peuvent ne pas être sans danger pour elles dans un avenir plus ou moins rapproché.

Sous la menace d'une crise épouvantable, les pouvoirs publics sont tenus d'assurer le réapprovisionnement des centres industriels en matières premières et aussi l'écoulement des objets fabriqués. Une nécessité qui s'impose, c'est d'empêcher à tout prix le chômage.

Il ne faut pas perdre de vue qu'en Angleterre les importations de matières premières nécessaires à l'industrie sont en moyenne chaque année de trois milliards et demi de francs.

Il est une chose aussi dont il y a lieu de tenir compte, c'est que les deux tiers de la population anglaise sont concentrés dans les villes, et que c'est à l'étranger qu'on est obligé de demander la plus grande partie des objets d'alimentation, lesquels représentent environ les deux tiers de la valeur totale de l'importation.

Ces circonstances ont donné à la marine anglaise un développement considérable et une supériorité qui ne peut lui être contestée par qui que ce soit. Elle sillonne en même temps toutes les mers, et l'on peut dire qu'elle n'est pas seulement égale, mais qu'elle est supérieure à toutes les marines marchandes du monde entier (1).

---

(1) La marine marchande britannique compte 56.800 navires pour un tonnage de 19.500.000 tonnes, alors que toutes les marines du monde entier ne représentent que 13.000.000 de tonnes pour 84.000 navires. Ce

Malgré la force intensive de développement qu'a atteint l'industrie aussi bien que le commerce de l'Angleterre, cette nation voit tous les jours sa supériorité décroître lentement, d'une façon continue et progressive : c'est que de nouveaux concurrents se sont présentés sur les marchés du monde. En 1830, la proportion du commerce extérieur de l'Angleterre était de 27 p. 100 ; en 1870, elle n'était plus que de 24 p. 100 ; en 1882, de 19 ; en 1899, elle dépassait à peine 16 p. 100. Il y a une trentaine d'années, les charbons anglais représentaient la moitié de la production totale du globe ; il est loin d'en être de même à l'heure actuelle.

Il ne faudrait pas augurer de cela que la ruine de l'Angleterre soit prochaine. Au fur et à mesure des besoins de la métropole, elle a su étendre les moyens d'y satisfaire, et la force de sa marine de guerre, jointe à sa position au milieu de l'Océan, laquelle lui permet de mettre cette force en action, lui assure un long avenir de prospérité.

Il est indubitable qu'une entente entre tous les peuples civilisés ayant pour objet de remettre en vigueur le fameux *blocus continental* aurait pour effet d'affamer le peuple anglais et de l'amener à deux doigts de sa perte ; mais cette entente peut être considérée comme à peu près impossible, étant donnée la diversité des intérêts particuliers, et c'est grâce à cette circonstance que l'Angleterre peut envisager l'avenir sans inquiétude.

---

sont, classées suivant l'importance de leur tonnage, les marines des États suivants : États-Unis, Norvège, Allemagne, France, Italie, Suède, Russie, Hollande, Espagne, Danemark, Autriche, Japon, Grèce, Turquie, Brésil, Chili, Portugal, République argentine.

2° L'empire colonial anglais.

L'empire britannique est la plus vaste organisation politique qui ait jamais existé. Sa superficie totale, de vingt-six millions de kilomètres carrés, est triple de celle de l'Europe et atteint presque le cinquième des surfaces continentales ; les territoires des plus grands empires : Russie, Chine, Etats-Unis, Brésil, paraissent bien faibles en comparaison. Sa population, quoique un peu inférieure à celle du Céleste-Empire, n'en représente pas moins plus du cinquième de l'humanité : elle est de 315 millions d'habitants environ.

Si l'on jette les yeux sur une mappemonde, on voit que, loin de former un tout compact comme les régions que nous venons de nommer, ou les grands empires de l'antiquité, les différentes parties de l'empire britannique sont dispersées sur toute la surface du globe.

Au premier abord, il paraît y avoir là un manque de cohésion ; mais il est plus apparent que réel. N'avons-nous pas constaté en effet, au début de cette étude, que, loin de séparer les continents, l'Océan en est au contraire le trait d'union ?

Ce qui est certain, c'est qu'il faut aujourd'hui plus de temps pour se rendre, par exemple, d'une extrémité à l'autre de l'empire russe qu'il n'en faut à l'Angleterre pour atteindre le point le plus éloigné de ses possessions.

Grâce à la puissance de sa marine et aux nombreux points de relâche qu'elle a su se procurer sur toutes les mers, l'Angleterre peut s'y mouvoir à l'aise, et elle ne se fait pas faute de considérer l'Océan comme sa propriété. Trouvant partout à se ravitailler facilement en eau et en charbon, elle pourrait, le cas échéant, empêcher les autres Etats de communiquer avec leurs colonies, ou du moins leur créer bien des difficultés. Seule la France est en état de lutter contre elle avec avantage, grâce aux dépôts de charbon et aux nombreuses colonies qu'elle possède.

On peut donc dire que, quoique ne formant pas un territoire continu, les possessions anglaises constituent un empire dont toutes les parties sont bien reliées entre elles.

Certes, en dépit de la facilité des communications, il existe, dans l'empire britannique, de nombreuses causes de désagrégation, qui tiennent à la variété des races et des climats, ainsi qu'à la diversité des intérêts et des aspirations des différentes contrées qui le composent. Mais l'Angleterre a su profiter des leçons de l'histoire : la perte de ses colonies américaines, qui se sont détachées d'elle au siècle dernier, lui a fait sentir la nécessité de ne pas maintenir ses possessions dans une dépendance absolue, mais d'agir vis-à-vis d'elles avec une grande sagesse politique.

Il n'est pas sans intérêt pour nous d'examiner rapidement l'organisation de cet empire. Les liens politiques qui unissent les colonies anglaises avec la métropole sont assez lâches et varient, d'ailleurs avec les conditions particulières à chacune d'elles. Les Anglais ont compris que le même régime ne pouvait convenir à des peuples de races aussi diverses que les blancs du Canada ou de l'Australie, les populations mélangées de l'Inde ou du Cap, les nègres plus ou moins frottés de civilisation des Antilles ou ceux tout à fait primitifs de l'Afrique. Ils n'ont pas cru non plus devoir installer dès le début, dans des territoires récemment acquis, le même système politique que dans des contrées qu'ils possèdent depuis longtemps, quand bien même les conditions de race et de climat se trouveraient être semblables. En somme, ils se sont efforcés de doter chaque population de la forme de gouvernement qu'elle semble mériter par son degré relatif de développement social.

Les colonies britanniques sont divisées en deux classes : les possessions anglaises, les colonies proprement dites. Les premières comprennent : 1° l'Inde, qui, sous l'autorité d'un ministre spécial, est gouvernée par un vice-roi, et dont dépendent les importantes positions stratégiques d'Aden et de l'île Périm ; 2° les protectorats de la presqu'île des Somâli, de la côte de l'Huile (bouches du Niger), et de l'Ouganda, qui sont rattachés au ministère des affaires étrangères ; 3° l'île de l'Ascension, qui dépend du ministère de la marine. Il convient d'y ajouter les territoires des compagnies à charte : Compagnie royale du Niger, aujourd'hui Nigéria, Compagnie impériale de l'Afrique orientale, Compagnie britannique de l'Afrique du Sud, Compagnie du Nord de Bornéo.

Les colonies proprement dites dépendent du ministère des colonies ; elles sont au nombre de quarante et une, et l'on peut les diviser en quatre classes, d'après le *Colonial office list pour 1895*

1° Celles qui n'ont aucune assemblée délibérante et où le pouvoir législatif appartient à un gouverneur nommé par la Couronne; elles sont au nombre de cinq : Gibraltar, l'île de Sainte-Hélène, l'île Labouan, le Basoutoland et le Zoulouland ;

2° Celles qui ont un Conseil législatif nommé entièrement par la Couronne ; elles sont au nombre de seize : la Nouvelle-Guinée, l'île de Ceylan, les îles Falkland, les îles Fidji, les Seychelles, Hongkong, les colonies de la côte de Guinée, la plupart des Antilles et le Honduras britannique ;

3° Celles dans lesquelles un certain nombre des membres du Conseil législatif sont choisis par des corps électoraux ; elles sont au nombre de neuf : Malte, la Guyane anglaise, l'île Maurice, les îles Bahamas, les Bermudes, la Jamaïque, la Barbade et les îles Sous-le-Vent ;

4° Enfin, celles qui possèdent un organisme parlementaire en tous points semblable à celui de l'Angleterre ; elles sont au nombre de onze : le Canada, Terre-Neuve, les sept colonies australiennes, le Cap et Natal.

Le gouvernement anglais n'intervient jamais dans les affaires intérieures de ces dernières. Elles possèdent deux Chambres, dont l'une est élue au suffrage universel, un ministère responsable et un gouverneur, qui, en y représentant la reine, n'a pas plus de pouvoirs qu'elle n'en a elle-même dans la métropole.

Ces colonies ont été jugées dignes de s'administrer elles-mêmes parce que la population d'origine européenne y est nombreuse et que, sauf dans les deux dernières, l'élément indigène y est négligeable. Au Cap et à Natal, la population blanche est en minorité ; aussi ces deux colonies n'ont-elles obtenu leur autonomie que depuis peu d'années : le Cap en 1872, Natal en 1893, et encore, dans ce dernier pays, les pouvoirs du Parlement local sont-ils tempérés, en ce qui concerne les affaires indigènes, par l'autorité du gouverneur, à qui elles sont en partie réservées.

L'Angleterre est le pays d'Europe où l'émigration atteint le chiffre le plus élevé. Pour une superficie de 314.628 kilomètres carrés, soit à peu près les trois cinquièmes de celle de la France, la Grande-Bretagne comptait, lors du recensement de 1891, 37.880.000 habitants, soit 120 par kilomètre carré (1). Depuis le com-

---

(1) La densité de la population n'atteint, en France, que le chiffre de 72 par kilomètre carré.

mencement du xixᵉ siècle, elle a eu environ 13.760.000 émigrants; leur nombre annuel est aujourd'hui d'environ 300.000. De tels chiffres suffisent à prouver la vitalité de la race anglo-saxonne. Cette émigration considérable, qui a contribué dans une large mesure au développement de la puissance commerciale de l'Angleterre, tient à différentes causes : tout d'abord à la liberté individuelle et à l'absence d'obligations militaires ; ensuite aux dispositions légales relatives aux héritages ; enfin aux misères de l'Irlande (cette malheureuse île est aujourd'hui deux fois moins peuplée qu'au début du siècle).

C'est grâce aux ressources que lui a fournies cette émigration que l'Angleterre a pu constituer ses colonies de peuplement (2). Pour ses colonies d'exploitation, elle a eu recours à d'autres moyens : l'emploi des compagnies à charte, jouissant des pouvoirs les plus étendus.

On a souvent prédit que l'empire colonial anglais était voué à une désagrégation prochaine, à cause de sa grande étendue, et l'on a cité comme exemple la scission des Etats-Unis d'Amérique. On peut répondre à ces prédictions que, si le lien politique qui réunit les membres épars de ce vaste organisme est assez lâche, il est un autre lien qui les rattache étroitement à la métropole : c'est la communauté des intérêts économiques.

Pour vivre d'une vie qui leur soit propre, il manquera longtemps encore, toujours peut-être, aux colonies, ce qu'elles sont certaines de trouver dans la mère patrie : des capitaux et un système de banque bien organisé, une marine marchande innombrable et surtout une flotte de guerre capable de les protéger envers et contre tous.

---

(2) Environ 50.000 émigrants se dirigent chaque année sur le Canada.

LABLE POUR TOUT OU PARTIE DU
CUMENT REPRODUIT

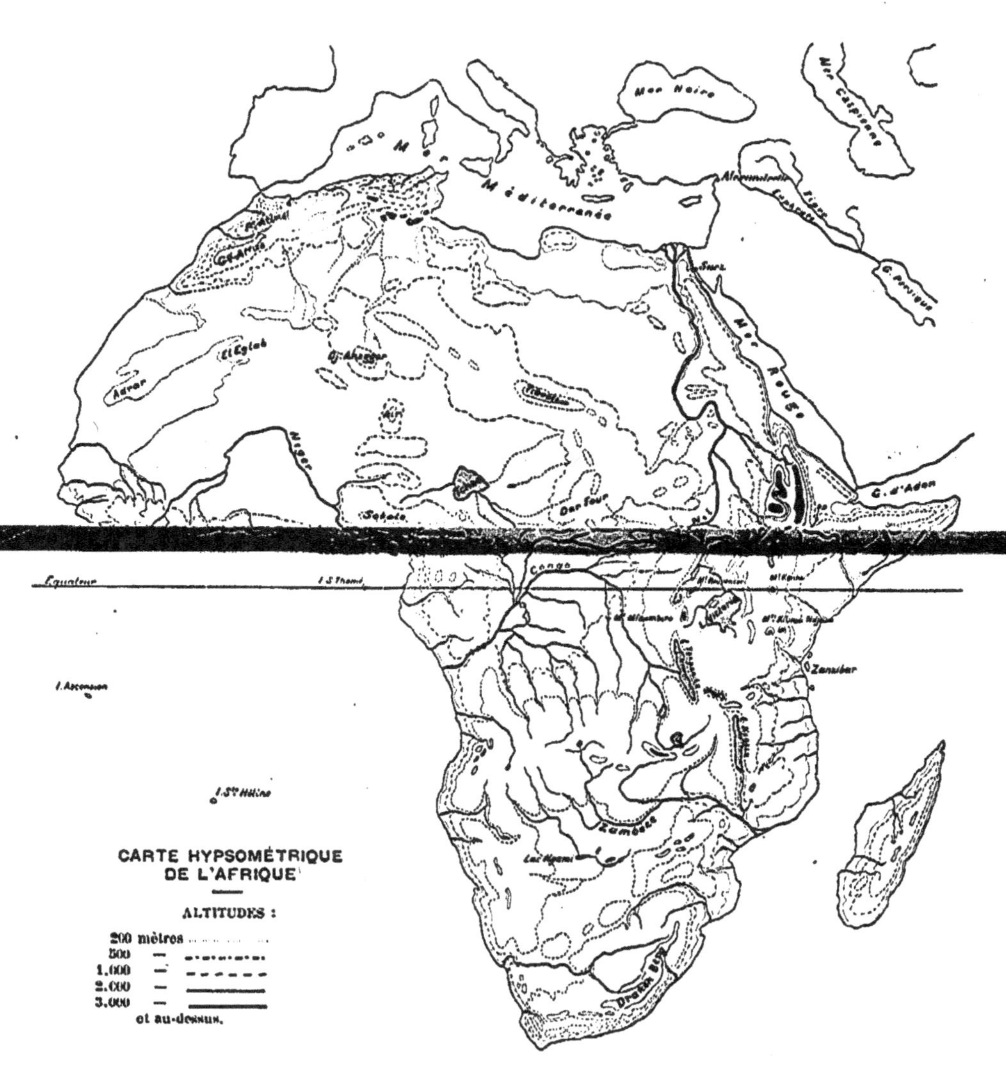

Mer Caspienne
Mer Noire
Mer Méditerranée
Alexandrie
Euphrate
Tigre
G. Persique
Kairouan
Gd Atlas
Mer Rouge
El Eglab
Dj. Ahaggar
Tibesti
Adrar
Aïr
G. d'Aden
Niger
Sokoto
Dar Four
Congo
Equateur
I. S. Thomé
Nil Bleu
Nil Blanc
Mt Ruwenzori
Mt Kénia
Mt Kilima Ndjaro
I. Ascension
Zanzibar
I. Ste Hélène
Zambèze
Lac Ngami
Drakensberg

CARTE HYPSOMÉTRIQUE
DE L'AFRIQUE
—
ALTITUDES :
200 mètres
500   —
1.000   —
2.000   —
3.000   —
et au-dessus.

Elles ont trop intérêt à rester liées au pavillon de la métropole pour chercher à s'en détacher jamais, surtout aujourd'hui qu'on les laisse à peu près libres de se gouverner chez elles comme elles l'entendent.

§3. LA FRANCE ET SES COLONIES

1° Sa situation actuelle.

Nous avons vu l'influence que peut avoir pour un Etat sa situation géographique ; celle de la France a lourdement pesé jusqu'ici sur son histoire et a souvent entravé sa liberté d'action.

Ses frontières continentales sont constituées en partie par de hautes montagnes n'offrant que des points de passage rares et difficiles (Alpes, Jura, Pyrénées), en partie par la plaine du Rhin partout praticable. Or c'est précisément sur cette partie de ses frontières qu'elle se trouve en contact avec la race germanique (1), race belliqueuse qu'a souvent tentée la fertilité de notre sol et que l'Angleterre a toujours trouvée prête à se ruer sur nous.

Nous verrons plus loin, en étudiant l'historique des efforts de la France dans la voie de la colonisation, quels ont été les effets de ce voisinage ; il nous suffira, pour le moment, d'envisager les événements qui se sont déroulés dans le courant de notre siècle.

Eveillé durant les guerres du premier Empire, le principe des nationalités a dominé la politique euro-

---

(1) Trois grandes races se partagent le sol de l'Europe : la race latine (France, Italie, Espagne, Roumanie), la race germanique (Allemagne, Autriche, Suisse), la race slave (Russie, Bohême, Serbie, Bulgarie, etc.).

péenne depuis 1815. C'est d'abord la Grèce qui obtient son autonomie et s'arrache au joug de la Turquie ; la Belgique se détache ensuite de la Hollande et forme un Etat particulier ; l'empire d'Autriche se modifie à son tour, et la Hongrie, après avoir tenté de s'en détacher, obtient une constitution particulière ; c'est ensuite le royaume d'Italie et l'empire d'Allemagne qui se constituent ; enfin, le démembrement de la Turquie donne naissance à trois nations nouvelles : la Roumanie, la Serbie, le Monténégro. Une quatrième nation, la Bulgarie, ne tient plus guère à la Turquie que par un lien nominal.

Après avoir lutté dans les siècles précédents pour obtenir ses frontières naturelles, après avoir tenté à plusieurs reprises de créer, entre elle et les Etats de la maison d'Autriche, des Etats indépendants formant tampon, la France s'est laissée entraîner, durant le XIX⁰ siècle, par le mouvement général. Elle a même, contrairement à ses propres intérêts et en méconnaissant la politique des Richelieu, des Mazarin, des Louvois, de Napoléon lui-même, contribué pour une large part à la constitution, sur ses propres frontières, de deux grands Etats qui n'ont pas tardé à lui faire une concurrence très sérieuse sur le terrain économique et à se déclarer ses ennemis naturels.

Les conséquences de la guerre de 1870 pèsent encore de tout leur poids sur les destinées de la France. Cette guerre a eu pour résultat un déplacement du centre d'action de la race germanique. Jadis, le mot d'ordre partait de Vienne, ville située sur le cours du Danube, entre les Alpes et la Bohême, en une région vers laquelle des voies d'accès faciles peuvent conduire les armées. Il n'en est plus de même aujourd'hui, et, Berlin, qui est la capitale actuelle de l'empire germanique, est protégée contre la France par les très nombreuses lignes de défense que forment les cours d'eau qui coulent parallèlement au Rhin. Ce dernier fleuve lui-même constitue aujourd'hui, grâce à la zone de rassemblement et de manœuvre qui s'étend entre lui et Metz, la plus formidable frontière politique qui ait jamais existé. Elle n'est séparée du cœur même de la France par aucun obstacle naturel sérieux, alors qu'autrefois, contre Vienne, nous étions protégés par les Vosges, le Rhin, la Forêt Noire.

Le premier et le plus absolu devoir de notre génération est donc de se tenir prête à toutes les éventualités qui peuvent se produire ; mais ce devoir impérieux ne doit pas nous hypnotiser dans une attitude d'expectative, les yeux fixés vers l'Est. Ce n'est pas seulement en Europe que la France doit remplir son rôle de grande nation : le monde entier est ouvert à l'activité humaine, et nous serions bien coupables vis-à-vis des générations futures si nous n'avions pas l'ambition de maintenir partout la place qui appartient à la race française.

2° La colonisation française.

Les avis ont été très partagés, dans ces vingt dernières années, sur la nécessité d'étendre notre domaine colonial. Les adversaires de l'expansion ont objecté que les Français ne sont pas colonisateurs, que les dépenses nécessitées par le développement colonial n'auraient pour résultat que la dissipation d'un capital dont nous ne pourrions jamais tirer profit, qu'enfin l'état stationnaire de la population en France ne justifie nullement la création de colonies.

De telles opinions ne peuvent être soutenues : en effet, tout autant que les autres pays la France a fourni son contingent aux découvertes, aux explorations, ainsi qu'aux colonisations lointaines. Les premiers établissements de la côte d'Afrique ont été fondés par des Français, et nos marins de Dieppe et de Saint-Malo devançaient souvent les plus hardis navigateurs portugais, espagnols ou hollandais.

On a tendance aujourd'hui à considérer l'Angleterre comme la seule puissance vraiment apte à coloniser, et l'on semble oublier que partout la France l'a devancée. La fondation de l'empire anglais des Indes a été conçue et préparée par des Français. En Amérique, le Canada et la Louisiane, réunis par l'Ohio et le Mississipi, sur lesquels nous avions jadis des postes, luttaient de prospérité avec les treize colonies anglaises de la côte, et tout semblait faire prévoir que l'Amérique du Nord serait un jour terre française.

Malgré l'issue fatale de la longue lutte que la France a soutenue contre l'Angleterre, depuis la révocation de l'édit de Nantes jusqu'à Waterloo, malgré plus d'un siècle de domination étrangère, la population du Canada est restée si profondément française que les 60.000 Français d'origine, devenus deux millions aujourd'hui, ont gardé intacts la langue et les mœurs de la France.

Les expéditions coloniales entraînent de grandes dépenses dans le présent, c'est certain ; mais nous ne pouvons pas nous soustraire au devoir qui s'impose à nous de préparer l'avenir. Quels résultats la France a-t-elle obtenus des sommes énormes qu'elle a dépensées et du sang qu'elle a versé en Europe depuis plus de deux siècles ? Elle a vu se fonder et grandir autour d'elle des États qui devaient inévitablement lui devenir hostiles. La funeste guerre de 1870 est venue couronner l'œuvre fatale des coalitions ourdies contre elle et a ramené ses frontières au point où elles étaient avant Louis XIV.

Certes, il y a vingt ans, c'eût été un crime de vouloir lancer la France dans des entreprises aventureuses. A cette époque, il lui fallait travailler à son relèvement, et elle devait se recueillir ; mais aujourd'hui qu'elle a repris sa place, aujourd'hui que l'équilibre européen est rétabli (1), il y aurait danger pour sa prospérité future, et peut-être pour son existence même, si elle méconnaissait les graves conséquences de la lutte qui s'est engagée de nos jours pour le partage du monde et si elle n'y prenait pas part dans la mesure de ses moyens.

Si la France se laissait exclure du commerce colonial, si elle ne pouvait prendre sa part d'influence et d'action sur les marchés lointains, aujourd'hui que les Etats européens s'efforcent de se fermer les uns aux autres leurs frontières douanières, elle verrait bientôt sa force et son prestige diminuer et peut-être, un jour, s'éteindre complètement.

Au moment où une voie nouvelle s'ouvre à l'activité humaine, un grave problème se pose pour la France au point de vue démographique ; le tableau ci-dessous, qui donne à différentes époques le nombre des habitants des grandes puissances européennes, depuis un siècle, fait ressortir la disproportion énorme qui existe entre la France et ses rivales en ce qui a trait à l'accroissement de la population.

---

(1) La politique générale de l'Europe s'est profondément modifiée, et une ère nouvelle semble s'être ouverte pour la France : l'Angleterre ne trouvera vraisemblablement plus, comme autrefois, le moyen de coaliser l'Europe contre nous ; la France n'est plus sa seule concurrente.

	1789	1816	1872	1890
	Millions.	Millions.	Millions.	Millions.
France	26	29	36	38
Angleterre	12	19	32	38
Prusse	6	10	40(1)	49(1)
Autriche	20	29	36	41
Russie	25	45	74	90
Italie	17	18	27	33

(1) Empire d'Allemagne.

Alors que chaque année la France n'a qu'un excédent moyen de 10.000 naissances sur les décès, le même excédent atteint, dans les autres Etats, les chiffres suivants : Allemagne 615.000, Angleterre 420.000, Autriche 420.000, Italie 320.000, Russie 1.500.000. La France est donc bien au-dessous des autres puissances au point de vue de la natalité ; nous constatons le fait et il ne nous appartient pas d'en rechercher les causes ; mais il ne faudrait pas en conclure qu'aucune entreprise coloniale ne puisse être tentée.

Si notre natalité est faible, notre émigration l'est également ; la moyenne annuelle du nombre des Français qui s'expatrient est de 20.000, tandis que le chiffre des émigrants atteint annuellement : 300.000 pour l'Angleterre, 110.000 pour l'Allemagne, 100.000 pour l'Italie, etc.

Il semble donc que le sol de la France porte le maximum de population qu'il puisse nourrir dans les conditions de vie sociale admises à l'heure actuelle, et il est possible que l'acquisition de colonies de peuplement, en ouvrant un champ nouveau à l'activité de notre race, en favorise le développement.

Mais, comme il ne serait pas sans danger, au point de

vue de nos effectifs en cas de guerre, de voir l'émigration augmenter si le nombre des naissances doit rester stationnaire, il est un autre genre de colonies que l'on peut créer avec avantage : ce sont les colonies d'exploitation. D'ailleurs, lorsque, il y a une quinzaine d'années, la France a songé à se constituer un empire colonial, il ne restait pour ainsi dire plus, sur le globe, de terres vacantes sur lesquelles pût prospérer et se multiplier la race européenne : l'Angleterre s'était emparée de toutes les terres disponibles. On dut donc diriger les efforts vers des contrées contenant une population relativement dense : Tunisie, Tonkin, Congo, Guinée, Madagascar.

Ouvrir des débouchés à l'activité de la jeunesse française en lui fournissant le moyen de mettre en valeur les ressources de ces pays, que les populations indigènes sont inhabiles à exploiter ; améliorer l'état social desdites populations en les initiant à la civilisation européenne et créer pour notre marine de commerce de nouveaux marchés, tel a été le but poursuivi jusqu'ici.

Des résultats avantageux n'ont pas tardé à se produire par l'application de ce système. Alors que l'Algérie a pendant fort longtemps coûté très cher à la métropole (1) et n'a réussi que depuis un petit nombre d'années à équilibrer son budget et à rendre des services commerciaux assez sérieux, la Tunisie, par exemple, grâce au principe du protectorat, a obtenu, presque

---

(1) A ceux qui prétendent que nous ne sommes pas colonisateurs, on peut citer l'Algérie. Là, il n'a pas suffi, comme le font les Anglais partout, de débarquer pour fonder des comptoirs ou se partager des terres. Le pays était occupé par une race vigoureuse, fanatique et jalouse de son indépendance ; il a fallu conquérir le sol de haute lutte et l'arroser de notre sang pour le rendre fécond. La colonisation, commencée seulement depuis environ vingt-cinq ans, a produit des résultats qui parlent d'eux-mêmes.

dès le début de notre occupation, les mêmes heureux résultats.

3° Historique des colonies françaises.

Pour se rendre bien compte de l'état actuel de notre colonisation et envisager ce que nous pourrons faire dans l'avenir, il est intéressant de rechercher dans le passé et d'étudier l'historique de la colonisation française. C'est ce que nous allons faire succinctement.

Dès le milieu du xiv° siècle, nos marins de Dieppe trafiquaient sur les côtes du Sénégal et, une trentaine d'années environ après que Christophe Colomb eut abordé aux Antilles, la France prenait part officiellement au mouvement colonial auquel le voyage de cet homme de génie avait donné naissance. François Ier fit explorer les côtes de l'Amérique du Nord en 1524 et, en 1535, Jacques Cartier prit pied au Canada. L'initiative de notre marine marchande fondait partout des comptoirs, nos corsaires dominaient les mers et l'un d'eux, Ango, armateur de Dieppe, n'hésitait pas à bloquer Lisbonne et à imposer, en son nom personnel, un traité au roi de Portugal.

Sous Henri IV, grâce à l'impulsion de Sully, la France prit possession de la Guyane, de l'Acadie et fonda, au Canada, Port-Royal en 1604, Québec en 1608. Ce fut Henri IV qui jeta les bases de notre influence dans les échelles du Levant, en concluant avec la Sublime-Porte, les capitulations par lesquelles toutes les nations chrétiennes pouvaient commercer librement dans les régions soumises à la loi du Coran, sous la protection de la France et la juridiction des consuls français.

Sous Louis XIII furent fondés nos premiers établissements des Antilles ; la France prit pied pour la première fois à Madagascar, et Richelieu fonda notre marine de guerre.

Sous Louis XIV, Colbert éleva notre marine marchande et notre prospérité coloniale à un degré qu'elles ne purent atteindre depuis. De nombreuses compagnies coloniales s'organisèrent dans l'Inde, en Amérique, au Sénégal, dans le Levant. En Asie, la Compagnie des Indes établit des comptoirs à Surate, à Chandernagor, à Pondichéry. Dans l'Amérique du Nord, après le voyage d'exploration de Cavelier de La Salle, des grands lacs aux bouches du Mississipi, dans le golfe du Mexique, la colonie de la Louisiane fut créée.

Colbert sut rendre notre marine de guerre redoutable. La flotte du roi comptait, en 1692, près de quatre cents navires, et elle avait à sa tête Jean Bart, Duguay-Trouin, Du Quesne et Tourville. Mais la puissance de Louis XIV n'avait pas été sans éveiller la jalousie des autres Etats, et c'est alors que commence entre l'Angleterre et la France ce long duel, nouvelle guerre de Cent ans, qui ne devait prendre fin qu'en 1815. Les hommes d'Etat anglais, ayant compris que la force d'expansion d'un peuple est en rapport direct avec la vitalité de son organisme intérieur et avec son indépendance relative à l'extérieur, nous suscitèrent des guerres continuelles en Europe et paralysèrent ainsi notre action maritime.

Durant cette longue lutte, ils profitèrent de toutes nos fautes, et chacun des traités que la France signa de 1689 à 1815 a marqué une étape dans le chemin parcouru par la puissance coloniale anglaise, qui se développa ainsi au détriment de la nôtre.

Les débuts de cette lutte gigantesque coïncident avec la plus grande faute politique du règne de Louis XIV :

la révocation de l'édit de Nantes (22 septembre 1685), et c'est Guillaume d'Orange qui en fut l'âme damnée.

La France s'était déjà trouvée en concurrence commerciale avec la Hollande, et la fierté de cette nation démocratique avait blessé l'orgueil de Louis XIV. Une guerre avait été résolue, et elle s'annonçait glorieuse. Les Hollandais demandaient la paix et offraient, avec la rive gauche du Rhin, les places de Maëstricht, Breda, Berg-op-Zoom ; mais le roi refusa et exigea vingt millions de livres, le rétablissement du catholicisme, la cession des villes situées sur le Wahal et le Lech, ainsi que la frappe de médailles dites expiatoires.

Devant de telles exigences, la Hollande se soulève tout entière, les digues sont rompues, et le pays, couvert par l'inondation, arrête la marche des armées ; les chefs du parti démocratique, qui avait demandé la paix, Jean et Guillaume de Witt, sont massacrés, et Guillaume d'Orange est nommé stathouder. Ce dernier réussit à coaliser l'Europe contre nous par la ligue de La Haye.

Lors de la révolution d'Angleterre, Louis XIV avait pris fait et cause pour Jacques II, prince catholique, qu'il voulait replacer sur le trône ; mais les protestants offrirent la couronne à Guillaume d'Orange, qu'ils élurent sous le nom de Guillaume III.

Devenu roi d'Angleterre, Guillaume n'aura plus qu'un but : la grandeur maritime de son royaume. C'est un duel à mort qu'il va entreprendre contre la France, et il n'hésitera pas à sacrifier la Hollande elle-même à la prospérité de sa patrie d'adoption. Par la ligue d'Augsbourg, en 1689, il coalisa contre nous les princes protestants d'Allemagne, l'Espagne et la Savoie. Le traité de Ryswick, signé en 1697, fut glorieux pour la France ; mais sa flotte avait subi, pendant la guerre, un désastre à la Hougue et la marine anglaise obtenait la suppression des droits imposés dans nos ports aux pavillons étrangers.

En 1701, le trône d'Espagne était offert au duc d'Anjou, petit-fils de Louis XIV. L'Angleterre trouva là un prétexte pour coaliser l'Europe entière contre nous. La guerre fut désastreuse pour la France : nos colonies furent ou dévastées ou conquises, les Anglais s'emparèrent de Gibraltar, d'où ils tiennent, depuis 1704, l'entrée de la Méditerranée ; en 1708, ils s'emparèrent de Minorque, d'où ils menaçaient Toulon.

Par le traité d'Utrecht, signé en 1715, Philippe V (le duc d'Anjou) fut reconnu roi d'Espagne, des Baléares et des Indes occidentales ; mais il cédait aux Anglais Gibraltar et Minorque. Pour prix de ses services à la coalition, l'électeur de Brandebourg était reconnu roi de Prusse. Ce nouvel État deviendra un allié puissant pour la réalisation des visées anglaises.

Louis XIV reconnaissait la ligne de succession protestante sur le trône d'Angleterre, consentait à démolir les fortifications de Dunkerque et cédait aux Anglais la baie d'Hudson, Terre-Neuve, l'Acadie et Saint-Christophe. Dès lors, nous ne pouvions plus pénétrer dans notre colonie du Canada sans passer sous les fourches caudines de l'Angleterre.

La conspiration de Cellamare, ourdie à la mort de Louis XIV par Alberoni, premier ministre d'Espagne, pour faire acquérir à Philippe V la régence de France, offrit à l'Angleterre un prétexte pour battre la flotte espagnole qu'elle avait déjà épuisée dans la guerre précédente.

Sous la sage administration du cardinal Fleury, notre marine était redevenue prospère et notre expansion coloniale avait repris un nouvel essor : Dupleix venait de fonder aux Indes les bases d'un empire, et La Bourdonnais, prenant comme base d'opérations les îles de France, Bourbon et Madagascar, était maître de l'océan Indien. L'Angleterre profita alors de la guerre de la Succession d'Autriche, dans laquelle la France avait pris parti contre Marie-Thérèse, pour s'attaquer de nouveau à notre marine, et le traité d'Aix-la-Chapelle, conclu en 1748, donna Madras aux Anglais, malgré les victoires de Dupleix. A ce moment, notre marine de guerre ne comptait plus que deux vaisseaux de ligne ; il suffit de rapprocher ce chiffre de celui qu'elle comptait du temps de Colbert pour voir quels résultats avait déjà atteints l'Angleterre.

Malgré tous ces revers, notre marine renaissait et nos colonies prospéraient de nouveau, lorsque l'Angleterre se décida à faire un violent effort pour nous anéantir. Frédéric II venait de s'emparer de la Silésie, et la France, grâce aux intrigues de Mme de Pompadour, à qui Frédéric avait déplu par ses épigrammes, prit parti pour Marie-Thérèse, reniant ainsi la politique qu'elle avait suivie depuis un siècle et demi pour l'abaissement de la maison d'Autriche.

L'Angleterre s'allia au roi de Prusse, et ce sont ses subsides qui lui permirent de mener la guerre. Les flottes anglaises bloquèrent nos ports et cherchèrent à les détruire : en 1758, l'amiral Anson incendia les chantiers de Saint-Malo et essaya de combler le bassin de Cherbourg ; en 1759, l'amiral Rodney bombarda Le Havre. Toutes nos colonies tombèrent aux mains des Anglais : nous perdîmes la Martinique, Grenade, Saint Vincent, Sainte-Lucie ; au Canada, Montcalm dans Québec et, aux Indes, Lally-Tollendal dans Pondichéry furent obligés de capituler faute de secours.

Par le traité de Paris, qui mit fin à la guerre de Sept ans, le 10 février 1763, la France cédait à l'Angleterre :

le Canada, le cap Breton, l'Ohio et la partie orientale
de la Louisiane, dans l'Amérique du Nord ; Grenade, les
Grenadilles, Tabago, Saint-Vincent, aux Antilles ; le
Sénégal, moins Gorée, en Afrique, et enfin les Indes.
Elle s'engageait, en outre, de nouveau, à démolir les fortifications de Dunkerque. L'Espagne, notre alliée, était
obligée de reconnaître à l'Angleterre la possession définitive de Gibraltar et de Minorque. Elle cédait la Flo-
ride en Amérique et recevait de la France, à titre de dé-
dommagement, la Louisiane occidentale.

L'Angleterre avait atteint son but : notre marine était
ruinée et notre puissance coloniale anéantie.

Malgré tous ces désastres, l'essor de la France n'était
pas brisé, et Choiseul avait réussi à créer une nouvelle
marine de guerre lorsque les colonies anglaises de l'A-
mérique du Nord secouèrent le joug de la métropole.
Il y avait là une trop belle occasion de tirer vengeance
de tous nos revers antérieurs ; aussi Francklin, venu à
Paris au nom de ses compatriotes américains pour demander l'appui de la France, n'eut-il pas de peine à
nous entraîner dans la lutte.

Notre marine remporta de nombreux succès, et l'Angleterre, craignant de voir toutes ses colonies lui échapper, s'empressa de signer la paix. Le traité de Versailles,
conclu en 1783, termina la guerre d'Amérique. Il effaça
l'article du traité d'Utrecht relatif à Dunkerque. L'Angleterre nous rendit : aux Indes, Chandernagor, Pondichéry, Karikal, Mahé et un comptoir à Surate ; dans
les Antilles, Tabago et Sainte-Lucie ; dans le golfe du
Saint-Laurent, les îles Saint-Pierre et Miquelon ; en
Afrique, le Sénégal.

Nos colonies renaissaient, mais l'Angleterre allait
trouver dans les troubles de la Révolution une occasion
nouvelle de les anéantir.

« Si l'on considère les guerres de la Révolution et de l'Empire au point de vue de la lutte contre l'Angleterre, on doit les grouper de 1793 à 1815, en deux périodes, avec une courte trêve marquée par la paix d'Amiens en 1802.

» Dès le 1er février 1793, l'Angleterre entre dans la première coalition contre la France. Pendant que les subsides anglais soutiennent les armées continentales, les flottes anglaises se jettent sur nos colonies, ruinent Toulon, y brûlent nos vaisseaux.

» Bonaparte, au début de sa carrière, a déjà deviné que la paix ne peut être acquise que par l'écrasement de la puissance anglaise, et c'est hors d'Europe qu'il faut l'atteindre. C'est aux Indes qu'il veut frapper, et, puisque l'Angleterre tient la mer, c'est la voie de terre qu'il veut prendre. Ainsi, Toulon, Malte, Corfou, Alexandrie ne sont pour Bonaparte que les premières étapes de cette route nouvelle. Maître de l'Egypte, il entre en relations, aux Indes, avec Tippu-Saïb, mesure la route vers l'Indus et prépare la marche de son armée. Mais la flotte qui lui sert de base est détruite à Aboukir; l'expédition de Syrie échoue, et les victoires de la deuxième coalition, soudoyée par l'Angleterre, rappellent Bonaparte en France.

» Cependant, l'Egypte perdue ou sur le point de l'être, le premier consul n'a pas renoncé à la campagne des Indes ; en 1801, il traite avec Paul Ier, empereur de Russie : tandis qu'une armée cosaque, partant d'Orenbourg, marchera sur Khiva, une armée française traversera l'Allemagne, rejoindra, par Astrakan, une deuxième armée russe à Asterabad, et de là descendra, par Hérat et Kandahar, sur l'Indus. Déjà, l'armée cosaque a franchi le Volga, quand l'empereur de Russie meurt mystérieusement, à temps pour l'Angleterre.

» La paix d'Amiens (1802) n'est qu'une trêve. L'Angleterre refuse de rendre Malte, et la guerre recommence presque aussitôt.

» Alors Napoléon se décide à attaquer l'Angleterre corps à corps ; il forme les camps de la Manche, et l'armée de Boulogne, qui deviendra la Grande armée, n'est, dans la pensée de l'Empereur, que l'aile droite de l'armée d'Angleterre. D'immenses préparatifs sont faits sur toutes nos côtes ; un plan grandiose doit assurer la réunion de toutes nos flottes dans la Manche, et, si un seul jour la Manche est à nous, tout est prêt pour le passage en Angleterre d'une armée incomparable, conduite par Napoléon.

» Mais, tandis que les flottes françaises ne réussissent pas à ouvrir le passage de la Manche, l'Angleterre parvient à nouer une nouvelle coalition et à détourner sur l'Autriche l'orage qui la menace.

» Pendant que Napoléon conquiert le continent, l'Angleterre ruine encore une fois notre marine, notre commerce et nos colonies. Au triomphe d'Austerlitz, répond le désastre de Trafalgar.

» Napoléon, ne pouvant saisir l'Angleterre, qui reste maîtresse des mers, essaie de l'atteindre dans son commerce en lui fermant les ports de l'Europe ; le traité de Berlin établit contre elle le blocus continental. Mais, pour l'imposer à l'Europe, il lui faut toujours vaincre après avoir vaincu, conduire le drapeau français à Madrid, à Naples, à Vienne, à Berlin, à Moscou.

» Dans ces mémorables campagnes qui ont donné à son nom une gloire impérissable, c'était l'Angleterre que Napoléon avait toujours en vue, et, cet objectif, il n'a jamais réussi à l'atteindre. Toutes ses victoires sont frappées de stérilité.

» Cependant, en 1810, l'Empereur semble près de toucher au but. Le continent tout entier, sauf la Russie, est dans sa main ; l'Angleterre est en partie ruinée ; sans débouchés, elle meurt de pléthore. Napoléon a fait de nouveau parcourir, par des agents secrets, le pays entre la mer Rouge et l'Indus ; il a envoyé en Perse, en 1807, sous la direction du général Gardanne, une ambassade et une mission militaire chargée d'armer et d'instruire les troupes persanes. En même temps qu'il ébauche une alliance avec le shah, il cherche à réunir tous les chefs musulmans dans une commune entreprise contre l'Inde anglaise. La Russie semble seconder ses desseins ; bientôt peut-être une armée franco-russe, partant de Tiflis, marchera sur l'Indus avec l'appui de la Perse et des populations musulmanes.

» Encore une fois, l'argent et la politique anglaise sauvent l'Angleterre, en achetant la politique russe indécise. Alors commencent les grands revers des campagnes de 1812, de 1813 et de 1814.

» L'Angleterre fait un dernier effort ; ses subsides paient l'Europe, de nouveau coalisée contre la France, et les traités de 1815 consacrent la victoire définitive de la race anglo-saxonne.

» Depuis 1815, la lutte entre la France et l'Angleterre a pris une forme nouvelle. Notre marine militaire s'est reconstituée ; le pavillon français a reparu sur toutes les mers ; mais la nation n'a encore retrouvé, vers les pays lointains, ni les chemins qui, pendant cette longue période de guerres, lui ont été fermés, ni les débouchés qu'elle avait créés, et la politique française a désappris les traditions de Henri IV, de Richelieu, de Colbert et de Choiseul.

» Depuis 1815, partout où la France met le pied, hors d'Europe, elle trouve, en travers de sa route, la jalousie anglaise.

» En 1830, peu s'en fallut que l'expédition d'Alger ne fût pour l'Angleterre un prétexte de guerre.

» En 1840, l'alliance de Méhémet Ali et l'influence prise en Egypte paraissent devoir nous assurer la prépondérance dans la Méditerranée ; l'Angleterre coalise secrètement l'Europe contre nous et arrête en Syrie l'armée égyptienne victorieuse.

» L'histoire de la politique extérieure de la monarchie de Juillet se résume dans une lutte sourde et continue de la politique anglaise.

» Le second empire inaugure une politique nouvelle, celle de l'alliance anglaise. Les résultats sont la guerre de Crimée, qui sert les intérêts anglais au détriment des nôtres ; la guerre de Chine, dont le commerce anglais recueille tous les fruits ; l'expédition du Mexique, où l'Angleterre nous entraîne et nous abandonne.

» La France consent à des traités de commerce qui portent un coup funeste à sa marine marchande, et, enfin, pour prix de tous ces bons offices, elle reste seule isolée dans ses épreuves de 1870.

» En Chine, à Madagascar, dans l'Océanie, partout elle trouve, au travers de ses efforts, l'hostilité anglaise. Enfin, elle se voit dépossédée par l'Angleterre d'une situation privilégiée justement acquise en Egypte par le dévouement et le talent de ses ingénieurs et de ses savants (1). »

Ce n'est donc pas dans l'inaptitude des Français à coloniser qu'il faut chercher les causes des difficultés qu'a éprouvées la France pour reconstituer son domaine colonial ; mais dans la rapacité anglaise, favorisée par l'état actuel de l'Europe.

La *Revue militaire de l'étranger* donne, dans les li-

____

(1) Général Niox, *L'expansion européenne.*

gnes suivantes, les raisons de la supériorité de l'Angleterre :

« Ce n'est point l'esprit entreprenant des Anglais, ni leur marine, ni leur force militaire qui leur valent cette prépondérance dans les régions lointaines et la leur assure aussi longtemps que se prolongera la situation actuelle de l'Europe ; c'est, au contraire, le manque de puissance militaire proprement dite sur le sol national qui leur permet de se vouer à l'œuvre coloniale, dans laquelle ils tiennent assurément le premier rang.

» La France, l'Allemagne, par crainte l'une de l'autre, retiennent sur le sol natal les éléments vigoureux de leur population ; c'est que tout homme valide doit être soldat.

» L'Angleterre, dans son île, ne court pas les mêmes dangers. Aussi elle n'agit pas ainsi : elle ouvre le monde entier à ses fils ; ils peuvent aller où bon leur semble exercer leur activité, déployer leur intelligence, sans se mettre en contravention avec aucune loi, sans s'entacher du crime de désertion. Pour eux, point d'obligations militaires ; ils n'ont qu'un devoir : faire effort pour conquérir la fortune et augmenter la puissance et les richesses nationales. »

Aussi voyons-nous l'Angleterre, dans son esprit essentiellement positif et pratique, profiter de cette situation privilégiée pour agir dans tous les pays du monde et s'emparer sans scrupules de tout ce qui peut être à sa convenance.

Depuis un certain nombre d'années, elle a jeté son dévolu sur l'Afrique, et elle s'efforce par tous les moyens possibles, de s'approprier ce continent tout entier.

La France a en Afrique des intérêts importants ; elle y est depuis longtemps en contact avec le monde musulman, et c'est pour elle un devoir absolu de ne rien négliger pour y maintenir le prestige de son nom.

Contre tout droit, l'Angleterre s'est emparée du canal de Suez, et, malgré sa promesse maintes fois réitérée d'évacuer l'Egypte, il est probable qu'elle s'y maintiendra longtemps encore ; car elle occupe là une position merveilleuse pour protéger son empire des Indes contre l'Europe occidentale et contre la Russie.

Le rêve des Anglais est de relier Le Caire à leur colonie du Cap par une voie ferrée qui les rendrait maîtres absolus du continent africain ; et nous avons vu, à propos de l'affaire de Fachoda, quel prix ils mettent à la possession du Soudan égyptien. Aujourd'hui qu'ils sont parvenus à occuper cette région d'une façon effective, ils tiennent les clefs de l'Egypte et, si l'Europe les y contraignait, peut-être consentiraient-ils à l'évacuation du delta. Mais ce ne serait encore là qu'un leurre ; car, de leur position du Soudan égyptien, ils pourraient à loisir affamer l'Egypte : il leur suffirait pour cela de construire vers Fachoda, ou plus en aval, des digues munies d'écluses, pour retenir les eaux du Nil et ne les distribuer que selon leur bon plaisir.

La vallée de ce fleuve, au-dessous de Berber, est une véritable oasis au milieu du désert ; elle serait bientôt envahie par les sables, si l'on supprimait durant quelques semaines, l'humidité qui lui donne la vie.

La France, sentant qu'il était de son devoir de déjouer ces projets, a tenté de s'opposer à cette mainmise en occupant le Bahr-el-Ghazal et en prenant pied à Fachoda. Nous appuyant sur nos possessions d'Algérie, du Sénégal et du Congo, nous pouvions, en effet, prendre, soit vers le Tchad, soit sur l'Oubangui, une excellente position de flanc, nous permettant d'agir dans la direction du Soudan égyptien et menaçant suffisamment la fameuse voie Le Caire - Le Cap pour que les Anglais hésitassent à la construire à leur profit exclusif.

Malheureusement, l'action de la France est restée isolée, et la diplomatie européenne, hypnotisée par la question du désarmement, a laissé beau jeu à l'Angleterre, qui ne s'est pas fait faute d'en profiter.

II. GÉOGRAPHIE DE L'AFRIQUE

I° DESCRIPTION GÉOGRAPHIQUE

Aperçu général.

L'Afrique est probablement le plus vieux continent ; ses formes ont peu changé depuis la fin de l'époque triasique, et cependant c'est celui qui, le dernier, a été ouvert à la civilisation. C'est dans la forme même des côtes qu'il faut en rechercher les causes : elles ne présentent aucune de ces grandes anfractuosités qui, en Europe par exemple, font pénétrer l'Océan à l'intérieur des terres en y apportant l'activité maritime ; de plus, elles n'offrent qu'un très petit nombre d'abris contre les tempêtes et sont ou semées d'écueils ou bordées de cordons littoraux ; enfin, les grands cours d'eau sont en général fermés, dans la partie inférieure de leur cours, par des rapides qui en rendent l'accès à peu près impossible.

La forme de l'Afrique est assez régulière ; elle a quatre pointes tournées vers les points cardinaux : le cap Blanc au nord, le cap des Aiguilles au sud, le cap Vert à l'ouest, le cap Guardafui à l'est.

Elle est comprise entre les 37ᵉ degré de latitude nord et 35ᵉ de latitude sud, et entre les 20ᵉ degré de longitude ouest et 49ᵉ de longitude est. Sa longueur, du nord au sud, est d'environ 8.000 kilomètres et sa plus grande largeur, de l'est à l'ouest, de 7.500 kilomètres. Sa superficie — environ trois fois celle de l'Europe — est de trente millions de kilomètres carrés ; mais le développement de ses côtes n'est que de 28.000 kilomètres, alors que celles de l'Europe atteignent 31.000 kilomètres.

Les contours de l'Afrique se composent d'une série très limitée de renflements et de rentrants aux formes arrondies ; les baies ne s'y rencontrent pour ainsi dire pas. Les golfes, sont : dans la Méditerranée, ceux de Gabès et de la Sidre ; dans l'Atlantique, celui de Guinée, qui comprend lui-même ceux de Benin et de Biafra ; dans l'océan Indien, la baie de Lourenço-Marquez ou Delagoa ; à l'entrée de la mer Rouge, le golfe d'Aden.

Sur ces côtes si pauvrement découpées, on rencontre très peu d'îles ; au nord-ouest, les Açores, Madère, les Canaries, les îles du Cap-Vert ; dans le golfe de Guinée, quelques îlots dont le plus important est Fernando-Po ; à l'ouest, les îles isolées de l'Ascension et de Sainte-Hélène ; dans la mer Rouge, quelques îlots ; enfin, à l'est, Socotora, Zanzibar, Mafia et Madagascar, avec les groupes voisins des Comores, des Seychelles et des Mascareignes.

Orographie.

L'ossature de l'Afrique est constituée par cinq systèmes montagneux différents, dont les contreforts commandent le dessin des côtes. Deux ont une direction générale nord-sud et trois ont une direction générale ouest-est.

Les premiers sont :

A l'est, une suite de massifs qui, partant de l'isthme de Suez, forment la chaîne bordière de la mer Rouge, s'élèvent tout à coup dans le massif éthiopien à 4.000 mètres d'altitude et se prolongent vers le sud par les plateaux des grands lacs équatoriaux, atteignant dans le massif du Kilima-Ndjaro 6.130 mètres, dans celui du Kénia 5.600 mètres et dans ceux du Rouvenzori et du Mfoumbiro, respectivement, 5.500 et 3.500 mètres ;

A l'ouest, une série de massifs et de hautes terres bordant immédiatement la côte, ou la dominant à courte distance, depuis le cap de Bonne-Espérance jusque vers le centre du Sahara ; la série commence au sud par les massifs du Namakoua, du Damara, de l'Angola; elle se continue par le massif volcanique du Cameroun (3.980 mètres), par l'Adamaoua, le Bornou et se termine dans le Sahara, par le massif de l'Aïr (1.500 mètres).

Les autres sont :

Au nord, le Maghreb, qui, avec les massifs de l'Atlas, du Djurdjura, de l'Aurès, s'étend de l'Atlantique au golfe de Gabès ;

A l'ouest, le système de la Guinée septentrionale, qui, s'étendant du cap Vert aux bouches du Niger, comprend le massif du Fouta-Djallon (1.500 mètres), les hautes terres du pays de Kong et le massif du mont Oboso (3.000 mètres) ;

Au sud, les montagnes de la région du Cap et le massif du Drakenberg, dont l'altitude atteint 3.000 mètres.

Un sixième système montagneux relie, à travers le Sahara, le Maghreb aux plateaux des grands lacs. Son importance est très variable ; il comprend les massifs du Ahaggar, qui atteint 2.000 mètres ; du Tibesti, qui s'élève à 3.000 mètres ; enfin celui du Darfour, qui compte en moyenne 2.000 mètres d'altitude.

Hydrographie.

La disposition relative de ces régions montagneuses détermine, au centre même du continent, cinq immenses cuvettes qui collectionnent toutes les eaux de condensation. Deux d'entre elles sont sans écoulement vers l'Océan : le bassin du lac Tchad, limité par le Tibesti, le Darfour, l'Adamaoua, le Bornou et l'Aïr ; le bassin du lac Ngami, limité par le Damara, le Namakoua et les hauteurs du pays des Matabélés. Les trois autres forment les bassins supérieur et moyen du Nil, du Congo et du Niger.

Le nœud hydrographique de l'Afrique se trouve dans la région des lacs équatoriaux ; c'est de là que s'échappe la plus grande partie des eaux qui constituent le Nil, le Congo, le Zambèze. C'est là que semble devoir se trouver, dans l'avenir, le point de convergence de toutes les grandes routes commerciales du continent africain.

En effet, sans avoir à traverser d'obstacles sérieux, on peut se rendre :

1° De la Méditerranée au Cap ou à l'océan Indien par le Nil, les lacs Albert, Albert-Édouard, Tanganyika, Nyassa, et de là par le Chiré et l'embouchure du Zambèze, ou par une voie ferrée empruntant les vallées du Mazoé, du Sabi, du Limpopo et du Vaal (6.000 kilomètres environ de l'embouchure du Nil à celle du Zambèze) ;

2° De l'Atlantique à l'océan Indien, par le Congo et le Tanganyika, où l'on rejoint la voie précédente ; ou par le Congo, le Kassaï et le Zambèze (4.500 kilomètres de l'embouchure du Congo à celle du Zambèze) ;

3° De l'Atlantique à la Méditerranée, par le Congo, l'Oubangui et le Nil (5.500 kilomètres de l'embouchure du Congo à celle du Nil).

Le bassin du Niger forme un système séparé qui draine les eaux de la partie occidentale du continent.

En raison de la constitution orographique du continent africain, ces cours d'eau doivent, pour ,atteindre l'Océan, franchir les arêtes montagneuses qui semblent s'opposer à leur issue et s'échapper par des rapides et des cataractes. Ils ne peuvent être remontés, depuis l'Océan, que sur une longueur de 200 à 300 kilomètres, correspondant à la bande côtière qui précède la zone montagneuse. Ce sont là des difficultés que l'industrie humaine saura vaincre en construisant des voies ferrées pour contourner les fractions non navigables. Aussi, le jour n'est peut-être pas éloigné où l'on verra se développer, à l'embouchure du Nil, du Niger, du Zambèze et du Congo, des centres commerciaux d'une grande importance.

L'Angleterre tient aujourd'hui trois des débouchés, et son rêve est de réunir Le Caire au Cap par une voie continue exclusivement anglaise. La France a quelques droits sur le quatrième, et il est de son devoir de s'opposer à ce que les Anglais prennent des mesures leur permettant d'accaparer à leur profit tout le commerce de l'Afrique.

Climat.

L'équateur coupe le continent africain à peu près par son milieu, de telle sorte qu'il offre une série de climats distincts et symétriques. L'Afrique peut, au point de vue climatérique, être divisée en quatre régions :

1° La région équatoriale, qui est soumise au climat tropical et présente deux saisons des pluies et deux saisons sèches chaque année. Grâce à l'humidité qui vient vivifier la terre chauffée par le soleil, cette région est couverte d'une végétation luxuriante; elle contient d'immenses forêts ; mais, à l'exception des plateaux élevés de la région des Grands Lacs, ou de l'Adamaoua, elle est difficilement habitable pour les Européens ;

2° De part et d'autre de la région équatoriale, s'étendant symétriquement, deux régions intermédiaires, dans lesquelles les saisons des pluies ne durent que trois ou quatre mois chaque année, au lieu de six. Aussi la végétation y est-elle moins exubérante, et les forêts y sont remplacées par des savanes. C'est au nord la région du Soudan, au sud celle du Zambèze ;

3° Au nord et au sud des régions précédentes et symétriquement par rapport à l'équateur, deux régions désertiques : les pluies y sont très rares mais violentes, la température y subit des écarts énormes entre le jour et la nuit, les vents y sont brûlants et presque jamais chargés d'humidité. C'est au nord le Sahara, au sud le désert de Kalahari ;

4° Aux extrémités septentrionale et méridionale de l'Afrique, deux régions qui, grâce aux effets combinés de la latitude et de l'altitude, se rapprochent du climat tempéré ; les pluies y sont beaucoup moins rares que dans les régions précédentes, et elles présentent des zones bien arrosées et fertiles ; elles sont très favorables à la colonisation. C'est au nord le Maghreb, au sud la région du Cap.

Productions.

L'Afrique est la partie de l'ancien continent la plus riche en or ; ce métal y forme depuis longtemps l'objet d'un grand commerce. La découverte récente de riches gisements et de nombreuses mines diamantifères a transformé, dans ces dernières années, la région australe de l'Afrique. Le cuivre et le fer sont assez abondants ; enfin le sel et le natron sont communs dans le Sahara.

La végétation offre une magnificence extraordinaire dans les parties fertiles : blé, riz, sorgho, orge, maïs, mil sont les principales céréales. Les principaux arbres à fruits sont le dattier, le figuier, le citronnier, l'oranger, l'amandier, le cédratier, la vigne, le bananier, le caféier. Il faut citer encore l'acacia, qui fournit la gomme arabique, le karité ou arbre à beurre, le palmier élaïs ou arbre à huile, le cotonnier, le caoutchouc, l'arbre à kola, la canne à sucre, l'indigotier, le tabac, les arachides.

Parmi les principaux produits du règne animal, il y a lieu de citer l'ivoire, les plumes d'autruche, les peaux, la civette. Sur les côtes de la Méditerranée en particulier, on trouve le corail et la coquille dont on extrait la pourpre.

Ethnographie.

L'Afrique n'est pas exclusivement peuplée par la race noire ; d'ailleurs ce terme de race noire est loin d'être exact, car les races qui peuplent ce continent sont nombreuses et très mêlées. On n'a encore sur elles que des données assez vagues ; néanmoins, on peut les diviser en trois types principaux appartenant à la race blanche, à la race nègre et à la race cafre.

Les éléments de race blanche appartiennent à deux branches distinctes : celle des Sémites, représentée par les Arabes et les Abyssins ; celle des Hamites, représentée par les Berbères, les Coptes et les Fellahs.

Les éléments de race nègre sont très nombreux et fort variables suivant les régions : Bongos, Chillouks, Donkas, Niam-Niam (dans le bassin supérieur du Nil) ;

Mandingues, Ouolofs (dans le Soudan occidental) ; Achantis, Dahoméens (sur la côte de Guinée) ; Batékés, Poupous, Bankoutous, Basokos (dans le bassin du Congo) ; Okandas, Osyébas, Fangs, Mfangs (dans le bassin de l'Ogôoué), etc.

Les éléments de la race cafre comprennent les Zoulous, les Souazi, les Basoutos. On peut y rattacher le groupe ethnique des Koïkoïn, auquel appartiennent les Hottentots, les Namakouas, les Bushmen. Il convient peut-être de voir dans ces dernières populations, de taille bien inférieure à celle des Cafres, les représentants de l'ancienne race autochtone dont d'autres témoins se trouvent dispersés, en groupes isolés, parmi les nègres : ce seraient les tribus pygmées signalées dans l'antiquité et dont les dernières explorations ont affirmé l'existence dans les immenses forêts intertropicales.

Quoi qu'il en soit, les limites des principaux éléments des races africaines ne peuvent être précisées d'une façon absolue ; car il y a eu nécessairement fusion partout où il y a eu contact. C'est ainsi qu'entre les populations de race blanche, nègre ou cafre il y a plusieurs groupes de populations métissées : entre la race blanche et la race nègre, ce sont les Peulhs, les Gallas, les Somâli, les Nubiens ; entre la race blanche et la race cafre, ce sont les Pombeiros, les Griquas ; enfin, entre la race nègre et la race cafre, ce sont les Betchouanas. Les Boers, descendants des premiers colons hollandais du Cap, et qui se nomment aujourd'hui eux-mêmes Afrikanders, ont perdu beaucoup de leur affinité avec la race européenne et forment un groupe spécial.

2' EXPLORATIONS AFRICAINES

Géographie ancienne.

L'Afrique était désignée par les anciens sous le nom de Lybie et n'était connue d'eux que dans sa partie septentrionale ; ils savaient que l'océan Atlantique la borne à l'ouest, l'océan Indien à l'est, en formant le golfe Arabique, entre la côte d'Afrique et celle d'Arabie. La mer Intérieure se trouvait au nord, entre l'Afrique et l'Europe.

On a dit que les Phéniciens, envoyés par Nekhao, avaient doublé la pointe méridionale du continent ; mais aucune description de cette partie de l'Afrique n'a été laissée par les anciens. On a prétendu également, dans ces dernières années, que la région des mines d'or nouvellement découvertes dans l'Afrique australe ne serait autre que le fameux pays d'Ophir dont parle la *Bible ;* mais aucune preuve ne peut être faite à ce sujet.

Il est fort probable que, sur la côte de l'Atlantique, les anciens n'avaient guère dépassé les rivages du cap Vert ; néanmoins, ils citaient sur cette côte le golfe Ethiopique, qui pourrait être le golfe de Guinée. Sur les côtes de l'océan Indien, ils s'étaient avancés jusqu'au promontoire Prasum, probablement le cap Pouna, situé un peu au sud de Zanzibar, vers le 7° degré de latitude méridionale.

Dans l'intérieur, leurs connaissances étaient limitées par le Sahara et comprenaient en outre l'Abyssinie et la vallée du Nil jusqu'au confluent du Sobat. Les fleuves Nigir et Gir, portés sur la carte de Ptolémée, pourraient être l'oued Guir et peut-être même le Niger actuel.

Explorations modernes.

Tout devait retarder l'exploration de l'Afrique : au nord, l'immense barrière du désert ; sur le pourtour, les écueils et les bas-fonds des côtes battues directement par la haute mer et bordées de barres ; la rareté des voies fluviales, dont les embouchures ne sont presque jamais navigables et dont le cours est coupé de cataractes et de rapides ; enfin, les escarpements qui, sur nombre de points, défendent l'accès du plateau central. Aussi, jusque vers la fin du XVIIIe siècle, ne peut-on signaler que de très rares tentatives de pénétration.

Ce sont les navigateurs portugais qui, au XVe siècle, permirent les premiers de tracer les contours du continent africain. Bartholoméo Diaz atteignait, en 1486, l'extrémité sud de l'Afrique, à laquelle il donna le nom de cap des Tempêtes, et qu'il ne put dépasser faute de ressources suffisantes. En 1497, Vasco de Gama doublait lui-même ce cap, auquel le roi de Portugal avait donné le nom de cap de Bonne-Espérance, parce qu'on espérait avoir trouvé la route des Indes, et pénétrait ainsi dans l'océan Indien.

En même temps, des tentatives étaient faites pour accéder dans l'intérieur. La grande sphère de la bibliothèque de Venise, du XVIe siècle, porte sous l'équateur, au centre du continent, deux grands lacs signalés par les trafiquants portugais ; mais ces découvertes ne purent être confirmées, et, pendant tout le XVIIIe siècle, le centre des cartes de l'Afrique ne porte aucun détail sérieux.

C'est vers la fin du XVIIIe siècle que commença l'exploration scientifique du continent africain, et cette exploration s'est poursuivie presque sans interruption jusqu'ici.

Le premier voyageur qui attira sérieusement l'attention sur l'intérieur de l'Afrique fut l'Anglais James Bruce, qui visita l'Abyssinie et la haute vallée du Nil de 1769 à 1771. Sa relation passionna l'opinion publique par les récits qu'il fit sur les horreurs de la traite des noirs. En 1788 se forma, à Londres, une société, sous le nom d'*African association*, ayant pour but d'encourager les voyages d'exploration et de combattre la traite. Les deux principaux champions de cette association furent l'Ecossais Mungo Park et l'Allemand Hornemann. Le premier explora le Soudan occidental et la vallée du Niger entre 1795 et 1806 ; le second visita le Fezzan et le Bornou de 1799 à 1801.

Presque à la même époque, le Portugais Honorato da Costa exécutait la première traversée de l'Afrique, de l'Atlantique à l'océan Indien. Jusqu'à l'année 1900, l'Afrique a été traversée dix-sept fois, par :

1° Honorato da Costa (Portugais), 1802-1811 ,de Benguella à la côte de Mozambique ;

2° Coïmbra (Portugais), 1838-1848, de Mozambique à Benguella ;

3° Silva Porto (Portugais), 1853-1856, de Benguella au cap Delgado ;

4° Livingstone (Anglais), 1854-1856, de Loanda à Quilimane ;

5° Gerhard Rohlfs (Allemand), 1865-1866, de Tripoli au golfe de Guinée ;

6° Cameron (Anglais), 1873-1875, de Zanzibar à Benguella ;

7° Stanley (Américain), 1874-1877, de Zanzibar à l'embouchure du Congo ;

8° Serpa Pinto (Portugais), 1877-1879, de Benguella à Natal ;

9° Matteucci et Massari (Italiens), 1880-1882, de Soua-kim, par le Bornou, à l'embouchure du Niger ;

10° Wissmann (Allemand), 1881-1882, de Loanda à Zanzibar ;

11° Arnot (Anglais), 1882-1884, de Natal à Ben-guella ;

12° Capello et Ivens (Portugais), 1884-1885, de Mos-samédès à Quilimane ;

13° Gleerup (Suédois), 1885-1886, des Stanley-Falls à Bagamoyo ;

14° Oscar Lenz (Autrichien), 1885-1887, du Congo à Quilimane ;

15° Stanley (Américain), 1887-1889, du Congo, par le lac Albert, à Zanzibar ;

16° Trivier (Français), 1888-1889, de Loango à Qui-limane, par le Congo jusqu'à Nyangoué, le Tanganyika et le Nyassa.

17° Enfin, par la mission du commandant Marchand, 1896-1899, de l'embouchure du Congo à Djibouti, par Fachoda.

Les principales explorations à signaler, en dehors de celles-ci, sont les suivantes :

Dans l'Afrique septentrionale, celle des Anglais Denham, Oudney et Clapperton, qui traversèrent le Sahara par Mourzouk et découvrirent le Tchad (1822-1824) ; celle de l'Allemand Barth, qui, parti de Tripoli, parcourut le Soudan central, entre le Tchad, la Bénoué et le Niger (1850-1855) ; celle de l'Allemand Nachtigal, qui pénétra le premier dans les régions comprises entre le Tchad et le haut Nil (1869-1874) ;

Dans l'Afrique occidentale, celle du Français René Caillé, qui, parti de Sierra-Leone, descendit le Niger jusqu'à Tombouctou et atteignit le Maroc en traversant le Sahara (1827-1828) ; celles exécutées sous les ordres du colonel Faidherbe, gouverneur du Sénégal ; celle du Français Duveyrier, qui visita le pays des Touareg Azdjer (1860-1861) ; celle de l'Allemand Gerhard Rohlfs, qui se rendit du Maroc à Tripoli par Aïn-Salah (1864-1865) ;

Dans l'Afrique australe, celles de David Livingstone, qui reconnut le cours du Zambèze, dont il découvrit les sources en 1853, et qui fit ensuite la découverte du Tanganyika et enfin celle de la région des sources du Congo (1873), qu'il croyait être celle des sources du Nil ;

Dans l'Afrique centrale, celles de Stanley, qui reconnut le bassin du Congo (1874-1877) ; celles du Français Savorgnan de Brazza, qui reconnut la région de l'Ogôoué ; enfin les explorations se rattachant à la recherche des sources du Nil. Les conquêtes de Méhémet-Ali dans la haute vallée du Nil avaient ouvert, dès 1820, un vaste champ aux efforts des explorateurs ; les uns remontèrent la vallée du fleuve, les autres partirent de Zanzibar. C'est aux Anglais Speke et Grant, partis de Zanzibar (1858-1862), et Samuel Baker, qui remonta le Nil (1861-1865), que revient l'honneur d'avoir découvert les sources du fleuve mystérieux.

Les itinéraires de tous les explorateurs forment un canevas assez serré dans certaines parties du continent; mais, dans bien des régions, le réseau n'est qu'amorcé, tandis que, dans d'autres, il n'existe pas encore. Deux portions du continent africain peuvent être encore considérées comme des régions inconnues : la plus grande partie du désert Lybique et la zone qui s'étend entre le Tchad, le haut Nil et le bassin du Congo. C'est vers cette région que, dans ces derniers temps, se sont dirigés les efforts des explorateurs de toutes les nations, cherchant à s'y gagner de vitesse.

3° PARTAGE POLITIQUE DE L'AFRIQUE

Nous avons vu précédemment qu'à la suite du voyage de James Bruce s'était constituée, à Londres, une société ayant pour but d'encourager les explorateurs et de combattre l'esclavage. Au commencement du siècle, sous la pression de l'opinion publique, les congrès de Vienne (1815) et de Vérone (1822), proclamèrent l'abolition universelle et définitive de la traite. C'est donc tout d'abord dans un but humanitaire que l'Europe s'intéressa aux questions africaines. Livingstone évaluait le nombre des nègres victimes de la traite à quatre cent mille chaque année; sir Bartle Frère, gouverneur du Cap, estimait ce chiffre à un million, en comptant non seulement ceux vendus comme esclaves, mais encore ceux tués dans les razzias ou périssant de fatigue et de misère dans les caravanes.

Longtemps, l'action des nations européennes se borna à faire des croisières sur les côtes ou à envoyer des missions religieuses à l'intérieur ; mais les résultats étaient insignifiants. Dans le but de coordonner les efforts, et un peu aussi pour offrir des débouchés à l'activité d'une population turbulente chez laquelle les effets de la surproduction industrielle commençaient à se faire sentir, le roi des Belges, Léopold II, voulut pénétrer au vif du continent africain.

En septembre 1876, se réunissait à Bruxelles une conférence internationale, qui fondait l'*Association internationale africaine;* sept puissances européennes y avaient pris part. Le programme était le suivant : exploration des territoires compris entre le Zambèze au sud et le Soudan au nord ; création de stations scientifiques et hospitalières, centres de propagande pacifique et civilisatrice. Il y avait un comité central (belge) et dix comités nationaux (français, allemand, autrichien, hongrois, hollandais, italien, portugais, suisse, russe, américain). L'Angleterre, dans cette liste, brille par son absence; selon sa bonne habitude, elle avait voulu conserver sa liberté d'action, et elle espérait bien, en agissant de son côté, trouver un jour où l'autre l'occasion de s'approprier des territoires sous le même prétexte humanitaire qui poussait les autres nations à agir de concert dans un but désintéressé.

Cette occasion ne tarda pas à s'offrir, et elle prit pied en Egypte. Dans le sud du continent, elle préparait sourdement, depuis la découverte des mines d'or, la prise de possession d'immenses régions, prête à en déposséder le Portugal, auquel elles appartenaient depuis plusieurs siècles. Dans le bassin du Niger inférieur et de la Bénoué, elle agissait de même pour en évincer les Français.

En 1884, l'Angleterre occupait déjà l'Egypte depuis deux ans lorsque M. de Bismark inaugura la politique coloniale allemande en faisant prendre possession par l'Allemagne d'immenses territoires en Afrique (Cameroun, Est africain allemand, Damaraland). Ce fut le signal du partage de l'Afrique. Les puissances provoquèrent une conférence qui se réunit à Berlin en 1885. Le roi Léopold voulait faire reconnaître les territoires de l'Association internationale comme un Etat indépendant et neutre ; l'Angleterre voulant relier sa colonie du Cap à l'Egypte, revendiquait une immense contrée depuis les côtes de l'océan Indien jusqu'au Nil, la plus grande partie de l'Afrique australe et enfin le bassin inférieur du Niger ; l'Italie venait de prendre pied sur les côtes de la mer Rouge; l'Espagne cherchait à étendre ses territoires de la côte du Sahara ; le Portugal s'efforçait de défendre ses possessions contre l'avidité anglaise; quant à la France, malgré ses difficultés au Tonkin, comprenant la portée de la faute qu'elle avait commise en se laissant supplanter par l'Angleterre en Egypte, elle se décidait enfin à défendre ses droits.

La Convention de Berlin reconnut l'existence de l'Etat indépendant du Congo, dont elle détermina en partie les limites; elle stipula la liberté du commerce et de la navigation sur le Congo; elle reconnut à la France la possession de territoires considérables dans la région du Congo inférieur et au Portugal, outre l'enclave de Kabinda, une vaste région dans le sud-ouest de l'Afrique.

Par l'Acte général de Berlin (26 février 1885), qui fit suite à la convention précédente, l'Afrique devenait, pour toutes les nations civilisées, comme un patrimoine commun soumis à leur contrôle collectif : l'Etat indépendant du Congo était reconnu neutre; les différends relatifs à ses territoires devaient être soumis à l'arbitrage; les stipulations relatives au fleuve Congo étaient étendues au Niger et à la Bénoué, posant en principe la liberté de navigation des fleuves africains; enfin, il était décidé qu'aucune nation ne pourrait s'attribuer un territoire en Afrique sans notifier sa prise de possession aux autres puissances.

Dès les premières années de l'occupation effective du continent africain, on s'aperçut que, sous l'influence désastreuse de différentes causes (razzias des marchands d'esclaves, guerres incessantes entre les indigènes avec emploi des armes à feu perfectionnées, abus de l'alcool), il se dépeuplait avec une croissante rapidité. Or, la plupart des régions africaines ne permettent pas le travail manuel aux Européens; il était donc de toute nécessité de prendre des mesures pour arrêter cette dépopulation, et l'Acte général de Bruxelles (2 juillet 1890) a tenté de régulariser le commerce des armes à feu et des boissons spiritueuses.

On peut donc dire que le partage de l'Afrique remonte à la Conférence de Berlin, et que la fondation de l'Etat indépendant du Congo en fut le résultat le plus important. Aujourd'hui, ce partage est un fait accompli; il a donné naissance à deux termes spéciaux : *sphère d'influence* et *hinterland*. Le premier s'applique aux régions soumises à l'influence exclusive des puissances auxquelles elles ont été adjugées ; le second, aux portions situées en arrière des zones côtières et pouvant être considérées comme le champ d'expansion vers l'intérieur.

Faute d'une connaissance complète de la géographie des différentes régions, les limites des possessions européennes ne sont fixées d'une manière précise que sur les côtes, où il ne reste plus aujourd'hui aucun territoire disponible ; dans l'intérieur, elles sont déterminées le plus souvent géométriquement, par des méridiens et des parallèles. Il y a là de nombreuses causes de conflit ; aussi les puissances s'efforcèrent-elles d'acquérir sur leurs voisines des droits de priorité par l'action de leurs explorateurs.

Les possessions des différents Etats européens sont les suivantes :

France : l'Algérie, la Tunisie, le Sénégal, la plus grande partie du Soudan occidental, les territoires de la côte de Guinée (Rivières du sud, côte de l'Ivoire, côte des Esclaves), le Congo français, Madagascar et le territoire d'Obock ;

Angleterre : les territoires de la Gambie et de la côte de Guinée (Sierra-Leone, côte de l'Or, Lagos, côte de l'Huile), le territoire du Niger inférieur et de la Bénoué, la colonie du Cap, Natal, le Betchouanaland, la Rhodésia, le Nyassaland, les territoires de l'Est africain, une partie de la côte des Somâli, le protectorat de Zanzibar et enfin l'Egypte, qu'elle occupe effectivement en dépit de ses promesses d'évacuation ; on doit y ajouter aujourd'hui l'Etat d'Orange et le Transvaal, dont elle s'est emparée au cours de la guerre contre les Boers.

Allemagne : les territoires de la côte de Guinée (Togoland, Cameroun), les territoires du Sud-ouest africain, ceux de l'Est africain ;

Italie : l'Erythrée, la plus grande partie de la presqu'ile des Somâli ; elle revendique en outre, malgré son échec dans cette région, le protectorat de l'Abyssinie ;

Portugal : les territoires d'Angola et de Mozambique, l'enclave de Kabinda, les îles San-Thomé et Do-Principe ;

Espagne : Quelques territoires au Maroc, d'autres sur la côte saharienne et quelques îles : Canaries, Annobon, Elobey, etc.

DEUXIÈME PARTIE

AFRIQUE OCCIDENTALE ET ÉQUATORIALE

(Niger et Congo.)

I. LE SAHARA

1° LE MONDE MUSULMAN

Deux nations européennes ont pris pied dans la partie septentrionale de l'Afrique, par laquelle ont pénétré de tout temps les conquérants qui ont étendu leur influence sur les populations de ce continent : ce sont la France et l'Angleterre.

La première y est, depuis trois quarts de siècle, en contact direct avec le monde musulman, contre lequel elle a dû conquérir pied à pied, dans des luttes héroïques, le terrain qu'elle occupe ; l'autre, qui détient la vallée du Nil depuis près de vingt ans, n'a pu s'y établir que grâce à l'imprévoyance de sa rivale et en profitant des efforts que celle-ci y avait faits depuis un siècle.

Si l'on compare les zones d'influence que se sont réservées sur le continent africain les deux grandes nations que nous venons de nommer, on constate au profit de l'Angleterre une différence énorme entre la facilité ou la difficulté relative de pénétration des populations indigènes : la France, toujours chevaleresque, s'est attaquée à la partie la plus difficile, celle qui est soumise au fanatisme religieux des races qui suivent la loi du

Coran ; l'Angleterre, toujours pratique, s'est établie de préférence dans les régions habitées par les populations dociles, chez lesquelles règne le fétichisme. Là où elle se trouve en contact avec les musulmans, elle a eu l'habileté d'exploiter les intentions hostiles que ceux-ci professent à l'égard des Européens en général et de la France en particulier; en effet, dans la haine qu'ils vouent à tout ce qui est étranger à l'Islam, les disciples de Mahomet n'ont pas été sans s'apercevoir qu'Anglais et Français n'agissaient pas de concert. Ils voient, dans les uns et les autres, des usurpateurs, et ils considèrent comme de bonne politique de profiter de leur rivalité pour faire de l'hostilité tantôt contre les uns, tantôt contre les autres, et principalement contre les Français, dont la puissance les effraye de jour en jour davantage.

Dans le but de conserver l'Egypte et pour faciliter son action sur le Soudan oriental et équatorial, aussi bien que dans la crainte de voir la France s'établir au centre de l'Afrique en faisant un tout de ses possessions : Algérie, Sahara, Sénégal, Soudan occidental, Congo, l'Angleterre a su gagner à ses intérêts le cheikh du puissant ordre religieux des Snoûsiya.

Celui-ci, qui a une action si prépondérante sur le monde musulman, n'a pas hésité à quitter sa zaouïa de Djerdoub, dans la Cyrénaïque, sur le chemin direct de l'Afrique du Nord à La Mecque, pour aller se fixer entre les oasis de Koufra et de Tibesti (1), à plus de quatre cents kilomètres plus au sud. Il occupe là une position centrale entre le Ouadaï, le pays des Touareg et le pays des Derviches dissidents ; ce qui lui permet, d'une part, de lutter plus directement contre l'influence

____

(1) Il a construit une zaouïa à Koufra au début de 1896.

de ceux-ci et, d'autre part, d'agir d'une façon plus directe sur les Touareg pour s'opposer à l'établissement de communications suivies entre l'Algérie, la Tunisie et le Soudan. N'a-t-il pas en effet ordonné aux Touareg de refuser le passage, sur leurs terres de parcours, à tous les étrangers quels qu'ils soient? — ce qui tend à élever sur les frontières méridionales de nos colonies de l'Afrique du nord une barrière infranchissable.

Le seul moyen pour nous de tourner ces difficultés, ce serait de pénétrer au cœur même du continent et d'agir directement sur le Ouadaï, le Baghirmi et le Darfour par notre colonie du Congo.

Les Arabes donnent à la partie septentrionale de l'Afrique, qui comprend le Maroc, l'Algérie et la Tunisie, le nom de Maghreb ou de Djezira el Maghreb, île de l'Occident. Cette contrée forme un tout compact et homogène limité au nord, à l'ouest et à l'est par l'Atlantique et la Méditerranée, au sud par le Sahara.

L'importance géographique de cette dernière région est des plus considérables ; s'étendant de l'Atlantique à la mer Rouge, sans autre interruption que l'étroit couloir que suit le Nil, couvrant une surface presque égale à celle de l'Europe, le Sahara constitue une barrière qui s'est toujours opposée à l'extension de la race blanche vers le centre du continent africain.

Aussi, le Maghreb, isolé complètement du reste de l'Afrique, fait-il partie, depuis la plus haute antiquité, du monde européen, auquel son histoire se rattache, tandis qu'il y a peu d'années encore le reste du continent était inconnu.

Nous n'en ferons donc pas ici une description détaillée, nous attachant seulement à l'étude de l'organisation sociale des indigènes, afin de nous faire une idée de ce qu'est la société musulmane avec laquelle nous nous trouvons en contact.

En Algérie, comme au Maroc, en Tunisie ou en Tripolitaine, la société musulmane est divisée en castes bien tranchées : les marabouts, les cheurfa, les djouads, les zenatza.

Les marabouts forment une caste religieuse ; ce sont pour la plupart des descendants des Almoravides, qui firent la conquête du Maroc vers le milieu du XVIe siècle. Les cheurfa sont les descendants du Prophète, par sa fille Fatimah, épouse d'Ali ; ils ont une grande influence et sont très nombreux dans l'Afrique nord-occidentale ; la famille régnante du Maroc est d'origine chérifienne. Les djouads forment une caste militaire ; ils sont d'origine arabe et se sont répandus dans tout le nord de l'Afrique après l'avoir parcouru l'épée à la main. Les zenatza sont de race berbère ; ce sont les descendants des anciens maîtres du pays.

Ce qui caractérise la société musulmane en Afrique, c'est l'esprit particulariste et l'absence de toute idée de nationalité. La division en tribus possédant le sens de la propriété collective amène des luttes continuelles de tribu à tribu ; dans les villages mêmes, il n'est pas rare de voir d'une rue à l'autre les rivalités amener des rixes sanglantes. Au milieu de cette anarchie, il existe néanmoins un lien des plus puissants pour solidariser les musulmans entre eux : c'est le sentiment religieux.

La religion musulmane possède un clergé régulier : ce sont les mufti ou iman. Ils administrent les mosquées ; mais, comme tous les musulmans sans distinction de caste peuvent en faire partie, ils sont à peu près sans aucune influence. Il n'en est pas de même des chefs des ordres religieux, qui tous appartiennent aux castes religieuses, marabouts ou cheurfa. Eux seuls sont les véritables représentants de la religion, et, grâce au fanatisme des adeptes des ordres dont ils sont les chefs, ils jouissent d'une très grande influence.

Le centre de chacun de ces ordres porte le nom de zaouïa. Là est construite une mosquée qui sert de sépulture à la famille du saint qui a fondé l'ordre et dont les descendants se transmettent par héritage la bénédiction céleste reçue par lui. C'est un lieu de réunion et de prière où tous les membres de l'ordre viennent en pèlerinage ; il y a souvent une école et des établissements hospitaliers. C'est avant tout un foyer de propagande religieuse dont l'influence cherche à se répandre au loin.

Les ordres religieux sont nombreux dans le monde musulman ; ce sont de vastes associations, dont quelques-unes sont très puissantes ; ils se distinguent entre eux par des formules spéciales de prière et par des pratiques qui sont propres à chacun d'eux.

Ce n'est qu'en agissant sur eux, en gagnant leurs chefs à sa cause, que la France parviendra à s'assimiler le monde musulman, si toutefois cette assimilation est possible.

L'ordre des Snoûsiya est celui qui nous est le plus hostile. Son chef, Si Mohammed Ben Ali Es Senoûsi, qui s'intitule cheikh el Mahdi, c'est-à-dire l'élu de Dieu, le Messie, celui que Dieu guide dans la voie du salut, se donne comme le prophète qui, suivant la tradition, doit mettre fin à la domination des faux musulmans ou Turcs et des chrétiens.

Il cherche à englober tous les autres ordres, afin de réunir l'Islam tout entier sous son unique autorité, et il veut que la puissance des sultans soit soumise à l'autorité religieuse. Il a établi sa zaouïa centrale à Djerdoub en 1855 ; là, dans la Cyrénaïque, elle est hors de portée des autorités de l'Egypte et de la Tripolitaine, auxquelles son influence n'a pas été sans causer de vives préoccupations. Au sud de Djerdoub, et à peu de distance, s'étend le désert de Lybie, qui n'a encore été traversé par aucun Européen et que ne franchit aucune route de l'ouest à l'est, de telle sorte que les musulmans d'Afrique qui veulent se rendre à La Mecque sont obligés de passer par Djerdoub, surtout depuis qu'un autre mahdi (1) s'est levé et s'est mis à la tête des Derviches, dans le Soudan égyptien.

La route présente deux itinéraires : l'un par Audjila, Djerdoub, Siouah, l'autre par el Beïda, qui suit la côte ; sur ce dernier, les Snoûsiya ont établi une zaouïa secondaire. Nous avons vu précédemment qu'en outre le cheik Sidi Es Senoûsi s'était rapproché du Ouadaï, où il a de nombreux adeptes. C'est donc là une secte très puissante et dont l'influence peut être très grande sur toute l'Afrique musulmane, grâce à l'ascendant qu'elle peut prendre sur les pèlerins qui se rendent à La Mecque ou qui en reviennent. C'est, pour la France, un obstacle d'autant plus sérieux qu'en Algérie ses adeptes forment une sorte de société secrète contre les agissements de laquelle on ne peut lutter qu'avec les plus extrêmes difficultés.

2° LE SAHARA (DESCRIPTION PHYSIQUE)

Le Sahara fait partie de l'immense écharpe de déserts qui traversent le globe diagonalement par rapport aux méridiens, et qui s'étend des rivages de l'Atlan-

---

(1) Ce dernier, pour assurer son autorité et échapper à l'influence des chrétiens maîtres de l'Egypte avait interdit le pèlerinage de La Mecque.

tique à ceux du Pacifique, par le nord de l'Afrique, l'Arabie, le Turkestan et la Mongolie.

Il mesure environ 4.500 kilomètres de l'ouest à l'est et 1.500 du nord au sud ; la France serait contenue huit fois dans son étendue, et sa superficie égale presque le quart de toute l'Afrique.

L'exploration du Sahara est encore aujourd'hui des plus rudimentaires. Aucun voyageur n'a réussi à le traverser de l'est à l'ouest ; quant aux itinéraires dirigés du nord au sud, ils sont encore bien peu nombreux et manquent même totalement dans certaines zones : le désert de Lybie, la région comprise entre le massif du Ahaggar et le coude septentrional du Niger, etc.

Les connaissances des anciens étaient limitées approximativement par une ligne qui, partant du cap Bojador, sur l'Atlantique, suivait la lisière septentrionale de l'Iguidi et des Areg, puis s'infléchissait à peu près parallèlement à la côte de la Méditerranée, pour passer au sud de Rhadamès et des oasis de Koufra, et finalement attèignait le Nil à Assouan.

Ce n'est que depuis le commencement du XIXᵉ siècle que l'exploration scientifique du Sahara a commencé. Dans sa partie occidentale, le premier itinéraire a été parcouru, en 1827 et 1828, par le Français René Caillé ; il partit de Sierra-Leone et suivit la vallée du Niger jusqu'à Tombouctou ; de là il se dirigea vers le nord et gagna le Maroc par Araouan, Taoudeni et Majara. En 1880, l'Autrichien Lenz parcourut à peu près le même itinéraire en sens inverse : partant du Maroc, il gagna Tombouctou par Tendouf, Taoudeni et Araouan ; il se dirigea ensuite sur le Sénégal. En dehors de ces deux grands voyages, d'autres moins importants, le plus grand nombre exécutés por ordre du colonel Faidherbe, gouverneur du Sénégal, ont permis d'asseoir les grandes lignes de la géographie de cette région.

Dans la partie centrale du Sahara, les principaux itinéraires sont les suivants : celui des Anglais Denham, Oudeney et Clapperton, qui, de 1822 à 1824, traversèrent le Sahara de Tripoli au Tchad, en passant par Mourzouk; — celui de l'Anglais Richardson et des Allemands Overweg et Barth, qui, entre 1850 et 1855, partis également de Tripoli, atteignirent le Tchad par Rhat et Agadès; Barth, seul survivant, revint à Tripoli par Bilma et Mourzouk, après avoir exploré pendant quatre ans le Soudan central; — celui de l'Allemand Gerhard Rohlfs, qui, de 1865 à 1867, alla de Tripoli à Lagos par le Tchad; — celui de l'Allemand Nachtigal, qui, de 1869 à 1874, gagna par Mourzouk le massif du Tibesti, qu'il explora; il se rendit ensuite au Tchad par Bilma, explora pendant trois ans le Soudan central, puis rentra par l'Egypte; — celui du commandant Monteil, qui atteignit le Tchad en partant du Sénégal, puis gagna Tripoli par Bilma et Mourzouk, etc.

La partie orientale du Sahara, qui comprend le grand désert de Lybie, n'a encore été traversée par aucun Européen. L'Allemand Gerhard Rohlfs, qui en tenta la traversée en partant de l'Egypte par Dackel, fut obligé d'y renoncer; dans une seconde tentative qu'il fit en partant de la Tripolitaine en 1879, il ne put dépasser l'oasis de Koufra.

La partie septentrionale qui avoisine l'Algérie et la Tunisie est la mieux connue. Elle a été parcourue en 1825 par l'Anglais Gordon Laing, qui visita le Touât; par l'Anglais Richardson, qui, en 1845 et 1846, visita Rhat, Rhadamès et le Fezzan; par le Français Duveyrier, qui, de 1858 à 1861, visita Rhadamès, Mourzouk, le Fezzan et le Ahaggar; par l'Allemand Gerhard

Rohlfs, qui, en 1864 et 1865, partant du Maroc, gagna la Tripolitaine par Aïn-Salah et Rhadamès.

C'est grâce à ces itinéraires et à un certain nombre d'autres moins étendus qu'on est parvenu à se faire une idée assez nette de l'assiette générale de cette immense région et même de ses caractères géologiques.

On a cru très longtemps que le Sahara était le fond d'un vaste océan dont le lit se serait desséché. La présence du sel et du sable a pu faire naître cette supposition ; mais ce qui est certain, c'est que les coquillages qu'on trouve à sa surface appartiennent à des espèces terrestres et fluviales.

La formation des terrains sahariens a passé par des phases analogues à celles du sol de l'Europe; mais, alors que celui-ci est soumis encore à l'action lente et continue du phénomène de l'érosion, qu'y produit le travail des eaux glissant continuellement à sa surface, celui du Sahara n'est soumis, pendant la plus grande partie du temps, qu'à l'action désagrégeante d'un vent desséché agissant de concert avec des variations extraordinaires de température.

Aux âges préhistoriques, le Sahara a été arrosé, comme les autres parties du globe. Les lits des cours d'eau qui l'ont jadis sillonné sont encore visibles, et il est établi aujourd'hui qu'il possédait une flore et une faune analogues à celles des contrées voisines ; on y trouve maintes traces de l'activité humaine et, entre autres, de nombreux gisements de silex taillés. Mais ces traces d'une vie passée tendent à disparaître de jour en jour, par suite de phénomènes que nous allons esquisser rapidement.

Durant l'été, la partie inférieure de l'atmosphère, violemment surchauffée par les rayons solaires dans la zone torride, se dilate et tend à s'élever, produisant un

puissant appel d'air frais venant de la zone tempérée ;
de là la formation de ces vents alizés du nord-est, dont
la direction est due à la rotation de la terre et qui sont
les vents régnants du Sahara. Deux causes amènent la
sécheresse de ces vents : la première, c'est que les surfaces qu'ils balaient sont presque toutes continentales;
la seconde, c'est que la chaleur à laquelle ils sont soumis presque immédiatement en arrivant au-dessus du
Sahara empêche la condensation de la vapeur d'eau
qu'ils peuvent contenir ; aussi les pluies y sont-elles
excessivement rares. Durant l'hiver, un autre phénomène se produit : la masse des eaux de l'Océan, ne se
refroidissant que très lentement, conserve à la partie
de l'atmosphère qui est en contact avec elles une température supérieure à celle du Sahara ; de là un appel
d'air vers l'océan, et, en cette saison également, la bienfaisante humidité, qui apporte la vie avec elle, s'en-
fuit encore comme en été de ces contrées désolées.

L'absence d'humidité amène avec elle l'absence de
végétation dont la présence est si utile pour assurer la
fixité du sol ; aussi la surface du Sahara est-elle en continuelles transformations. Dans les massifs montagneux, formés de terrains cristallins, le roc se montre
presque toujours à nu ; dans les autres parties du Sahara, le sol se montre sous quatre aspects différents :
les hamadas, les areg, les sebkha ou chotts et les oasis.

Les hamadas, qui occupent, paraît-il, les deux tiers
de la surface du Sahara, sont des plateaux rocheux, de
formation en général calcaire ; presque totalement dé-
pourvus d'eau, ils ne possèdent ni végétation, ni animaux. Sous l'action combinée de la haute température
du jour et du froid de la nuit, les roches se brisent, et
l'ensemble de ces régions, les plus difficiles à parcourir
de tout le Sahara, présente l'aspect d'un monde en dé-

molition. Ce sont les plateaux pierreux des hamadas qui sont les véritables régions de formation des sables; sans cesse dénudés par les vents, ils sont soumis continuellement à l'action des agents atmosphériques, qui en désagrègent les roches.

Les areg sont constitués par les sables; ils n'occuperaient guère que le neuvième de la surface totale. Ces sables sont formés par la désagrégation des roches sous l'unique action des agents atmosphériques : la sécheresse de l'air, les brusques et grandes variations de température (1) qui en sont la conséquence, l'influence de la lumière, ainsi que l'action des eaux météoriques ou courantes, amènent la dislocation des roches dont les vents trient ensuite mécaniquement les débris, suivant des règles constantes dues sans doute à la disposition du relief du sol. Ils forment des dunes de différentes dimensions, variant entre 150 et 300 mètres de hauteur, et espacées entre elles de deux ou trois kilomètres. Ces dunes se déplacent, mais avec une extrême lenteur, sous l'action des vents, qui font rouler à leur surface les particules de sable.

Les areg sont les parties du Sahara les plus faciles à traverser, en raison de la présence de l'eau ; en effet, les sables, absorbant instantanément l'humidité, la conservent à l'abri de l'évaporation, et il suffit, en bien des endroits, de creuser à une faible profondeur pour atteindre la nappe d'eau souterraine.

Les principaux déserts de sable sont : l'Iguidi èt le Djourf, au sud du Maroc ; l'Erg proprement dit, au sud de l'Algérie ; l'Edeyen, au sud de Tripoli; le grand désert de Lybie, entre le Fezzan et l'Egypte.

Les sebkha, ou bas fonds humides, et les chotts, ou

____

(1) La différence de température entre le jour et la nuit dépasse souvent 60 degrés.

étangs d'eau salée, sont formés par des dépressions du sol. On les trouve à toutes les altitudes ; les eaux s'y amoncellent quand se produisent des pluies, puis disparaissent par évaporation, et les sels qu'elles contiennent, se déposant à la surface du sol, deviennent l'objet d'un grand commerce (1).

Les oasis sont les seules parties du Sahara où la vie végétative et animale existe à l'état permanent. Elles sont produites par la présence de l'eau à la surface du sol, soit qu'elle y coule naturellement, soit qu'elle soit obtenue par des puits ou des citernes. Ce sont de véritables îles au milieu du désert.

L'ossature orographique du Sahara est constituée par une série de massifs plus ou moins isolés ; on n'y rencontre pas, comme dans les autres parties de l'Afrique ou dans les autres continents, des plissements montagneux parallèles. La clef de voûte de tout le système paraît être le massif du Ahaggar, quoi qu'il ne soit pas le plus élevé. Il est en grande partie volcanique, et ses sommets s'élèvent à 1.500 et 2.000 mètres; il est situé au sud de l'Algérie, et son étendue mesure environ 400 kilomètres dans tous les sens. Il paraît avoir été, dans les âges préhistoriques, le pôle de divergence des eaux du Sahara; aujourd'hui encore, quelques sources s'en échappent. Les indigènes prétendent qu'il est parfois couvert de neige; ce qui est certain, c'est qu'il est actuellement soumis à un régime de sécheresse qui compte des périodes quelquefois de plusieurs années, coupées par des orages diluviens qui transforment momentanément en torrents fougueux les lits desséchés des fleuves qui arrosaient jadis le pays.

Les autres massifs montagneux du Sahara semblent

____

(1) Les principales salines du Sahara sont celles de Taoudeni, Bilma, Amadghor, etc.

rayonner autour du massif du Ahaggar : vers le sud-est, une série de massifs qui vont rejoindre la région des Grands-Lacs; ce sont les monts Asgar, dont l'altitude est de 1.200 à 1.500 mètres, le massif du Tibesti, le plus élevé, avec des sommets de 2.500 et 3.000 mètres; il se prolonge par le massif du Darfour, dans le Soudan égyptien; — vers le sud-ouest, à peu près parallèlement au système de l'Atlas, les massifs d'El-Eglab et de l'Adrar; — vers le sud, le massif de l'Aïr, dont l'altitude est de 1.200 à 1.500 mètres.

Presque toutes ces montagnes sont formées de terrains cristallins ou primaires et contrastent fortement avec les plateaux crétacés ou tertiaires qui s'y adossent.

La disposition de ces massifs montagneux constitue, pour la région saharienne, deux grands versants, dont l'un est incliné vers le nord, l'autre vers le sud. Ils se subdivisent chacun en deux bassins : celui de la Méditerranée et celui de l'Atlantique, séparés par les plateaux crétacés étagés entre le massif du Ahaggar et l'Aurès, pour le versant nord; celui du Niger et celui du lac Tchad, séparés par le massif de l'Aïr, pour le versant sud. Mais ces bassins sont fictifs en quelque sorte; un seul fleuve, le Nil, réussit à traverser le désert et à amener à la Méditerranée les eaux de la région des Grands-Lacs. Partout ailleurs, l'eau courante n'existe qu'à l'état d'exception dans les régions montagneuses et disparaît complètement dans les plaines. C'est sur le versant nord que les lits des anciens fleuves sont le plus apparents. L'oued Igharghar, qui sort du massif du Ahaggar et qui, au dire des indigènes, coulerait à Idelès pendant trois mois certaines années, a un lit qui se dirige vers les chotts de la région tunisienne ; ses deux affluents, l'oued Mia et l'oued Djedi, ont également un lit très nettement dessiné. Il en est de même de l'oued Draa et de l'oued Saoura qui, descendant de l'Atlas, se perd dans la région du Tenezrouft. Dans le versant sud se rencontrent les lits des ouadi Messaoud, Takhatimt, Sakerret et Tafassasset. Ils se réduisent à des vallées desséchées, dont les dimensions montrent seules la puissance des cours d'eau qui les remplissaient autrefois. Ces bassins, encore très apparents aujourd'hui, finiront par disparaître sous l'action du climat. La surface du Sahara se transforme peu à peu, et, dans un avenir plus ou moins rapproché, elle ne présentera plus que de vastes plateaux rocailleux, des cuvettes sans issue et d'immenses étendues de pierres et de dunes ne laissant rien subsister du relief ancien.

L'aspect des différentes parties du Sahara est très variable; en dehors des zones montagneuses proprement dites, des nappes sablonneuses ou areg, des hamadas pierreux et dénudés, bien des portions du désert, surtout dans le voisinage du Niger, ont l'aspect de steppes, et la chute accidentelle des pluies peut y faire croître en quelques jours une végétation herbacée temporaire. Dans les environs du lac Tchad, ces steppes ont un caractère plus accentué encore et servent de terres de parcours à de nombreux troupeaux d'animaux sauvages. C'est la transition entre la région du Sahara et celle du Soudan.

Quoique le Sahara soit à une altitude moyenne de cinq cents mètres, on y a constaté deux régions situées au-dessous du niveau de la mer; nul doute que sans la sécheresse de l'air qui amène l'évaporation rapide de l'eau et l'absence de cours d'eau, ces régions ne soient de véritables lacs. L'une d'elles, située entre le delta du Nil et la presqu'île de Cyrénaïque, au nord du désert de Lybie, comprend les oasis d'Aradj et de Siouah, respectivement à 75 et 25 mètres au-dessous du niveau de la Méditerranée; la seconde est formée, au sud de la Tunisie, par les chotts Rharsa et Melrhir, respectivement à 25 et 30 mètres au-dessous du même niveau.

On a jadis proposé (projet du commandant Roudaire) de transformer la dernière en mer intérieure; mais les travaux seraient beaucoup trop considérables et nullement en rapport avec les avantages commerciaux qu'on pourrait retirer de l'exécution de ce projet. En effet, le chott Rharsa est à 180 kilomètres environ du golfe de Gabès et le terrain qui les sépare s'élève en certains points jusqu'à 80 mètres au-dessus du niveau de la Méditerranée. Les travaux à exécuter seraient plus considérables que ceux exigés pour le percement de l'isthme de Suez.

3° COMMERCE DU SAHARA

Les populations du Sahara sont assez complexes; néanmoins, on peut les diviser en quatre grandes familles : dans la partie septentrionale, on trouve les Arabes; à l'ouest, dans le voisinage du littoral de l'Atlantique, ce sont les Maures; à l'est, dans la région du Tibesti, ce sont les Tibbous; enfin, au centre dominent les Touareg.

Les Arabes parcourent, dans le sud de l'Algérie, le versant méridional de l'Atlas et de l'Aurès; ils s'appuient à la région des Ksours.

Les Maures occupent le Sahara occidental, entre le Sénégal et le Maroc; ce sont des métis d'Arabes ou de Berbères et de nègres soudanais.

Les Tibbous sont des Nigritiens montagnards; leur teint en fait une race intermédiaire entre les Berbères

et les nègres. Un grand nombre d'entre eux sont nomades.

Les Touareg sont de race berbère. Chassés dans le
désert par les différents envahisseurs du Maghreb,
comme leurs frères les Kabyles l'ont été dans les montagnes du Tell, ils constituent l'obstacle le plus sérieux
à notre expansion vers le Sud.

Ils se divisent en quatre grandes familles essentiellement belliqueuses; ce sont les Azdjer ou Azgar, au
sud de la Tunisie et de la Tripolitaine; les Ahaggar ou
Haggar, au sud de l'Algérie; les Kel-Ouï, au nord-ouest
du lac Tchad; les Aouelimmiden, au nord de la boucle
du Niger.

Les Ahaggar sont nos plus farouches adversaires; ils
ont comme terrains de parcours le massif du Ahaggar
et la région du Touât. Les Azdjer et les Aouelimmiden
ont déjà subi en partie notre influence; nombre des
premiers sont affiliés à la secte religieuse des Tedjani,
qui est favorable, dans une certaine mesure, à la France;
les seconds ont accepté notre protectorat par un traité
signé à Imentabomack, le 15 mai 1897. Les terrains de
parcours des Aouelimmiden comprennent le plateau
d'Adghab, région encore inexplorée, qui contiendrait,
paraît-il, de l'eau courante, des pâturages et des forêts.

Cantonnés dans le désert à la suite de l'invasion
arabe, les Touareg ont, dans leur lutte pour l'existence,
organisé la conquête de toutes les ressources que peuvent leur procurer ces régions désolées. Interposés entre
deux pays riches, ils vivent surtout de bénéfices pré-
levés sur les échanges entre le Maghreb et le Soudan.
Ils font payer tribut aux caravanes qui traversent leurs
immenses domaines, les protègent pendant le passage,
ou les pillent sans scrupules, pour se procurer des ressources dès qu'elles en ont franchi les limites; ils vi-

vent également aux dépens des oasis, qu'ils font exploiter par des sédentaires et où ils mettent en sûreté leurs richesses.

Le commerce du Sahara est surtout un commerce de transit, et, avant la domination française, le plus clair profit de ce transit était le commerce des esclaves. Il en est encore de même aujourd'hui, mais dans des proportions beaucoup moindres, entre le Soudan et le Maroc ou la Tripolitaine. Pour les petits échanges, on compte par filières de cauris (1); pour les échanges importants, on compte par guinée (2) ou par esclave. Les quelques chiffres qui suivent, empruntés à la relation du voyage du capitaine Binger au Soudan, en 1886-1887, peuvent donner une idée de la valeur de la marchandise humaine : « un cheval qui vaut deux ou trois esclaves chez les Maures en vaut de six à dix dans le Kaarta et le Bélédougou, dix à quinze à Ouoloségougou, quinze à vingt dans le Ouassoulou ». Pendant que Samory assiégeait Tiéba dans Sikasso, en 1887, il dépensait, pour le réapprovisinnement de son armée, à peu près huit cents captifs par mois, rien que pour l'achat de la poudre : le prix d'un esclave équivalait à quatre ou six kilogrammes de poudre, suivant le sexe et l'âge. Pour l'achat des chevaux, le prix variait entre huit et vingt-quatre esclaves par cheval.

C'est donc la monnaie la plus courante et la plus facile à se procurer que nous avons supprimée par notre présence en Algérie; aussi ne faut-il pas s'étonner de l'opposition que nous font les Touareg Ahaggar, qui sont nos voisins immédiats. Il en est quelques-uns certainement qui comprennent que le commerce des esclaves est fatalement destiné à disparaître et qu'il y aurait

---

(1) Mille cauris font environ 1 franc de notre monnaie.
(2) Pièce d'étoffe de colonnade.

peut-être avantage pour eux à favoriser le commerce
européen avec le Soudan; mais ils sont encore trop peu
nombreux pour avoir une influence appréciable, et le
fanatisme religieux empêchera longtemps le plus grand
nombre de se rallier à ces idées.

Au Sahara, le commerce se fait par le moyen des
caravanes, qui se dirigent presque toutes aujourd'hui
vers les pays musulmans à cause de la suppression de
l'esclavage en Algérie. Les caravanes comptent parfois
jusqu'à 2.000 personnes. Elles acceptent tous ceux qui
se présentent pour en faire partie, sans leur demander
ni d'où ils viennent, ni où ils vont. Elles reconnaissent
un chef et acceptent sa direction; c'est le khébir. Il a
un pouvoir absolu pendant toute la route. Il a sous ses
ordres des serviteurs qui organisent la caravane et exé-
cutent ses instructions. La longueur des étapes dépend
de l'éloignement des points d'eau; elle varie entre 30
et 35 kilomètres et peut quelquefois s'élever jusqu'à
60 kilomètres si l'on traverse une région dépourvue
d'eau ou si l'on a à craindre des pillards.

Les principales directions suivies par les caravanes
sont :

1° Du Maroc au Sénégal, soit par l'Adrar, soit en
longeant la côte ;

2° De l'Adrar à Tombouctou par Tichit et Oualata;

3° de Mogador à Tombouctou par Tendouf, Taoudeni
et Araouan;

4° de Tafilet à Tombouctou par Taoudeni et Araouan;

5° Du Touât à Tombouctou par Tahort et Mabrouk;

6° Du Touât au Tchad par Idelès et l'Aïr;

7° De Tripoli à Kano par Rhadamès, Rhat et l'Aïr;

8° De Tripoli au Tchad par Mourzouk et Bilma;

9° De Bengazi au Ouadaï par Koufra.

Parmi les transversales qui relient ces itinéraires, les

principales sont : du Touât à Rhat et à Bilma par Amguid; du Touât à Rhadamès par Amguid et Temassinin.

En dehors du commerce de transit, qui, comme nous l'avons vu, porte principalement sur les esclaves et aussi sur les plumes d'autruche, l'ivoire, les peaux, la poudre d'or ou les produits venus d'Europe et principalement de provenance anglaise ou allemande, il existe un commerce local entre le Sahara et les régions voisines. Dans le Nord, il est fait pas les Arabes nomades du sud de l'Algérie, qui font chaque année, aux approches de l'hiver, un voyage au Gourara, où ils portent de la viande, de la graisse, de la laine, du blé, et où ils s'approvisionnent de dattes. Dans le Sud, les caravanes viennent du Soudan apporter principalement du riz et du mil en échange de sel.

Les principales salines du Sahara sont : celle d'Idjil, qui fournit au Sénégal et au haut Niger environ 4.000 tonnes de sel par an; celle de Taoudeni, qui alimente le haut Niger et le Soudan central; celle de Bilma, qui fournit au Soudan central 5.000 à 6.000 tonnes par an; enfin, celle d'Amadghor, qui, située au pied du massif du Ahaggar, est peu exploitée quoique fort riche, en raison des exigences des Touareg. Le trafic du sel est très important au Sahara, et l'on évalue à 80.000 le nombre des chameaux qui y sont employés annuellement.

Les principales oasis sahariennes sont :

Dans le Sahara occidental :

1° L'Adrar, situé à environ 500 kilomètres au nord du Sénégal et à 400 kilomètres de la côte de l'Atlantique. Il est assez riche en pâturages. Sa population est de 20.000 habitants environ ;

2° Le Tiris, situé à 400 kilomètres au nord-ouest de

l'Adrar; il se couvre de pâturages de juin à octobre. La saline d'Idjil est entre l'Adrar et le Tiris;

3° Adafer, située à 400 kilomètres au sud-est de l'Adrar, sur les limites du désert de Djouf;

4° Tagant, située au sud de l'Adrar et à 300 kilomètres au nord-est de Podor; elle est assez riche en sel gemme;

5° El Hodh, située sur les limites méridionales du désert de Djouf;

6° Les oasis des Aouelimmiden, Araouan, Taoudeni, Tahort, etc.

Dans le Sahara central :

1° Les oasis algériennes : Mzab, El Goléah, Ouargla, Touggourt, etc.;

2° Le Touât (Gourara, Touât, Tidikelt);

3° Les oasis du Ahaggar : Temassinin, Amguid, Idelès, Tamassint, etc.;

Dans le Sahara oriental :

1° Les oasis de la Tripolitaine : Tripoli, Bengazi, Rhadamès, Mourzouk, Rhat;

2° Djerdoub, Siouah; zaouïa de l'ordre des Senoûsiya;

3° Koufra, au centre du désert de Lybie, résidence de El Mahdi Ould Si Mohammed Es Senoûsi depuis 1896;

4° Aïr ou Asben, située à 600 kilomètres au nord-ouest du Tchad ;

5° Damerghou, au sud de l'Aïr ;

6° Kaouar, près de la saline de Bilma, à mi-chemin entre Mourzouk et le Tchad;

7° Tibesti ou Tou, située à 400 kilomètres au nord-est de Kaaouar;

8° Borkou, située à 300 kilomètres au sud-est du Tibesti.

Les oasis paraissent être aujourd'hui dans une période de décadence produite par les exigences et les dévastations des nomades. Leur population est en décroissance, et les surfaces cultivées se restreignent peu à peu devant les envahissements du désert. Il serait grand temps que l'influence européenne s'étendît sur ces régions, afin d'empêcher ce que l'on voit sur certains points : des oasis, autrefois florissantes, couvertes d'habitations en ruines et envahies par les sables.

Indépendamment de la France, pour l'action de laquelle l'opposition systématique des Touareg Ahaggar constitue de sérieux obstacles, d'autres puissances européennes cherchent à étendre leur influence sur le Sahara.

Dans la partie orientale, la Turquie, qui exerce sa suzeraineté sur la Tripolitaine et les oasis de Rhadamès, Rhat et Mourzouk, se trouvait jusqu'à ces derniers temps, dans une situation privilégiée, car elle possède la route la plus courte et la plus facile pour atteindre le Tchad (1); mais elle ne dispose pas de moyens d'action suffisants, et il était à prévoir que, dans un avenir plus ou moins rapproché, quelqu'autre puissance européenne, l'Italie peut-être, chercherait à se substituer à elle dans le Sahara oriental. La convention franco-anglaise du 21 mars 1899 nous en a reconnu la possession.

Dans la partie occidentale, l'Espagne a établi son protectorat sur près de la moitié du littoral de l'Atlantique. Les côtes du Sahara sont peu hospitalières; elles sont semées d'écueils et manquent de profondeur; elles sont, de plus, bordées de dunes stériles et sauvages; mais dans certaines parties, aux environs des caps

____

(1) Il y a 2.000 kilomètres de Tripoli au Tchad.

Blanc et Bojador, par exemple, elles sont très poissonneuses.

Par un traité de 1860, les Espagnols ont établi leur protectorat sur la partie de la côte qui s'étend de l'oued Sous au cap Noun; mais ils ne l'ont occupée effectivement que depuis 1886. Les points principaux sont Ifni et le port de Santa-Cruz-del-Mar. Le 26 décembre 1884, ils ont également établi leur protectorat sur la bande côtière comprise entre le cap Bojador et le cap Blanc, à laquelle ils ont donné le nom de territoire de Rio-de-Oro. En 1886, ils ont essayé de s'étendre vers l'Adrar; mais ils ont dû y renoncer devant l'hostilité des indigènes.

L'Angleterre elle-même a tenté de s'établir sur le littoral. Une compagnie anglaise avait créé une factorerie au cap Juby, dans le but d'accaparer le commerce qui se fait par Tendouf entre le Maroc, l'Adrar et Tombouctou; mais elle a dû renoncer à ses projets et céder ses établissements au Maroc. Il est heureux, pour le développement de l'influence française, que cette compagnie n'ait pas réussi; en effet, maîtres aujourd'hui du Niger inférieur et de la Bénoué, avec les riches et importants marchés de Kano et de Yola, les Anglais, s'ils avaient pu prendre pied sur le littoral saharien, auraient été en mesure, soit par leurs intrigues, soit par la vente d'armes perfectionnées aux indigènes, d'entraver singulièrement notre expansion vers le Soudan et même le Touât.

Depuis longtemps, la France a songé à soumettre le Touât à son influence, ou tout au moins à entrer en relations commerciales avec ses habitants; mais elle s'était toujours heurtée à l'opposition fanatique des Touareg Ahaggar.

Ses tentatives d'expansion parties du Sénégal ont

donné depuis longtemps de bons résultats et, ainsi que nous l'avons vu précédemment, elle a placé sous son protectorat les Touareg Aouelimmiden depuis sa prise de possession de Tombouctou. Elle a également conclu, en octobre 1892, un traité d'amitié avec les Maures de l'Adrar.

Dans ses tentatives d'expansion, la France avait projeté l'établissement, à travers le Sahara, d'une voie ferrée devant relier l'Algérie au Soudan central. Les études avaient même été commencées en 1879; mais l'établissement des Anglais sur le bas Niger et la Bénoué, que nous n'avons pas su empêcher, et le traité du 5 août 1890, qui plaçait sous l'influence anglaise une partie importante du Soudan central, semblaient rendre ce projet irréalisable. Depuis la convention du 21 mars 1899, on parle de nouveau de sa réalisation.

Il serait en effet fort à désirer qu'il aboutît, car il pourrait rendre les plus grands services au point de vue de la défense de nos colonies. Nous possédons en effet dans l'Algérie-Tunisie une base d'opérations de premier ordre, dans laquelle nous disposons d'une armée qui compte plus de 50.000 hommes de forces permanentes. Si une voie ferrée existait entre la Méditerrané et le lac Tchad, nous pourrions transporter nos forces avec rapidité au centre même de l'Afrique dont nous serions incontestablement les maîtres, quand bien même nos adversaires seraient maîtres de la mer et nous isoleraient de nos colonies.

On peut objecter contre ce projet de voie ferrée transsaharienne que nous éprouverons des difficultés, peut-être insurmontables, pour gagner les Touareg à notre cause; que le commerce du Sahara ne donnerait lieu dans les débuts qu'à des transports insignifiants, nullement en rapport avec les frais de premier établissement;

que de plus, les véritables débouchés de commerce du
Soudan sont soit sur le Sénégal, soit sur la côte d'Ivoire
ou le Dahomey, soit enfin sur l'Oubangui et le Congo. Il
n'en est pas moins vrai que, si nous ne sommes pas certains d'être maîtres de l'Océan au moment d'un conflit,
la nécessité s'impose pour nous de mettre en liaison par
la terre ferme nos colonies africaines qui, dans l'état
actuel, sont divisées en trois tronçons. C'est dans ce but
que nous avons pris possession du Touât dans les premiers mois de l'année 1900.

II. LE SOUDAN

1° APERÇU GÉOGRAPHIQUE

On désigne sous le nom de Beled-es-Soudan, ou simplement Soudan, la presque totalité de la portion de
l'Afrique comprise entre les 5° et 17° degrés de latitude
septentrionale. Il mesure 7.000 kilomètres environ de
l'ouest à l'est et 1.500 du nord au sud, ses deux extrémités s'appuient à deux massifs montagneux, le Fouta-
Djallon à l'ouest, l'Abyssinie à l'est, et l'on peut le diviser en trois parties principales ou bassins : le Soudan
occidental, ou bassin supérieur et moyen du Niger; le
Soudan central, ou bassin du lac Tchad ; le Soudan
oriental, ou bassin du haut Nil. Nous n'étudierons ici
que les deux premières de ces régions, réservant la troisième, que nous rattacherons à l'étude de l'Egypte, dont
elle est le prolongement.

Le Soudan, région de transition entre le Sahara et
l'Afrique équatoriale, présente, dans sa végétation, toutes les nuances intermédiaires entre le désert et les forêts impénétrables. En venant du Nord, on traverse d'a-

bord la région des savanes, brûlée à la saison sèche, couverte de pâturages verdoyants pendant la saison des pluies ; vient ensuite la région des broussailles, puis celle des cultures parsemées de forêts, enfin celle de la végétation équatoriale.

Le système orographique du Soudan comprend le Fouta-Djallon, qui en forme en quelque sorte le nœud; c'est une région bien arrosée et fertile. Son altitude moyenne est de 800 mètres, avec des sommets atteignant 1.500 mètres. Du Fouta-Djallon se détache, vers l'Est, parallèlement à la côte, une série de hauteurs peu considérables, auxquelles on a donné le nom de monts de Kong, qui vont rejoindre et croiser, dans le Sokoto et l'Adamaoua, la série de hautes terres qui se dirige vers le nord en venant de l'Angola. Le bassin du Tchad est limité vers l'est et le sud par le Darfour et le dos de pays qui le sépare du bassin du Congo.

Du massif du Fouta-Djallon, divergent, dans toutes les directions : le Niger, le Tankisso, le Bafing, la Gambie, le Rio-Grande, les deux Scarcies, etc.

Le Niger, dont la longueur totale est d'environ 4.200 kilomètres, prend sa source dans les ramifications orientales du Fouta-Djallon, au mont Daro, dont l'altitude est de 1.340 mètres. Il décrit un vaste arc de cercle pour se jeter dans le golfe de Guinée; 1.800 kilomètres seulement séparent ses deux extrémités. Son cours peut être divisé en trois parties : haut Niger ou Djoliba, de ses sources jusqu'à hauteur de Tombouctou; moyen Niger jusqu'aux cataractes de Boussâ; bas Niger ou Kouara, de Boussâ jusqu'à son embouchure.

Le haut Niger, né à 850 mètres d'altitude, et déjà tombé à 316 mètres, à hauteur de Bammako, coule dans la direction du nord-est. C'est la partie du fleuve qui a été reconnue la première; on a cru longtemps que ce courant fluvial allait rejoindre le Nil, ou tout au moins le Tchad. Il est partagé en deux biefs par les rapides de Sotuba. Le bief supérieur, qui est séparé des sources du Sénégal (Bafing et Bakhoy) par un terrain facile à parcourir, est navigable à partir de Kouroussa, au confluent du Tankisso, pendant les hautes eaux, pour des bateaux jaugeant 20 tonnes; durant les basses eaux, il ne peut porter que des embarcations à faible tirant d'eau. Ses principaux affluents sont à gauche le Tankisso, à droite le Milo. Le bief inférieur traverse une région basse et très fertile, couverte de lacs et d'étangs, à laquelle on a donné le nom de deltas soudanais. Il est navigable pendant les hautes eaux, de juillet à janvier, pour les bateaux calant 2 mètres au maximum. Son principal affluent est le Mayel-Ballevel, qui reçoit lui-même le Baoulé et le Bagoé.

Le Niger moyen pénètre dans la région saharienne et ne reçoit, comme affluents, que des ouadi presque toujours à sec. Après avoir coulé un moment vers l'est, il s'infléchit brusquement vers le sud-est. Il traverse plusieurs défilés rocheux et est embarrassé, pendant la saison des basses eaux, par les rapides de l'île d'Adarnhaut, de Tagori, de Tabaouren, d'Ikériziden; mais, malgré les bruits répandus à dessein par les Anglais dans le but de retarder notre expansion sur le fleuve, il est partout navigable, ainsi qu'a pu le constater, au début de l'année 1896, le lieutenant de vaisseau Hourst.

Le bas Niger s'étend des chutes de Boussâ jusqu'au golfe de Guinée, où il se jette par un vaste delta, qui gagne de jour en jour sur l'Océan. Au-dessous de Badjibo, de Géba surtout, sur les 730 derniers kilomètres, le fleuve ne descend plus que de 136 mètres. Il est navigable dans toute son étendue. Il reçoit à gauche la Bénoué, qui forme une voie de pénétration de premier ordre vers le Soudan central. Elle sort du massif de Ngaoundéré, dans l'Adamaoua, et coule vers le nord, jusqu'à sa rencontre avec son affluent le Mayo-Kebbi, qui sort des marais de Toubouri; elle prend ensuite la direction de l'ouest jusqu'à son confluent avec le Niger. Elle est navigable depuis Yola, qui est située à 1.500 kilomètres de l'embouchure du Niger à l'époque des crues, c'est-à-dire de juillet à décembre.

En raison des diverses latitudes qu'il traverse et des obstacles qu'il rencontre dans son cours, le régime du Niger est très variable; pour les mêmes raisons, sa largeur varie également beaucoup : elle est déjà de 700 à 800 mètres à Bemba, en aval de Tombouctou; en amont d'Onitcha, après avoir reçu la Bénoué, elle est de 2.000 mètres; à Abo, où commence le delta, elle est de 1.200 mètres; dans les branches du delta, qui sont très nombreuses, elle n'est que de 200 à 300 mètres. Le delta du Niger couvre une étendue de 25.000 kilomètres carrés; ses différentes branches, encombrées de barres pour la plupart, sont presque toutes difficiles d'accès.

Les quelques renseignements qui suivent peuvent donner une idée du régime du Niger : à Toulimandio, en aval des rapides de Sotuba, la saison des hautes eaux dure de juillet à décembre, et l'étiage s'établit à la mi-septembre; à Tombouctou, elle s'étend de juillet à mars, et l'étiage s'établit en janvier; à Ikériziden, l'étiage s'établit vers la mi-décembre; au-dessous de ce point, jusqu'à Boussá, le régime du fleuve est encore imparfaitement connu.

Le lac Tchad, véritable mer intérieure, est situé au centre du Soudan, à une altitude de 240 mètres. Il a une superficie très variable suivant les saisons; elle atteint son maximum à la fin de la saison des pluies, c'est-à-dire en décembre. Sa profondeur est très faible;

elle no dépasse pas trois mètres en moyenne. Ses principaux tributaires sont : au sud, le Chari et le Serbouel, qui sont en partie navigables pendant toute l'année; à l'ouest, le Kamadougou; à l'est, le Bahr-el-Ghazal. La vallée de ce dernier, qui est en partie au-dessous du niveau du lac Tchad, est à sec pendant la saison chaude; il en est de même des cuvettes où se forment, à la saison des pluies, les lacs Fitri et Iro.

A l'étude du Soudan, se rattache celle du Sénégal et de la côte de Guinée.

Le Sénégal se forme à Bafoulabé par la réunion de ses deux branches supérieures : le Bakhoy ou fleuve blanc et le Bafing ou fleuve noir. Le Bakhoy prend naissance dans un marigot de la région du Bouré, et le Bafing sort du Fouta-Djallon; ni l'un ni l'autre ne sont navigables. Dans la partie supérieure de son cours, le Sénégal est très encaissé; il atteint la plaine après avoir reçu à gauche le Falémé. A hauteur de Matam, il se divise en deux bras, qui se réunissent avant d'atteindre la région des lacs Guier et Cayor, et se jette dans l'Atlantique à hauteur de Saint-Louis.

L'embouchure du Sénégal est encombrée par une barre difficile à franchir. Le fleuve est navigable en toute saison jusqu'à Kayes, à plus de 900 kilomètres de Saint-Louis, pour les embarcations ne calant pas plus de 0^m,50; pendant la saison des pluies, c'est-à-dire de juin à novembre, les bateaux calant 3 mètres peuvent remonter jusqu'au même point. Il en est de même, du 15 juillet au 15 septembre, pour ceux qui ne dépassent pas un tirant d'eau de 5 à 6 mètres. Pendant la saison sèche, c'est-à-dire de novembre à mai, les bateaux calant 3 mètres ne peuvent dépasser Mafou; ceux calant 4 mètres doivent s'arrêter à Podor.

Les principaux affluents du Sénégal sont à droite, le

Baoulé, qui se jette dans le Bakhoy; à gauche, le Falémé, qui descend du Fouta-Djallon et est navigable pendant 120 kilomètres, durant la saison des pluies.

Les côtes de Guinée qui s'étendent du cap Vert aux bouches du Niger sont bordées, sur bien des points, par des cordons littoraux qui renferment de grandes lagunes, à proximité desquelles la navigation et le commerce sont très actifs. La partie la plus orientale, entre le cap des Trois-Pointes et la région des bouches du Niger, est soumise au phénomène de la barre et est, par ce fait, difficilement abordable. Un courant sous-marin d'une grande violence, venant du large, vient briser son élan sur les caps des Palmes et des Trois-Pointes; son action, combinée avec celle des vents du sud-ouest, qui soufflent pendant neuf mois chaque année, pousse le flot en soulevant des lames énormes, qui, roulant les unes sur les autres, sont arrêtées par le peu de profondeur de la côte et refluent sur elles-mêmes, en formant trois lignes de brisants, dont la plus éloignée est à environ 300 mètres du rivage.

Les côtes de Guinée sont arrosées par une série de cours d'eau qui descendent les uns du Fouta-Djallon, les autres de la région de hauteurs relativement faibles à laquelle on a donné le nom de monts de Kong. Toutes ces rivières sont coupées par des rapides qui en rendent l'accès assez difficile; ce sont : le Saloum, qui forme un large estuaire navigable; la Gambie, navigable jusqu'à George-Town, à 180 kilomètres de l'embouchure; la Cazamance, navigable jusqu'à Sedhiou, pendant 225 kilomètres; le rio Cacheo; le rio Geba; le Rio-Grande; la Mellacorée; la Grande et la Petite Scarcies, qui ne sont navigables que pendant une trentaine de kilomètres; le rio Cavally; le grand Lahou; le Comoë ou Akba, navigables pendant une cinquantaine de kilomètres seulement; la Volta, qui est formée de la réunion des trois Voltas, noire, rouge et blanche, et qui, coupée de rapides, n'est pas navigable ; l'Ouémé, qui est navigable pendant les hautes eaux jusqu'à Agouy, à 150 kilomètres de la côte.

Les côtes brûlées et inhospitalières du Sahara s'étendent presque jusqu'au Sénégal, qui sert en quelque sorte de ligne de démarcation entre la région des sables et celle de la végétation; mais ce n'est véritablement qu'au sud du cap Vert que la région côtière de l'Atlantique présente une végétation puissante. Les terrains d'alluvion qui forment cette région côtière, laquelle se prolonge sur une longueur de 3.000 kilomètres environ, sont arrosés par des pluies périodiques, qui en assurent la fécondité, et les forêts qui les couvrent forment souvent, par leur épaisseur, une sorte de rempart assez difficile à franchir.

Le climat de cette partie de l'Afrique, qui comprend le Sénégal, le Soudan occidental et la côte de Guinée, est très variable suivant les régions. La multiplicité des phénomènes météorologiques auxquels ces régions sont soumises en est la raison; ici, les vents alizés, qui ruinent le Sahara par leur action incessante, ne se font plus sentir et l'influence bienfaisante du voisinage de l'Océan, grâce au vaste rentrant formé par le golfe de Guinée, amène, durant certaines périodes, des chutes d'eau qui assurent la richesse et la prospérité du sol.

Le climat du Sénégal, comme d'ailleurs celui de toute la Guinée, est, sur la côte, chaud, humide et malsain, à cause des miasmes qui se dégagent des lagunes qui bordent le littoral. L'acclimatement des Européens dans ces régions doit être considéré comme à peu près impossible.

Sur les côtes de Guinée, on distingue quatre saisons

(les trois dernières seules sont favorables aux expéditions militaires) : grande saison des pluies, du milieu de mars au milieu de juillet; petite saison sèche, du milieu de juillet au milieu de septembre; petite saison des pluies, du milieu de septembre au milieu de décembre; grande saison sèche, du milieu de décembre au milieu de mars.

A mesure qu'on s'éloigne de l'Océan et que l'altitude augmente, le climat devient plus sain; mais il ne permet pas néanmoins aux Européens de se livrer à un travail fatigant, et la plupart d'entre eux ne peuvent y faire un séjour prolongé.

Au Sénégal et au Soudan, il n'y a que deux saisons chaque année : pour le Sénégal, saison sèche de novembre à mai, saison des pluies de mai à novembre ; pour le Soudan, saison sèche d'octobre à juin, saison des pluies de juin à octobre. Pendant la saison sèche, la température présente de grandes différences entre le jour et la nuit; lorsque souffle le vent du désert, ou harmatan, la température dépasse 40 degrés. Pendant la saison des pluies, qui est la plus pernicieuse pour les Européens, à cause de la chaleur humide, la température est à peu près constante aux environs de 30 degrés.

A mesure que l'on se rapproche de l'équateur, les différences de température deviennent moins sensibles entre la saison sèche et la saison des pluies; la durée de cette dernière saison augmente : elle est de trois mois dans la partie supérieure du Soudan, vers la boucle du Niger, et de cinq mois dans la partie méridionale.

2° SÉNÉGAL ET SOUDAN FRANÇAIS

Le Sénégal est notre plus ancienne colonie; nos marins de Dieppe atteignirent le cap Vert dès 1339 et, en

1364, ils abordèrent dans la baie de Dakar. Ils créèrent des comptoirs sur tout le littoral du golfe de Guinée, jusqu'au delta du Niger; mais les désastres de la guerre de Cent ans vinrent entraver leurs entreprises, et Portugais et Hollandais s'emparèrent des établissements qu'ils durent abandonner.

Sous l'impulsion de Richelieu, on reprit l'exploitation du Sénégal et des côtes de Guinée : des Compagnies commerciales furent créées, et l'on fonda la ville de Saint-Louis à l'embouchure du Sénégal.

Au début du XVIII⁴ siècle, André Brüe, qui administra le Sénégal, donna un grand développement à la colonie et la rendit prospère; il était entré en relations avec les Maures et avait songé à créer une route commerciale jusqu'au Niger. Mais cette prospérité ne pouvait laisser les Anglais indifférents, et, pendant la guerre de Sept ans, ils s'emparèrent de Saint-Louis et de Gorée, qui ne nous furent rendus qu'au traité de Versailles, en 1783. En 1809, les Anglais s'emparèrent de nouveau du Sénégal, qu'ils ne nous rendirent qu'au traité de Paris, en 1814.

Jusqu'en 1854, époque où elle fut confiée à l'administration du commandant du génie Faidherbe, notre colonie du Sénégal ne fit que végéter; mais, depuis cette époque, sous la vigoureuse impulsion qui lui fut donnée et la sage direction qui lui fut imprimée, elle n'a cessé de progresser.

Les Maures avaient tenté à différentes reprises de s'établir sur la rive gauche du fleuve : Faidherbe les rejeta définitivement sur la rive droite, qu'ils n'ont jamais tenté de franchir depuis 1858. Il construisit des forts à Podor, à Saldé, à Matam et supprima les coutumes ou redevances qui étaient payées jusqu'alors aux chefs indigènes pour assurer leur neutralité. Il arrêta la marche du marabout El Hadj Omar et lui imposa la paix.

Ce marabout avait formé, vers 1850, le projet, repris depuis par Ahmadou, et de nos jours par Samory, de constituer un immense empire musulman entre le Niger et l'Océan. Revenu du pèlerinage de La Mecque, il avait prêché la guerre sainte contre les infidèles, et il s'avançait vers le haut Niger et le haut Sénégal, lorsque Faidherbe songea à l'arrêter, et fit construire, en 1855, en quelques jours, un poste fortifié à Médine, à 925 kilomètres de Saint-Louis. El Hadj Omar cerna le fort en avril 1857 et en tenta inutilement l'assaut. Faidherbe lui imposa finalement la paix en 1860.

Faidherbe a étendu la domination française sur le Fouta, le Cayor, le Toro, le Damga; il a fondé le port de Dakar en 1863 et organisé des voies de communications nombreuses. Il a enfin envoyé de tous côtés des missions pour préparer l'extension de la colonie : dans l'Adrar; chez les Maures Brakna et Trarza; dans le Fouta-Djallon, dans le Soudan.

Le général Faidherbe a donc organisé solidement la colonie du Sénégal et préparé la conquête du Soudan.

Le Soudan français comprend le bassin du haut Sénégal, à l'est de Bakel, et ceux du haut Niger et du Niger moyen, jusqu'à Madécali. Il a été définitivement relié à nos possessions de la côte d'Ivoire et du Dahomey par la Convention franco-anglaise du Niger, signée en juin 1898.

Cette convention fixe, de la façon suivante, les limites qui le séparent des territoires anglais de la côte de l'Or et des bouches du Niger.

La frontière séparant la côte d'Ivoire et le Soudan de la colonie britannique de la côte d'Or, part de l'intersection du thalweg de la Volta noire avec le 9e degré de latitude nord et le suit jusqu'à son intersection avec le 11° degré, qu'elle longe jusqu'à la rivière qui passe immédiatement à l'est des villages de Souaga et de Sebilla pour se diriger, par Sapeliga, jusqu'au point d'intersection du 11° degré de latitude nord avec le chemin allant de Sansanné-Mango à Pama.

La frontière entre le Dahomey et la colonie britannique de Lagos est maintenue jusqu'au 9° degré de latitude nord, telle qu'elle a été délimitée sur le terrain par la commission franco-anglaise de 1895; à partir du point d'intersection de la rivière Oepara avec ce 9° degré, elle se dirige vers le nord, suit une ligne passant à l'ouest de Tabna, Okouta, Boria, Téré, Gbani, Yassikéra et Dékala et atteint la rive droite du Niger en un point situé à 10 milles en amont du port d'Ilo, après quoi elle atteint la rive gauche au Dolul-Mauri, cours d'eau asséché.

Du Dolul-Mauri, la frontière suit la circonférence d'un cercle décrit du centre de la ville de Sokoto avec un rayon de 100 milles, puis l'arc septentrional de ce cercle jusqu'à sa seconde intersection avec le 14° degré de latitude nord, qu'elle longe sur une distance de 70 milles, pour se diriger au sud jusqu'au parallèle 13°20'; elle le suit sur une distance de 250 milles, rejoint le 14° degré jusqu'à son intersection avec le méridien passant à 35' est du centre de la ville de Kouka, puis longe ce méridien vers le sud, jusqu'à son intersection avec la rive sud du lac Tchad.

Le premier Européen qui ait exploré scientifiquement le Niger est l'Ecossais Mungo-Park. Avant lui, un matelot des Sables-d'Olonne, Paul Imbert, devenu esclave des Maures après un naufrage, avait visité Tombouctou en 1630; mais il mourut en captivité. Mungo-Park descendit le Niger depuis Bammako, dans les années de 1795 à 1806; il mourut assassiné aux rapides de Boussâ. Dans son grand voyage, de 1825 à 1827, Clapperton atteignit le Niger. En 1826, Gordon Laing atteignit Tombouctou par Aïn-Salah. En 1827-1828, René Caillé se rendit à Tombouctou par le haut Niger et gagna de là le Maroc. Durant le grand voyage qu'il fit au Soudan, de 1850 à 1855, Barth explora le Niger de Say à Tombouctou. En 1864, Mage et Quintin, envoyés, par le colonel Faidherbe, négocier avec Ahmadou, fils d'El Hadj Omar, séjournèrent sur le Niger, à Ségou. En 1880, l'Autrichien Lenz visita Tombouctou et rentra en Europe par le Sénégal.

La conquête du Soudan, préparée par le général Faidherbe, a été poursuivie presque sans interruption depuis 1878, époque où le colonel Brière de l'Isle fut nommé gouverneur du Sénégal. En 1879, une commission avait été réunie en France dans le but d'étudier les moyens de pénétration au Soudan, soit en partant de l'Algérie, soit en partant du Sénégal. On avait proposé la construction d'un chemin de fer transsaharien; mais le massacre de la mission Flatters par les Touareg avait fait abandonner ce projet, et l'on se décida à agir par le Sénégal. La commission proposa alors la construction d'un chemin de fer qui, partant de Dakar, aboutirait à Bammako sur le Niger en passant par Saint-Louis et en suivant le cours du Sénégal; soit une longueur de 1.500 kilomètres de voie ferrée. Pour limiter les frais, il fut décidé qu'on utiliserait le cours du Sénégal entre Saint-Louis et Kayes et qu'on ne construirait que les sections de Dakar à Saint-Louis et de Kayes à Bammako; mais, afin de s'assurer la sécurité suffisante pour la construction de cette dernière section, il fallait être maître du cours supérieur du Niger, ou tout au moins obtenir la neutralité des indigènes.

Or la voie devait passer sur le territoire d'Ahmadou, fils d'El Hadj Omar, roi de Ségou; le colonel Brière de l'Isle lui envoya, en janvier 1880, une mission sous les ordres du capitaine Galliéni, pendant qu'il faisait construire un poste fortifié à Bafoulabé, au confluent du Bafing et du Bakhoy.

La section de Dakar à Saint-Louis, commencée immédiatement, fut rapidement terminée et livrée à l'exploitation. Il n'en fut pas de même de celle de Kayes au Niger, qui, en raison de difficultés qu'on n'avait pas prévues, est encore loin d'être terminée à l'heure actuelle.

Quoi qu'il en soit, la conquête du Soudan s'est continuée depuis lors sans relâche. En 1881, on construisit un poste fortifié à Kita. A partir de 1882, ont commencé les luttes contre Samory, marabout de race malinké, fils d'un ancien caravanier, qui, par son intelligence et son énergie sanguinaire, s'était taillé un empire au Soudan; ces luttes, qui duraient depuis plus de quinze ans, menaçaient de s'éterniser pour des raisons que nous exposerons plus loin, lorsque la prise de Samory y mit fin. En 1883, on éleva un fortin à Bammako. En 1884, un poste fortifié fut construit à Koundou; la même année, le Niger fut reconnu de Toulimandio à Diafarabé.

En 1886 et 1887, les luttes que nous engageâmes contre Samory et Mahmadou Lamine eurent pour résultat la jonction de nos possessions de la haute Gambie avec celles de la Cazamance et leur extension vers le Fouta-Djallon.

De 1887 à 1889, eut lieu le voyage du capitaine Binger, qui plaça sous notre protectorat la partie la plus fertile du Soudan occidental; il parcourut la région de Sikasso, celle de Kong, où il fit signer un traité de protectorat en février 1888; il pénétra ensuite dans le

Mossi, dont le sultan ne lui permit pas de s'avancer plus au nord; il se dirigea alors vers Salaga, puis revint par Kong et le Comoë jusqu'à Grand-Bassam.

En 1888, un poste fortifié fut construit à Siguiri, au confluent du Tankisso avec le Niger. En 1889, nous nous emparâmes de Koundian, situé à 100 kilomètres sud-est de Siguiri, et Samory fut forcé de nous céder le Bouré; un poste fortifié fut établi à Kourassa. La même année, le Niger fut reconnu jusqu'à Tombouctou. En 1890, Ahmadou fut battu, sa capitale, Ségou-Sikoro, fut prise et un poste y fut créé. En 1891, Nioro, située à 250 kilomètres au nord-est de Kayes, fut enlevé à Ahmadou, et Bissandougou, situé à 200 kilomètres sud de Siguiri, fut enlevée à Samory. En 1894, nous occupâmes Tombouctou. En 1898 enfin, la prise de Samory est venue couronner l'œuvre.

La densité de la population est très variable au Sénégal et au Soudan; assez importante dans les régions riches, où notre présence assure une paix relative, elle est très faible et même nulle dans les régions dévastées par la guerre et les razzias d'esclaves. Sur la côte d'Ivoire et au Mossi, on compte de 22 à 24 habitants par kilomètre carré; dans le Fouta-Djallon et le Macina, on en compte de 8 à 10; dans le Ségou, de 1 à 5.

Si l'on songe qu'en raison du climat l'Européen ne peut se livrer à un travail manuel, on sent la nécessité, pour la mise en valeur des richesses que peut fournir le sol, de s'opposer à tout prix à l'extension de la puissance de ces rois nègres, qui sèment autour d'eux la terreur et ruinent le pays par les épouvantables chasses à l'homme qu'ils font pour se procurer des esclaves.

Si, sous l'effet de ces dévastations, la race nègre venait à s'éteindre, comme s'éteignent aujourd'hui les races autochtones de l'Amérique du Nord et de l'Australie, ce serait la ruine absolue de l'Afrique, du moins pour une bien longue période d'années.

Tant au Sénégal qu'au Soudan, on peut diviser la population en quatre races principales : la race blanche, la race peulhe, la race toucouleur, la race noire.

La race blanche est représentée par les Maures, qui sont soit des Berbères, soit des Arabes mélangés de sang noir. Ils occupent la rive droite du Sénégal et s'étendent vers le désert, qu'ils parcourent de leurs caravanes. Leurs principales tribus sont : les Trarza, les Brakna, les Douaich. Ils sont tous musulmans.

La race peulhe, quoique de teint cuivré, a les traits fins et est douée d'une intelligence bien au-dessus de celle de la race noire ; son état de civilisation est relativement avancé. Les Foulbés, Foulas ou Fellahs, habitent le Fouta-Djallon, le Ségou et le Macina. C'est une race de conquérants venus, croit-on, d'Egypte; ils ont formé jadis, dans le Soudan, de vastes empires. Aujourd'hui, ils sont indifféremment pasteurs, agriculteurs, artisans ou commerçants, et ils réussissent dans toutes ces branches. Ils sont musulmans fervents mais sans fanatisme.

La race toucouleur est intermédiaire entre la race peulhe et la race noire, comme le sont du reste les Maures entre la race blanche et la race noire. Ils sont intelligents et belliqueux, mais en même temps fanatiques, faux et cruels. Ce sont eux qui ont opposé le plus de résistance à l'expansion française. Ils habitent le Fouta-Djallon et le Ségou; ils sont musulmans.

La race noire comprend, dans ces régions, deux grandes familles : les Mandingues ou Mandés et les Ouolofs Sérères. Les Mandés sont des nègres de race pure; ils habitent la région du haut Sénégal et du haut Niger et s'étendent jusqu'au pays de Kong. Ils sont, en général, cultivateurs, commerçants ou artisans. Ils se sub-divisent en un grand nombre de groupes : les Mandés-Dioula, les Bambaras, les Malinkés, les Sarracolets, les Sonninkés, etc. Les Mandés-Dioula sont musulmans; ils sont d'un caractère très pacifique, ils se livrent surtout au commerce. Les Bambaras sont fétichistes et professent une haine profonde pour tout ce qui touche à l'Islam; ils sont braves et belliqueux. Les Malinkés et les Sarracolets sont guerriers et en partie musulmans. Les Sonninkés sont généralement musulmans et très dévots; ils possèdent des aptitudes commerciales particulières; un grand nombre d'entre eux se font conducteurs de caravanes, muletiers ou laptots, c'est-à-dire bateliers.

Les Ouolofs et les Sérères habitent la **région du bas Sénégal**. Ils sont musulmans et font d'excellents artisans; ce sont eux qui se sont le mieux assimilés à l'influence française.

Le Soudan est un pays d'avenir; il offre des ressources pour le commerce. Le Fouta-Djallon, le Faranah, le pays de Kong, les rives du Niger et en particulier le Macina sont des régions fertiles et riches. On y peut obtenir deux récoltes annuelles. Les principales cultures sont le riz, le mil, le maïs, les arachides, le coton, le tabac. Parmi les produits naturels du Soudan, il y a lieu de citer le karité ou arbre à beurre, le caoutchouc, la gomme et la noix de kola, qui fait l'objet d'un grand commerce. Un certain nombre de rivières, entre autres le Bambouk et le Bouré, roulent de l'or en paillettes. Quant au fer, on le trouve à peu près partout.

Ce n'est que lorsque la voie ferrée en construction de Kayes à Bammako sera terminée que notre colonie prendra tout son essor; une communication rapide sera alors établie sans interruption de l'Océan à Tombouctou, et il y a tout lieu d'espérer que les produits qui aujourd'hui traversent le Sahara, en partant de ce centre important, pour atteindre le Maroc ou la Tripolitaine, passeront par le Sénégal, et que l'importation, dont profitent aujourd'hui Anglais et Allemands, se fera au profit de nos nationaux.

Au point de vue purement français, il n'est pas sans intérêt de remarquer que cette ligne de Kayes au Niger diminuera des deux tiers les frais de transport que l'Etat est obligé de supporter entre ces deux points pour le ravitaillement de nos postes du Soudan. Aujourd'hui, le transport se fait par porteurs ou par voitures Lefèvre, entre le point terminus de la voie ferrée et le Niger, par Kita, et les quelques chiffres suivants suffisent à démontrer les services que pourra rendre la voie ferrée quand elle sera terminée. Au début de 1896, le prix du transport d'une tonne de marchandises, qui était de 80 francs entre Bordeaux et Kayes et de 50 francs de Kayes à Bafoulabé, atteignait 1.200 francs de Bafoulabé à Toulimandio; il n'était plus que de 80 francs de ce dernier point à Tombouctou. Or, le prix du transport de Bafoulabé à Toulimandio ne dépassera pas 150 francs quand la voie ferrée sera construite. On ne peut donc que faire des vœux ardents pour sa prochaine inauguration (1), d'autant plus que nos voisins, les Anglais, ne négligent rien, comme nous le verrons plus loin, pour nous priver des justes bénéfices que méritent les efforts que nous avons tentés jusqu'ici pour ouvrir ces contrées à la civilisation.

----

(1) 200 kilomètres environ sont actuellement terminés; il en reste environ 350 à exécuter; mais les crédits votés ne permettent pas de prévoir la fin des travaux avant 1907.

3° ÉTABLISSEMENTS DE LA COTE DE GUINÉE

Les côtes de Guinée portent différents noms, qui dérivent des matières dont se faisait autrefois la traite dans ses diverses parties; c'est ainsi qu'on y rencontre la côte des Graines, la côte de l'Ivoire, la côte de l'Or, la côte des Esclaves, la côte de l'Huile.

Les éléments de trafic qu'offrent les côtes de Guinée y ont attiré depuis longtemps les commerçants européens; toute l'étendue de ces côtes est aujourd'hui la propriété de plusieurs puissances dont les établissements sont disposés ainsi qu'il suit, en partant du Sénégal : Sénégal, territoire français; Gambie, territoire anglais; Bissao, territoire portugais; Guinée française ou Rivières du Sud, territoire français; établissements de la côte de l'Or, territoire anglais; République de Liberia, territoire indépendant habité par d'anciens esclaves libérés et rapatriés d'Amérique; établissements de la côte d'Ivoire, territoire français; établissements de la côte de l'Or, territoire anglais; Togoland, territoire allemand; établissements du golfe de Bénin ou Dahomey, territoire français; Lagos, territoire anglais; Nigéria et Bénouéland, territoire anglais. Il faut y ajouter le Cameroun, territoire allemand, et les îles de Fernando-Pô et Annobon, territoire espagnol.

Nous étudierons ci-après les principaux de ces établissements, c'est-à-dire ceux qui appartiennent à la France, à l'Angleterre et à l'Allemagne.

1° *Etablissements français en Guinée.* — Ils comprennent le territoire des Rivières du Sud, ou Guinée française proprement dite, celui de la côte d'Ivoire et celui de la côte des Esclaves ou Dahomey.

Le territoire de la Guinée française proprement dite

est le débouché naturel du Fouta-Djallon. Cette région montagneuse est bien arrosée et fertile; elle possède un climat sain; elle est habitée par une population de 5 à 600.000 âmes, soit Peulhs, conquérants venus du Soudan, soit Diallonkés, population primitive, possédant une civilisation relativement développée et professant la religion musulmane, mais sans fanatisme.

C'est à partir de 1880 que nous avons procédé à la prise de possession de cette région, dont la richesse commerciale se développera en raison directe de la valeur des voies de communications. Une route a été percée de Konakry à Timbo; elle doit être doublée d'une voie ferrée; une seconde doit bifurquer de celle-ci sur Faranah et la région fertile du haut Niger. Il y a 300 kilomètres de Konakry à Timbo, alors qu'il y en a 800 de ce dernier point à Dakar.

C'est en 1843 que la France prit possession effectivement de la côte d'Ivoire en occupant Grand-Bassam et Assinie. Retirée en 1870, la garnison de ces deux points y a été replacée en 1883.

Le développement de nos relations avec le haut Niger d'une part et, d'autre part, l'établissement, en 1888, du protectorat français sur le fertile pays de Kong semblaient devoir nous faire espérer un accroissement considérable du commerce de la côte d'Ivoire, qui est le débouché naturel de ces régions. La construction d'une route avait même été projetée, à travers la région forestière, pour relier Assinie à Bondoukou; mais Samory et les intrigues anglaises ont tout remis en question jusque vers la fin de 1898.

La frontière entre notre colonie de la côte d'Ivoire et la colonie anglaise de la côte de l'Or avait été fixée par une convention du 12 juillet 1893. Elle part de la lagune du fleuve Tanoé, laisse Nongoua à la France, coupe le Tanoé à 8 kilomètres en amont de Nongoua, puis suit une ligne légèrement inclinée vers le nord-est jusqu'à la Volta noire, en laissant Bondoukou à la France; elle suit ensuite le thalweg de la Volta noire jusqu'au 9ᵉ degré de latitude septentrionale, au delà duquel la limite n'a été fixée que par le traité du 14 juin 1898.

Notre établissement de la côte des Esclaves date de 1863; à cette époque, le roi de Porto-Novo reconnut notre protectorat. En 1868, le roi du Dahomey nous céda Kotonou avec une bande côtière large de douze kilomètres; en avril 1878, un nouveau traité confirmait le précédent.

En 1885, la France étendit son protectorat sur Grand-Popo, Petit-Popo, Porto-Seguro et Agoué; le Dahomey ne conservait sur la côte que le port de Whydah. Les Portugais, qui possédaient quelques comptoirs à Why-dah, avaient d'abord déclaré leur protectorat sur ce port; mais, par une notification du 26 décembre 1887, ils y renoncèrent, de crainte sans doute de difficultés avec les Dahoméens. Ces derniers formaient une population à la fois guerrière et fanatique, soumise au despotisme absolu d'un souverain cruel et sanguinaire.

Vers la fin de 1887, Gléglé, roi du Dahomey, déclara qu'il considérait comme nuls les traités conclus et somma les Français d'évacuer Kotonou et le royaume de Porto-Novo. Sa menace étant restée sans effet, il envahit, en mars 1889, le territoire de Porto-Novo. Son but réel, en faisant cette expédition, on a pu s'en convaincre depuis, était de se procurer des esclaves qui étaient en grande partie enrôlés comme *engagés libres* soit au Cameroun, soit dans le Congo belge, pour l'exécution des travaux de routes ou de chemins de fer.

On s'était tout d'abord efforcé de résoudre le conflit

par la voie diplomatique; mais cela ne faisait nullement l'affaire de Gléglé. Il mourut sur ces entrefaites, et son successeur, Béhanzin, se remit en campagne. Il tenta contre Kotonou une attaque qui fut brillamment repoussée. On dut établir le blocus de la côte pour empêcher Béhanzin de recevoir d'Europe des armes perfectionnées; finalement, un arrangement fut conclu le 3 octobre 1890.

Mais, en mars 1892, Béhanzin, qui avait pu se procurer dans l'intervalle des armes et des munitions, reprit les hostilités. On se décida alors à en finir avec lui; un corps expéditionnaire, sous les ordres du colonel Dodds, concentré à Kotonou au mois d'août 1892, entra dans Abomey le 17 novembre, et Béhanzin dut se réfugier chez les Mahis, à 100 kilomètres au nord-ouest d'Abomey. En 1893, une nouvelle colonne fut organisée pour le poursuivre, et Béhanzin, se sentant perdu, se rendit en janvier 1894.

Depuis la conquête, la colonie a pris un rapide essor. la paix y règne, aujourd'hui que les razzias d'esclaves sont supprimées, le développement des relations avec l'intérieur et l'amélioration des points de la côte en sont les principales causes.

Les limites du Dahomey ont été fixées :

1° Avec le territoire allemand du Togoland, par les conventions du 25 décembre 1885 et du 23 juillet 1897; elle suit le cours du Mono depuis la côte jusqu'à son intersection avec un méridien passant à peu de distance à l'ouest d'Agoué, suit ensuite ce méridien et enfin laisse à la France le Gourma, en enveloppant le territoire de Sansanné-Mango, qu'elle laisse à l'Allemagne;

2° Avec le territoire anglais de Lagos, par la convention du 10 août 1889; elle suit le méridien passant par l'embouchure de la rivière d'Adjarra, jusqu'au 9° degré de latitude septentrionale; au delà de ce point, la limite a été fixée par la convention du 14 juin 1898.

2° Guinée anglaise. — Les possessions anglaises de la côte de Guinée comprennent les territoires de la Gambie et de Sierra-Leone, ainsi que les établissements de la côte de l'Or, du golfe de Bénin, ou du Lagos, et de la côte de l'Huile, ou des bouches du Niger.

En 1850, les Anglais s'établirent sur la côte de l'Or, en achetant au Danemark les quelques comptoirs qu'il y possédait. En 1871, l'Angleterre obtint, contre la cession à la Hollande des droits qu'elle pouvait avoir sur Sumatra, la renonciation de cette puissance sur toutes ses possessions de la côte de l'Or. Mais les indigènes refusèrent de reconnaître la souveraineté des Anglais, et ceux-ci durent faire contre eux, en 1873, une expédition qui, loin de les soumettre, ne fit qu'accentuer leur animosité. Enfin, en 1895, l'Angleterre résolut de s'annexer le pays des Achantis, et une nouvelle expédition fut entreprise dans ce but.

Maîtres de cette région, ils cherchèrent à s'étendre vers l'intérieur, et ils empiétèrent, à différentes reprises, sur notre territoire du pays de Kong. Nous avons vu précédemment que Samory avait dû nous abandonner le Bouré; il occupa alors fortement la région du Baoulé; mais, cédant devant les efforts du colonel Archinard, il recula jusque vers le pays de Kong. Durant l'année 1895, le colonel Monteil le battit dans plus de douze combats livrés autour de Kong et le refoula vers le nord, c'est-à-dire vers le Niger moyen. Dans les premiers mois de 1898, il tenait sous sa domination tout le pays situé entre nos postes du Niger, le Dafina, le Gourounsi et la région côtière de nos établissements de la côte d'Ivoire. Il ne pouvait plus alors être question pour nous ni de pénétration ni d'expansion, et les progrès réalisés grâce à nos vaillants explorateurs : les Binger, les Braulot, les Baud, etc., étaient fortement compromis; c'était la négation des traités de protectorat qu'avait fait signer Binger.

On est convaincu, à l'heure actuelle, que Samory fut un instrument de la politique anglaise. Maintes fois, nous avions fait faire auprès de lui des ouvertures de paix; il les avait toujours repoussées, et, en 1896, le bruit courait qu'il avait offert au gouverneur de la côte de l'Or de se soumettre au protectorat anglais. Ce qui est certain, c'est que le pillage et la guerre étant ses moyens d'existence et la traite des esclaves ses moyens d'action, il avait besoin, pour les mettre en pratique, d'armes et surtout de munitions; or ces munitions, il les recevait périodiquement par les ports anglais de la côte de l'Or.

Les Anglais le tenaient ainsi en quelque sorte à leur discrétion et se servaient de ses bandes dévastatrices comme d'un écran derrière lequel ils s'avançaient pour s'emparer peu à peu des régions comprises dans notre zone d'influence et sur lesquelles les voyages de nos explorateurs nous avaient créé des droits imprescriptibles. Ce que les Anglais voulaient éviter à tout prix, c'est que nous réussissions à réunir en un faisceau commun nos possessions du Soudan, de la côte d'Ivoire et du Dahomey; ils ne voulaient pas, disaient-ils, que leurs établissements de la côte de l'Or fussent coupés des pays de l'intérieur, comme cela était arrivé pour leur territoire de Sierra-Leone. Aussi prenaient-ils pour prétexte les incursions des Sofas de Samory dans la région d'Inkoranza, soumise à leur protectorat, pour chercher à s'étendre vers l'intérieur et pour créer des courants commerciaux aboutissant à leurs comptoirs de la côte de l'Or; alors que notre colonie de la côte d'Ivoire se trouvait en réalité réduite à la bande de terre comprise entre la région forestière et l'Océan.

Le traité du 14 juin 1898 est venu fort à propos remettre les choses en état.

Quoi qu'il en soit, les chambres de commerce de Londres, de Liverpool et de Manchester ont obtenu du gouvernement anglais l'autorisation de construire des voies ferrées dans l'Afrique occidentale. Les Anglais ont entrepris à la fois trois chemins de fer par Sierra-Leone, par la côte de l'Or et par Lagos; chacun d'eux se construit avec une grande rapidité. Ils veulent ainsi prendre possession d'une façon effective, sinon des territoires, du moins du commerce des régions sur lesquelles leur diplomatie n'a pas su se créer des droits suffisants. Si nous ne nous hâtons pas, de notre côté, d'achever notre voie ferrée du Sénégal au Niger et de nous occuper des autres projets : voies de Konakry au haut Niger, du Bandamma au Bani, du haut Dahomey, ce sont eux qui draineront à leur profit tout le plateau du Soudan.

Il ne faut pas perdre de vue que, par sa disposition géographique, le Soudan ne peut avoir un débouché unique vers lequel toutes les voies convergent et qu'il n'est possible de le pénétrer que par une série de routes plus ou moins parallèles qui constituent autant de couloirs. Nous pouvons l'aborder sur quatre points : Sénégal, Guinée française, côte d'Ivoire, Dahomey; à nous d'y faire déboucher, dans le plus bref délai possible, autant de voies commerciales.

Quant à Samory, dont les Sofas massacraient chaque année plus de 100.000 individus, et qui compromettait non seulement les intérêts mais l'honneur de notre pays en perpétrant les horreurs de la traite dans des régions soumises à notre influence, dès qu'il ne fut plus soutenu par nos voisins, sa puissance se trouva fortement ébranlée. Une action énergique dirigée contre lui eut bon marché de sa résistance, et l'on finit par s'en emparer.

Les autres territoires anglais de la côte de Guinée, dont l'ensemble forme la région à laquelle on donne aujourd'hui le nom de Nigéria, se rattachent au Soudan central, dont ils forment le principal débouché; nous les étudierons plus loin.

3° *Guinée allemande.* — Au début de l'année 1884, l'Allemagne, songeant à se créer un empire colonial, envoya le docteur Nachtigal sur les côtes d'Afrique avec la mission de prendre possession des comptoirs occupés par des Allemands sur des territoires non encore soumis à des puissances européennes; il était accompagné de navires de guerre.

Le 4 juillet 1884, le docteur Nachtigal prit possession de Petit-Popo, que la France venait de céder à l'Allemagne en échange de l'abandon de ses prétentions sur le territoire des Rivières du Sud, compris entre le rio Nuñez et la Mellacorée (traité du 24 décembre 1882). Il négocia alors avec le roi de Togo, qui accepta le protectorat allemand. Le docteur Nachtigal se porta ensuite, sans perdre de temps, dans le golfe de Biafra pour prendre possession de la région du Cameroun; le 14 juillet, il s'emparaît du territoire de Bell. Des Anglais étaient établis à Bell, et le gouvernement britannique avait, depuis le mois de mai, paraît-il, ordonné l'occupation de cette côte; le 10 juillet, en effet, un navire anglais s'y était présenté, mais, ne s'attendant à aucune concurrence, il n'avait pas fait de déclaration de prise de possession. Le 19 juillet, lorsqu'un nouveau navire anglais arriva dans ce but, il était trop tard.

Pendant que le docteur Nachtigal concluait des traités avec les chefs de la côte jusqu'au Congo français, les Anglais se hâtèrent d'en conclure, de leur côté, avec les chefs de la région au nord du mont Cameroun, dans le but de fermer aux Allemands l'accès sur la Bénoué, dont ils avaient compris toute la valeur au point de vue de la pénétration vers le Soudan central. Le consul anglais Hewett conclut ainsi dix-huit traités, du 19 juillet au 10 septembre; cette activité fébrile peut donner une idée du dépit qu'éprouvèrent les Anglais en voyant un concurrent nouveau et inattendu surgir tout à coup dans la personne de cet empire allemand, qu'ils avaient vu se former avec joie, au détriment de la France, moins de quinze ans auparavant.

Le territoire allemand de la côte des Esclaves porte le nom de Togoland; il est situé entre la côte de l'Or ou Achantiland et le Dahomey. Nous avons vu quelles sont ses limites orientales; du côté des Anglais, la frontière a été fixée par le traité de Berlin du 1er juillet 1890. Elle a été tracée depuis Bagida jusqu'à la Volta, en suivant une ligne conventionnelle; elle suit ensuite le cours de cette rivière jusqu'au 8e degré de latitude septentrionale, laissant libre le territoire de Salaga, qui est désigné zone neutre. Nous avons vu qu'il est limité au nord par le territoire de Sansanné-Mango, qui appartient à l'Allemagne.

Le Cameroun allemand est compris entre le Congo français et le Bénouéland. La limite, du côté français, a été fixée par les conventions du 24 décembre 1885 et du 4 février 1894; elle part de la baie de Campo, elle suit d'abord la rivière jusqu'à 7°40' de longitude est, puis un parallèle à partir de ce point jusqu'à 12°40' de longitude est; elle se retourne ensuite vers le nord en suivant le cours de la Sangha sur une longueur de 30 kilomètres et le méridien 12° 40'; elle suit ensuite une ligne idéale s'infléchissant vers l'ouest à hauteur de Yola, pour laisser le cours supérieur du Mayo-Kebbi à la France, puis court vers l'est suivant le 10ᵉ degré de latitude septentrionale jusqu'au Chari; elle suit enfin le cours du Chari pour aboutir au Tchad. Du côté anglais, la limite a été fixée par les conventions du 27 juin 1886, du 1ᵉʳ juillet 1890 et du 15 novembre 1893; elle part de l'estuaire du Rio del Rey, coupe la rivière du vieux Calabar aux chutes d'Ethiopie, se dirige ensuite sur Yola, qu'elle laisse à l'Angleterre et aboutit au Tchad.

Le Cameroun, qui comprend la plus grande partie de la région de l'Adamaoua, est un pays très salubre, en raison de son altitude. La rivière Cameroun forme un estuaire large de 30 kilomètres; elle est navigable pendant une cinquantaine de kilomètres pour les navires de tonnage moyen.

4ᵉ SOUDAN CENTRAL

Le Soudan central, appelé aussi Nigritie, Haoussa ou Takrour, est constitué par le bassin du lac Tchad et par celui de la haute Bénoué. Il est limité : à l'ouest par les monts du Sokoto et le massif de l'Aïr; au nord, par le massif du Tibesti; à l'est, par le Darfour; au sud par l'Adamaoua et le dos de pays qui sépare les eaux du Chari de celles de l'Oubangui. Son débouché naturel est constitué par la Bénoué et le cours inférieur du Niger.

La richesse et la fertilité du Soudan central ont été vantées par tous les explorateurs qui l'ont parcouru et par Barth en particulier, qui y voyait *un champ immense pour l'activité européenne*. Le sol y est abondamment arrosé par des pluies périodiques qui assurent sa fertilité; on y trouve de vastes plaines favorables à l'élevage des troupeaux. Mais, comme dans le Soudan occidental, les ressources de la main-d'œuvre indigène ne sont pas en rapport avec les bonnes dispositions du terrain et les voies de communications y font encore défaut. La mise en valeur de cette région exigera donc de grands sacrifices. Grâce à l'intelligence et au degré de civilisation assez avancée de la race peulhe et de la race arabe, qui occupent le Sokoto, le Bornou, l'Adamaoua et le Baghirmi, les razzias d'esclaves sont assez rares dans ces régions; mais il est loin d'en être de même dans le Ouadaï et le Darfour.

Le Soudan central a été, à différentes époques, le théâtre de la fondation de vastes empires créés par la domination d'envahisseurs étrangers, Arabes ou Foulas. Ils ont presque tous correspondu à des régions naturelles assez bien caractérisées au point de vue géographique. Ces régions sont : le Songhay, sur le cours du Niger moyen; le Sokoto, au nord du confluent de la Bénoué avec le Niger; le Bornou, à l'ouest du Tchad; le Baghirmi, dans le bassin du Charri; l'Ouadaï, à l'est du lac Tchad; le Darfour, sur la limite du Soudan égyptien; l'Adamaoua, dans la région montagneuse située au sud de la haute Bénoué.

Le Songhay est soumis aux lois de l'Islam depuis l'an 1000; il a formé un puissant empire, dont la capitale était Gogo. C'était alors le centre commercial le plus important de l'Afrique; il était en relations avec le Maghreb et l'Egypte. Après avoir été conquis par le Maroc, il était redevenu indépendant; mais, vers la fin du XVIIIe siècle, les Touareg le dévastèrent et en dispersèrent les habitants. Les groupes de ceux-ci qui habitent actuellement le Soudan occidental sont les Sonninkés.

Le Sokoto a été fondé par les Foulas; ils étendaient leur influence jusqu'au Tchad et au Niger inférieur. C'est au Sokoto que se trouve l'important marché de Kano.

Le Bornou a été conquis par les Tibbou; la capitale, Kouka, est un marché très important.

Le Baghirmi est une vaste région très riche en pâturages; les Arabes et les Foulas y dominent.

Le Ouadaï a été converti à l'islamisme au xviie siècle. La population y est féroce et fanatique; ce sont d'ardents adeptes de l'ordre des Snoûsiya.

L'Adamaoua est un plateau d'une altitude moyenne de 1.000 mètres, traversé par des chaînons parallèles qui dépassent 2.000 mètres. C'est une région très fertile et où les Européens pourraient sans doute s'acclimater; les Arabes et les Foulas y dominent.

Le Darfour forme un Etat centralisé qui a été fondé au début du xviie siècle; c'est une région de transit entre le Soudan central et la vallée du Nil; les Egyptiens l'avaient soumis à leur domination en 1874. Le télégraphe y fut poussé jusqu'à El Facher, et un chemin de fer devait joindre ce point à El Obeïd. Mais, lors de l'insurrection mahdiste, les Derviches s'en emparèrent, en 1885, après la chute de Karthoum, et ils le tiennent encore aujourd'hui.

L'exploration du Soudan central n'a commencé qu'en 1827; ce sont les Anglais Denham, Oudney et Clapperton qui y pénétrèrent les premiers. Ils ont visité le Bornou et le Sokoto. En 1830, les frères Lander reconnurent le delta du Niger; ils découvrirent ensuite la Bénoué, en 1851. En 1849, l'Anglais Richardson et les Allemands Overweg et Barth entreprirent au Soudan un voyage durant lequel les deux premiers succombèrent :

Richardson dans le Bornou, Overweg sur les bords du lac Tchad. Ce voyage, le plus important au point de vue des connaissances, s'effectua de la manière suivante : partis de Tripoli en janvier 1850, les trois voyageurs traversèrent le Sahara par Mourzouk, Rhat et Agadès; ils visitèrent Kano, Kouka, Yola; Barth visita ensuite le Baghirmi, puis gagna par Sokoto le Niger qu'il atteignit à Say et remonta jusqu'à Tombouctou, où il arriva en septembre 1853. Il rentra en Europe par Say, Kouka, Bilma, Mourzouk et Tripoli, qu'il atteignit en août 1855. En 1856, l'Allemand Vogel explora le Ouadaï; mais il fut assassiné à Abéché. En 1861, son compatriote Beurmann, parti à sa recherche, subit le même sort. Dans le grand voyage qu'il fit de Tripoli à Lagos, de 1865 à 1867, Gerhard Rohlfs toucha au Tchad. Le docteur Nachtigal est également l'un des principaux explorateurs du Soudan central; il partit de Tripoli au début de 1870 et gagna le Tchad par Mourzouk, Kaouar et Bilma. Il visita le Kanem, le Bornou, le Baghirmi, le Ouadaï, le Darfour et rentra en Europe par l'Egypte en 1874.

Le partage du Soudan central entre les nations européennes date de l'année 1890. Le 1ᵉʳ juillet, l'Angleterre avait conclu avec l'Allemagne une convention en vertu de laquelle elle se faisait reconnaître des droits politiques sur le bassin du haut Nil et, le 5 août, elle signait avec la France un traité par lequel elle renonçait à ses prétentions sur Madagascar et qui fixait en Afrique la limite entre les zones d'influence française et anglaise à une ligne allant de Say, sur le Niger, à Barroua, sur le Tchad.

Ce traité ne fixait la limite de l'influence anglaise ni à l'est ni à l'ouest; aussi laissait-il le champ libre à toutes les entreprises, et il suffit de jeter les yeux sur une carte pour voir que, là encore, l'Angleterre s'était fait la part du lion. En effet, au sud de la ligne de Say à Barroua se trouvent les centres commerciaux de Kano, de Kouka, de Yola, tandis qu'au nord il n'y a guère que le désert, avec les routes qui permettent aux caravanes d'atteindre ces riches marchés. Dans la part qu'ils nous faisaient, nos bons amis les Anglais nous laissaient donc tout simplement le rôle de surveillance des Touareg : à eux les bénéfices, à nous les frais devant les leur assurer. Mais, moralement, nous n'avions rien à dire, puisqu'ils nous laissaient notre part du lac Tchad ! Cette part comprend bien, il est vrai, la région irréductible et fanatique du Ouadaï; mais de cela ils ne souciaient guère, à nous de savoir nous rendre maîtres chez nous !

Deux circonstances avaient permis aux Anglais de nous traiter aussi cavalièrement, tout en ayant l'air de nous faire de grandes concessions, par la reconnaissance de notre influence sur toute la région comprise entre l'Algérie et le Tchad, soit près du quart de l'Afrique : 1° le fait de nous être laissé évincer de la Bénoué; 2° les faux bruits qu'ils firent courir relativement à la navigation du Niger moyen.

En 1879, étaient établies sur le bas Niger deux Compagnies françaises et une Compagnie anglaise. Or, depuis le voyage de Barth, les Anglais s'étaient rendu compte de l'importance de cette région pour le drainage des ressources de l'intérieur du pays; aussi la lutte fut-elle ardente. Dans le but de se débarrasser de la concurrence gênante, et surtout de la dangereuse présence des deux Compagnies françaises, les Anglais proposèrent à celles-ci d'acheter leurs établissements. Le gouvernement français fut averti de ces tentatives; mais, à ce moment, nous nous trouvions aux prises avec les difficultés de l'expédition du Tonkin, et l'on ne put intervenir officiellement. Les deux Compagnies durent céder : les Anglais avaient donc, comme toujours, bien choisi leur moment pour agir.

Afin de faciliter cette spoliation et dans le but de retarder les progrès que nous faisions sur le haut Niger, les Anglais no craignirent pas d'affirmer, à la conférence de Berlin, que le cours moyen du fleuve, entre Tombouctou et les chutes de Boussâ, était barré par des obstacles infranchissables, et ils réussirent à accréditer cette légende en Europe. Or, la mission du lieutenant de vaisseau Hourst a reconnu, au début de 1896, que cette partie du fleuve est navigable.

Aussitôt après la conférence de Berlin, qui eut lieu en février 1885 et durant laquelle la liberté du commerce et de la navigation du Niger et de la Bénoué dut être reconnue, les territoires des bouches du Niger furent proclamés britanniques par le gouvernement anglais, et le syndicat qui en avait acquis les établissements obtint une charte qui en fit la Compagnie royale du Niger. Cette charte l'autorisait à faire des lois, à battre monnaie, à lever des troupes, etc; elle lui concédait une bande large de 80 kilomètres sur chaque rive du Niger, jusqu'à la rivière Sokoto, et sur la Bénoué.

A la suite de cette prise de possession, les nations européennes établies sur la côte de Guinée songèrent à prendre position afin d'empêcher les Anglais de profiter des dispositions du traité du 5 août 1890 pour s'étendre, à leur détriment, à l'est et à l'ouest, dans la région du bas Niger. De là un certain nombre de voyages remarquables, parmi lesquels il faut citer, du côté français, ceux du commandant Monteil, du lieutenant de vaisseau Mizon, de MM. Crampel, Dybowski et Maistre, pour la région du Tchad; ceux du commandant Decœur, de MM. Mounié et Deville, du capitaine Toutée, du

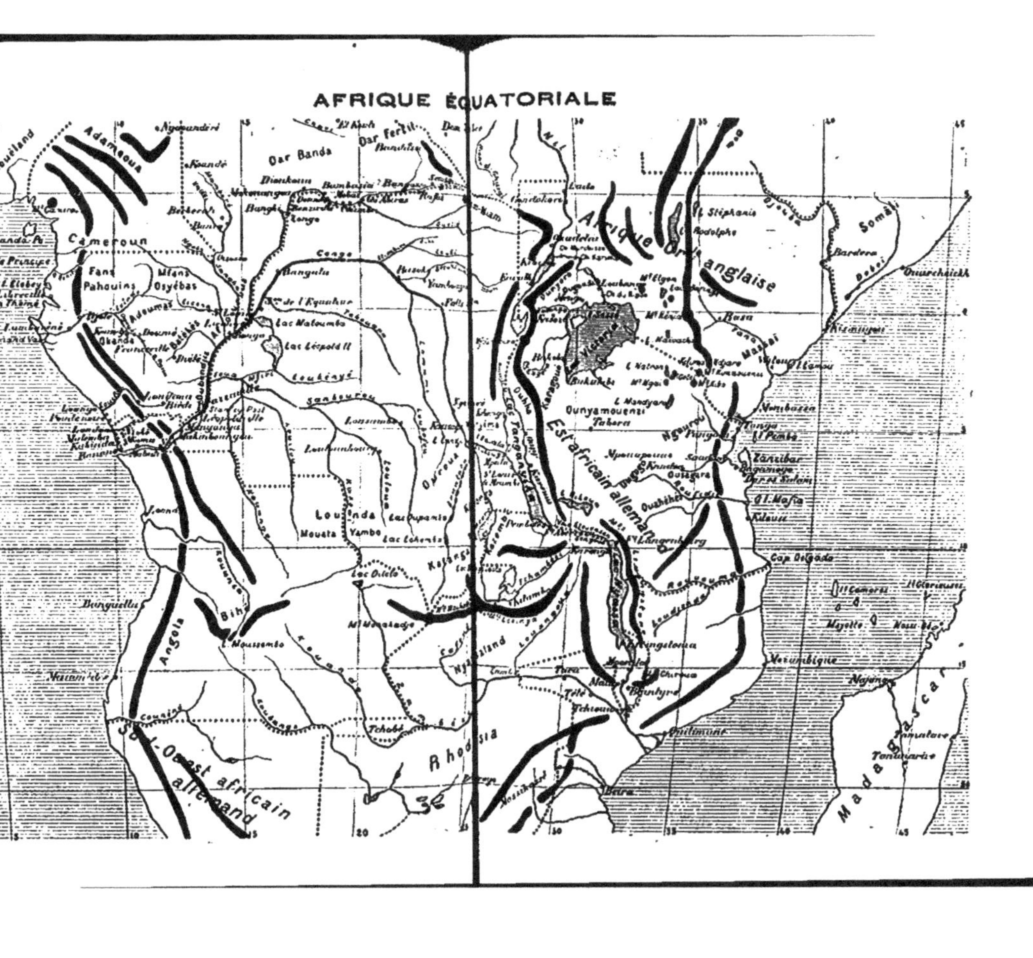

capitaine Baud, du commandant Destenave, etc., sur la rive droite du Niger.

Le but de la mission Monteil était de reconnaître la limite fixée par le traité du 5 août 1890. Il partit le 9 octobre 1890 de Saint-Louis et arriva à Say le 19 août 1891, après avoir traversé le Mossi. Il franchit le Niger, arriva à Sokoto, où il reçut un excellent accueil du sultan, gagna de là Kano, puis Kouka. Il revint par Bilma, Mourzouk et Tripoli.

Le lieutenant de vaisseau Mizon devait pénétrer jusqu'au Tchad par la Bénoué. Il remonta le Niger en octobre 1890; mais, attaqué et blessé par les indigènes à une centaine de kilomètres de la côte, il dut rétrograder sur Akassa. Malgré les difficultés que lui suscita l'agent général de la Compagnie du Niger, contrairement aux dispositions de l'Acte de Berlin sur la liberté de la navigation du fleuve, il put reprendre son voyage, mais seulement en décembre, époque où les eaux commencent à baisser. Il atteignit Yola en août 1891, où il fut bien accueilli; de là il gagna Ngaoundéré, où il reçut également bon accueil; puis l'île de Comaza, dans le bassin supérieur de la Sangha, au Congo français, où il arriva en avril 1892. Il repartit en août de la même année et tenta d'établir quelques comptoirs, à Yola en particulier; mais la Compagnie du Niger lui imposa des taxes exhorbitantes et, finalement, lui confisqua son bâtiment. La liberté du commerce et de la navigation stipulée par l'Acte de Berlin n'existait donc en fait que pour la Compagnie à charte.

Les missions Crampel, Dybowski et Maistre eurent pour but de relier le Congo français au Tchad, en partant de l'Oubangui. La première ne dépassa pas El Kouti, où elle tomba dans une embuscade à la fin de 1890; la deuxième se borna à venger la première en

1891; quant à la troisième, partie de Kemo en juin 1892, elle atteignit la branche est du Chari par 7°21' de latitude septentrionale; elle suivit le fleuve pendant une centaine de kilomètres, puis, inclinant vers le nord-ouest, traversa le pays des Saras, celui de Laï, franchit le Logone, atteignit l'Adamaoua, passa la Bénoué en aval de son confluent avec le Mayo-Kebbi et arriva à Yola à la fin de janvier 1893, où elle entra en relations avec la mission Mizon.

Pendant l'exécution de ces voyages, qui créaient à la France des droits sur les régions parcourues, et notamment sur l'Adamaoua, on apprit que les Anglais et les Allemands avaient entamé des négociations pour fixer les limites entre leurs possessions du Niger et du Cameroun. Ces négociations aboutirent à la convention du 15 novembre 1893, par laquelle l'Angleterre abandonnait à l'Allemagne tous les droits politiques qu'elle pouvait exercer à l'est d'une ligne partant de l'estuaire du Rio del Rey, dans le golfe de Guinée, et aboutissant à la rive méridionale du lac Tchad, en contournant la ville de Yola par le sud-est.

En vertu de cette convention et de celle du 1er juillet 1890, l'Angleterre reconnaissait donc à l'Allemagne la suzeraineté éventuelle de toute la partie de l'Afrique centrale comprise entre la ligne golfe de Guinée - lac Tchad, à l'ouest, et la ligne de faîte du bassin du Nil, à l'est.

Le Soudan central se trouvait donc ainsi départagé entre ces deux puissances, et l'Angleterre réussissait à en évincer la France. Mais des négociations s'ouvrirent alors immédiatement entre celle-ci et l'Allemagne. Elles aboutirent au traité du 4 février 1894, qui fixe la limite entre le Congo français et le Cameroun. Par ce traité, l'Allemagne a obtenu un débouché d'une part sur la

Sangha, d'autre part sur le Chari et la presque totalité de la saine et fertile région de l'Adamaoua ; la France a obtenu l'accès sur le Mayo-Kebbi et, par suite, sur la Bénoué, ainsi que le cours entier du Chari.

Enfin, la convention du 21 mars 1899 est venue fixer à l'est les limites de la zone d'influence française.

Le partage du Soudan central est aujourd'hui un fait accompli; si la part qui a été faite à la France est la plus vaste, il est peu probable que ce soit celle d'où l'on pourra tirer les plus beaux avantages au point de vue colonial. Quoi qu'il en soit, elle nous met en possession, au centre même du continent, d'une position des plus importantes au point de vue stratégique ; car elle nous donne le commandement sur le Soudan égyptien, sur l'Etat du Congo et complète celui que nous possédions déjà sur les routes du Sahara. Mais bien des difficultés seront à vaincre avant qu'on en puisse effectivement prendre possession.

Les établissements anglais de Lagos, appelés officiellement protectorat des côtes du Niger, sont occupés par l'Angleterre depuis 1852. Lagos est le port le plus peuplé de l'Afrique occidentale; il compte plus de 60.000 habitants. Les régions de l'intérieur, vers lesquelles les Anglais ont cherché, jusqu'au milieu de 1898, à s'étendre indéfiniment, sont fertiles et peuplées. Les tribus du Yebou et de l'Egba sont belliqueuses; celles de l'Yorouba sont au contraire pacifiques.

Nous avons vu précédemment que la limite entre le Dahomey et les possessions anglaises est formée par un méridien partant de la crique d'Adjara et qu'elle se termine, à Illo sur le Niger. Les Anglais, et notamment la Compagnie du Niger, ont souvent tenté de s'étendre au delà du 9° parallèle, où s'arrêtait la frontière avant le mois de juillet 1898. Le colonel Lugard, entre autres, qui s'est rendu si tristement célèbre par ses massacres de l'Ouganda, a pénétré dans le Borgou et fait signer, en 1895, pour le compte de la Compagnie du Niger, des traités par les indigènes.

La Compagnie entretient dans ses possessions une centaine d'agents européens; elle possédait une trentaine de steamers et disposait de contingents indigènes dont l'effectif était de 1.000 à 1.500 hommes. Son administration, oppressive et arbitraire, était détestée des indigènes, qui se révoltaient fréquemment contre elle. Elle entravait de tous ses efforts les entreprises que tentaient les commerçants européens, et, malgré les stipulations formelles du traité de Berlin, elle semblait vouloir monopoliser le commerce dans ces régions. Elle prélevait des droits de douane exorbitants et créait des obstacles de toutes sortes aux négociants et aux explorateurs.

La charte de concession de cette Compagnie devait expirer à la fin de 1897 (1), or, au moment où elle devait céder ses droits au gouvernement britannique, on s'aperçut que, depuis deux ans, elle travaillait silencieusement à préparer un coup de théâtre, destiné à compenser largement, au point de vue matériel, la perte de sa charte et à la laisser, malgré tout, maîtresse des territoires de la Nigéria avoisinant immédiatement le fleuve.

Ses agents ont conclu avec les tribus établies sur les deux rives du Niger, ainsi qu'avec un certain nombre de tribus de la Bénoué, toute une série de traités aux termes desquels la Compagnie est devenue propriétaire des terres des indigènes, lesquelles furent achetées pour un bail d'une durée indéfinie, moyennant le paiement

____

(1) Elle en conserva la jouissance jusqu'au 1er janvier 1900.

de certaines sommes, soit en cauris, soit en sel, soit en étoffes, etc. Les principales tribus qui ont accepté ces traités sont les Noupés, les Eboes, les Ijoes, les Koukouroukous et les Igarras.

Désormais, en vertu de ce système, les commerçants européens qui désireront entrer en relations avec les indigènes devront tout d'abord obtenir l'autorisation de la Compagnie pour commercer sur *sa propriété* et, si cette autorisation est accordée, payer des droits tels que les bénéfices deviendront absolument illusoires. C'est la mainmise d'une façon absolue sur le commerce de la région du Niger par quelques individus, et la négation complète du principe admis lors de la conférence de Berlin.

Fort heureusement pour les intérêts de nos nationaux, la France n'est pas restée inactive et la constatation de ces agissements eut pour effet de nous engager à nous hâter d'étendre pratiquement, jusqu'au point où le 9ᵉ parallèle coupe le Niger, la série de nos postes partant du Dahomey.

Les principales missions qui ont pris possession des territoires qui nous revenaient d'après les traités sont les suivantes :

La mission du commandant Decœur, qui partit de Carnotville en août 1894, visita Séméré et se rendit à Nikki; revenue à Carnotville, elle gagna Say en janvier 1895, en passant par Maka et Sansanné-Mango; elle rentra au Dahomey en mars 1895, après avoir descendu le Niger de Say à Boussâ;

La mission du capitaine Toutée, qui partit du Dahomey à la fin de 1894 et atteignit le Niger en face de Badjibo, en mai 1895, après avoir visité Tchaki et Kitchi; elle remonta le fleuve en pirogue jusqu'à Tibi, entre Gogo et Sinder, puis regagna la côte à Lagos en redescendant le Niger moyen.

En 1896 et 1897, les missions se sont multipliées, et c'est par une organisation d'ensemble que nous avons constitué notre hinterland du Dahomey. Le 15 novembre 1897, le commandant Ricour était nommé commandant supérieur de tout le haut Dahomey, ayant sous ses ordres directs les résidents du moyen Niger, du Borgou, du Gourma et du Djougou-Kouandé; enfin le 17 octobre 1899, un décret plaçait les territoires du Soudan sous l'autorité du gouverneur général de l'Afrique occidentale française :

1° En rattachant :

Au Sénégal, les cercles de Kayes, de Bafoulabé, de Kita, de Satadougou, de Bammako, de Ségou, de Djenné, de Nioro, de Gombo, de Sokoto et de Bougouni;

A la Guinée française, les cercles de Dinguiray, de Siguiri, de Kouroussa, de Kankan, de Kissydougou et de Bayla;

A la côte d'Ivoire, les cercles et résidences d'Odjenné, de Kong et de Bouna;

Au Dahomey, les cantons de Kouala ou Nelba, au sud de Liptako, et le territoire de Say, comprenant les cantons de Djennaré, de Diongoré, de Folmongani et de Botou.

2° En créant deux territoires militaires :

Le premier dans la région nord et nord-est du Soudan français, comprenant les cercles ou résidences de Tombouctou, de Sumpi, de Goundani, de Bandiagara, de Dori et de Ouahigouya;

Le second, dans la région de la Volta, comprenant les cercles et résidences de San, de Ouagadougou, de Leo, de Koury, de Sikasso, de Bobo, Dioulassou et Djebougou.

Nous avons vu précédemment quel est actuellement le tracé des limites entre les territoires français et anglais dans ces régions, tel qu'il a été déterminé par la Convention franco-anglaise du Niger, signée le 14 juin 1898.

En dehors de la fixation de ces limites, la convention contient encore d'importantes dispositions commerciales; de plus, chacune des deux puissances contractantes s'interdit de faire des acquisitions territoriales dans les sphères d'influence de l'autre, d'y conclure des traités, d'y accepter des droits de souveraineté ou de protectorat, d'y gêner ou d'y contester l'influence de l'autre.

Nous savons que le Niger est navigable depuis son embouchure jusqu'à Boussâ. La possession de ce dernier point par l'Angleterre crée de grands avantages à cette puissance; aussi a-t-elle consenti, à titre de compensation, à céder à la France certaines enclaves dans la partie navigable du fleuve : deux terrains sont donnés à bail à la France, l'un situé sur la rive droite du Niger, entre Léaba et le confluent de la rivière Moschi avec ce fleuve, l'autre sur l'une des embouchures du Niger.

Chacun de ces terrains, dit la convention, sera en bordure sur le fleuve, sur une étendue de 400 mètres au plus, et formera un tènement dont la superficie ne sera pas inférieure à 10 hectares, ni supérieure à 50 hectares.

III. — LE CONGO

1° L'AFRIQUE ÉQUATORIALE

L'Afrique équatoriale comprend le bassin du Congo et la région des Grands-Lacs, ainsi que le versant de l'océan Indien, entre la Djouba et le Zambèze. Elle s'étend du 6° degré de latitude septentrionale au 15° de latitude méridionale.

Ses limites sont sensiblement :

Au nord, les plateaux de l'Adamaoua; le dos de terrain qui détermine le partage des eaux entre l'Oubangui d'une part et le Chari, ainsi que les affluents de gauche du Nil-Blanc d'autre part; les terrasses volcaniques qui séparent le lac Albert du lac Rodolphe; le cours de la Djouba;

Au sud, dans la région de l'Angola, les monts du Bihé; le plateau marécageux du lac Dilolo; les massifs des monts Moukolla et Lakinga; les terrasses qui s'étendent entre les lacs Bangouélo et Nyassa; enfin le cours inférieur du Chiré et les bouches du Zambèze;

À l'ouest et à l'est, elles sont constituées par l'Atlantique et l'océan Indien.

L'Afrique équatoriale, qui compte environ 2.000 kilomètres du nord au sud et 3.500 de l'ouest à l'est, est traversée par l'équateur dans sa plus grande dimension. L'année s'y divise en quatre saisons, deux saisons des pluies, deux saisons sèches. La petite saison sèche s'étend de décembre à avril; la petite saison des pluies s'étend d'avril à mai. La grande saison sèche, qui est la plus favorable au séjour des Européens, s'étend de mai à septembre; enfin la grande saison des pluies s'étend d'octobre à décembre.

La connaissance de cette région a été la conséquence des tentatives faites pour la recherche des sources du Nil. Dès les temps les plus reculés, la solution de ce problème avait hanté l'imagination humaine, et de grands efforts avaient été faits, mais sans résultat : le sphinx gardait son secret. Toutes les explorations dirigées par la vallée du Nil avaient échoué; d'autres furent entreprises en partant de Zanzibar, et ce fut l'une d'elles qui réussit, il y a une quarantaine d'années seulement, à découvrir les sources mystérieuses du grand fleuve.

L'origine des expéditions ayant pris comme point de départ la côte de Zanzibar et pour but l'exploration des grands lacs signalés dans la zone équatoriale, à la recherche des souces du Nil, remonte à la tentative du Français Maizan, en 1843. L'année suivante, le docteur Krapf, missionnaire anglican d'origine allemande, s'établissait près de Mombassa avec le révérend Rebman. C'est à eux qu'on doit la découverte de « deux montagnes couvertes de neiges éternelles et situées l'une sous l'équateur, l'autre à environ 300 kilomètres plus au sud » : c'étaient les monts Kénia et Kilima-Ndjaro. Ils avaient obtenu également, des indigènes, des renseignements concernant « un lac immense situé au dela de ces montagnes » : le lac Victoria.

En juin 1857, deux officiers de l'armée des Indes, envoyés par la Société de géographie de Londres pour reconnaître ces régions, Burton et Speke, partirent de Zanzibar et pénétrèrent au centre du continent africain, en marchant directement vers l'Ouest. Ils passèrent par Tabora et atteignirent, à Oujiji, vers la fin de mars 1858, le lac Tanganyika, dont la découverte est attribuée à Burton. Faisant, au retour, un crochet vers le Nord, où un lac immense, le lac Oukerewe, lui était signalé par les indigènes, Speke le découvrit et lui donna le nom de Victoria-Nyanza.

Dans le but de s'assurer que le lac Victoria était, comme il le croyait, la véritable source du Nil, Speke entreprit, en octobe 1860, de concert avec un autre officier de l'armée des Indes, Grant, un second voyage. Il parcourut l'Ounyamouezi, le Karagoué, l'Ouganda et atteignit le cours d'eau qui sert de déversoir au lac Victoria et auquel il donna le nom de Somerset-Nile; mais le roi de l'Ouganda, Mtésa, s'opposa à ce qu'il le descendit en pirogue. Il dut quitter le fleuve à Ourondogani et atteignit alors par terre les chutes de Ripon, puis suivit de nouveau le fleuve jusqu'à Gondokoro, où il rencontra Samuel Baker, qui remontait le Nil pour en chercher les sources.

C'est à David Livingstone qu'on doit la plus grande partie des découvertes de la région des Grands Lacs. En 1858, après avoir remonté le Zambèze, il s'engagea dans le Chiré jusqu'aux chutes de Murchison ; puis, continuant son voyage par terre, il découvrit le lac Chiroua en avril 1859 et atteignit le lac Nyassa en septembre de la même année. Deux mois plus tard, l'Allemand Roscher, parti de Kiloua, à 300 kilomètres au sud de Zanzibar, atteignait également la lac Nyassa.

En 1866, Livingstone, parti de Zanzibar, passa entre les lacs Tanganyika et Nyassa et découvrit le lac Moëro ; il s'engagea vers le Sud, dans le Loualaba, tributaire du lac Moëro et découvrit le lac Bangouéolo. Redescendu jusqu'au lac Moëro, il suivit le cours de son déversoir vers le Nord, le Loualaba, jusqu'à Nyangoué ; de là il gagna Oujiji, sur la rive orientale du Tanganyika, où il fut rejoint en novembre 1871 par Stanley, reporter du *New-York Herald*, envoyé à sa recherche. Ils reconnurent ensemble le Tanganyika et, pendant que

Stanley rentrait en Europe, où l'on était sans nouvelles de Livingstone, depuis quatre ans, celui-ci se disposa à reconnaître le cours du Loualaba, qu'il croyait être la source même du Nil. Il explora, à l'ouest du lac Moëro, la région du Katanga; mais mourut d'épuisement à Kitambo, au sud du lac Bangouéolo, en avril 1873, convaincu à ce moment que le Loualaba, loin d'être un affluent du Nil, devait être le cours supérieur du fleuve Congo, dont les Portugais avaient découvert l'estuaire dans l'Atlantique à la fin du xv° siècle.

En mars 1873, le lieutenant anglais Cameron, parti de Bagamoyo, sur la côte de Zanzibar, à la recherche de Livingstone, rencontra à Tabora les porteurs de ce dernier, qui ramenaient son corps à la côte. Il atteignit le Tanganyika, dont il explora les rives méridionales, s'engagea dans son déversoir, le Loukouga, parcourut la région du Manyéma et atteignit Nyangoué. Il voulait descendre le fleuve qui passe en ce point; mais les indigènes s'y opposèrent, et il se rabattit vers le Sud-Ouest, parcourut la région de l'Ouroua, celle du lac Dilolo, celle du Bihé et atteignit enfin la côte, à Banguella, en novembre 1875.

En 1874, Stanley était parti de Bagamoyo avec un navire démontable pour explorer en détail la région des Lacs. Il atteignit le lac Victoria, qu'il parcourut; il descendit ensuite le Nil-Somerset et atteignit le lac Albert; mais, devant l'hostilité des indigènes, il dut renoncer à l'explorer. Il prit alors la direction du Sud et découvrit le lac Albert-Edouard, puis atteignit le Tanganyika. Il reconnut l'existence du Loukouga, puis gagna Nyangoué, où il s'allia à un grand marchand d'esclaves, Tippo-Tip, avec lequel il s'embarqua sur le fleuve pour en descendre le cours. Il traversa les territoires des tribus qui avaient arrêté Cameron, puis, abandonné par Tippo-Tip, il n'en continua pas moins son voyage au milieu des plus grandes difficultés. En juillet 1877, il arriva à l'embouchure du Congo, après avoir vu mourir le tiers de son escorte et les trois Européens qui l'accompagnaient.

Ces différents voyages avaient permis de fixer les grandes lignes du bassin du Congo et de la région des Grands Lacs; de nombreuses explorations furent faites dans le but de compléter ces découvertes et de déterminer le cours des affluents du grand fleuve. Les plus importantes parmi ces explorations ont été celles du lieutenant allemand Wismann. Dans un premier voyage, de 1881 à 1883, il partit de Loanda pour aboutir à Zanzibar en passant par le Mouata-Yambo, Nyangoué et Tabora. Dans un second voyage, il reconnut le cours du Kassaï, du Louloua, du Sankourou, du Loubefou et du Kouango.

L'ossature du continent africain, dans sa partie équatoriale, a été formée par des bouleversements géologiques d'une grande importance. Les principaux soulèvements qui la constituent ont généralement une direction sensiblement nord-sud; ils sont séparés par des fissures gigantesques dans lesquelles les eaux se sont accumulées, formant d'immenses réservoirs qui alimentent les cours d'eau innombrables qui parcourent cette partie de l'Afrique.

Deux de ces fissures sont orientées du nord au sud : celle du lac Nyassa et celle où se trouvent les lacs Rodolphe, Baringo, Naïvacha, Natron et Mandyara; une est légèrement inclinée vers le nord-ouest, celle du lac Tanganyika; une enfin est légèrement inclinée vers le nord-est, celle où se trouvent les lacs Albert et Albert-Edouard.

Sous l'effet des dislocations qui ont constitué ces fissures gigantesques, des masses volcaniques sont entrées en activité suivant les lignes de moindre résistance et ont déterminé la formation des massifs du Kilima-Ndjaro, du Kénia, dans la partie orientale, du Rouvenzori, du Gordon-Bennett, du Mfoumbiro, dans la partie occidentale. Le massif du Kilima-Ndjaro possède deux sommets principaux : le Kibo (6.130 mètres), le Kimaouenzi (5.600 mètres). Le Kénia atteint l'altitude de 5.500 mètres, le Rouvenzori, également 5.500 mètres; le Gordon-Bennett, 4.600; le Mfoumbiro, 3.000. Entre les deux alignement de sommets volcaniques aujourd'hui éteints, s'étend le plateau où se trouve le lac Victoria.

Les lacs équatoriaux de l'Afrique sont de deux natures bien différentes : ceux qui occupent les grandes fissures formées par les révolutions géologiques ont, en général, une grande profondeur; les autres, tels que les lacs Bangouéolo, Moëro, etc., ne sont que de vastes marécages sans profondeur.

Le lac Victoria est celui qui est situé à la plus grande altitude; celle-ci est de 1.200 mètres, et c'est également le plus étendu : il mesure 60.000 kilomètres carrés de superficie. Le tributaire le plus important du lac Victoria est le Kagéra, qui sert de déversoir au lac Alexandra; ce serait la véritable source du Nil; aussi lui donne-t-on le nom de Nil-Alexandra. Le lac Victoria se déverse dans le lac Albert, dont l'altitude est inférieure de 500 mètres à la sienne, par le Nil-Somerset, qui, sur une étendue de 300 kilomètres environ, franchit trois étages de cataractes : chutes de Ripon, chutes de Karima, chutes Murchison.

Le plus élevé après le lac Victoria, est le lac Albert-Edouard, qui est à une altitude de 976 mètres; il se déverse dans le lac Albert par le Semliki.

Le lac Albert, qui est à une altitude de 700 mètres, reçoit le trop plein des eaux des lacs Victoria et Albert-Edouard; il donne issue au Nil Blanc, qui s'en échappe vers le nord.

Le lac Tanganyika, dont l'altitude est de 800 mètres, a une superficie de 39.000 kilomètres carrés; sa longueur est de 650 kilomètres et sa largeur d'une cinquantaine seulement; il a une profondeur dépassant 600 mètres. Il reçoit au nord le Roussizi et au sud le Lofou et le Kitambo; il se déverse dans le Congo par le Loukouga.

Le lac Nyassa est à l'altitude de 480 mètres; sa superficie est un peu plus faible que celle du Tanganyika. Ses eaux sont douces et limpides, alors que celles du Tanganyika sont saumâtres. La faune des deux lacs est par suite différente; alors qu'au Nyassa c'est celle des lacs d'eau douce, au Tanganyika elle se rapproche de la faune maritime. Le Nyassa reçoit au nord le Songoué et se déverse au sud par le Chiré.

Le bassin du Congo a une forme analogue à celle de notre bassin de la Loire, quoique avec des dimensions infiniment plus grandes. Il est séparé du bassin du Zambèze par les terrasses du Bihé, le plateau marécageux du lac Dilolo, les monts Moukolla et Lokinga. Les massifs qui s'étendent à l'est du Tanganyika et à l'ouest des lacs Albert et Albert-Edouard, ainsi que les terrasses du pays des Niam-Niam, le séparent du bassin du Tchad.

Le Congo est formé par la réunion, dans le lac Landji, du Loualaba, du Louapoula et du Loukouga. Le lac Landji est plutôt un marigot qu'un lac; il est constitué en effet par des marécages qui disparaissent en grande partie durant la saison sèche.

Le Loualaba prend sa source dans la région des monts Moukolla; il coule vers le nord-est et s'étage dans de nombreux lacs, disposés en chapelet, avant d'arriver au lac Landji. Le Louapoula sert de déversoir aux lacs Bangouéolo et Moëro. Le Loukouga est le déversoir naturel du Tanganyika.

Le Congo coule sensiblement dans la direction du nord jusqu'aux Stanley-Falls; à partir de là, il commence à s'incliner vers l'ouest et décrit un immense arc de cercle jusqu'au Stanley-Pool. Après avoir été grossi de l'Arouhouimi, il atteint une largeur qui varie entre 10 et 40 kilomètres. A partir de Léopoldville, il commence à franchir les gradins successifs par lesquels il descend du plateau central africain jusqu'à l'Océan. Sur une étendue de 300 kilomètres environ, il ne franchit pas moins de trente-deux rapides ou cataractes. L'estuaire du Congo, qui commence à Mboma avec une largeur de 1.800 mètres, ne tarde pas à s'élargir pour atteindre 23 kilomètres à l'embouchure, où le débit est évalué à 70.000 mètres cubes à la minute, pour un courant de 7 à 9 kilomètres à l'heure. La force du courant se fait sentir à près de cinq cents kilomètres au large de l'Océan et entrave l'accès du port de Banana.

Au point de vue de la navigabilité, le Congo peut être divisé en quatre sections :

1° De l'embouchure à Matadi, sur une longueur de 150 kilomètres environ, il est navigable pour les bâtiments calant 4 à 5 mètres;

2° De Stanley-Pool aux Stanley-Falls, sur une étendue de 2.000 kilomètres environ, il est navigable pour les bateaux calant 1 mètre à $1^m,50$; un chemin de fer est établi de Matadi à Stanley-Pool pour tourner les cataractes;

3° Des Stanley-Falls au lac Landji, le fleuve est coupé de nombreux rapides qui déterminent toute une série de biefs, plus ou moins accessibles aux faibles embarcations, suivant les saisons;

4° En amont du lac Landji, le Loualaba, le Louapoula et le Loukouga sont coupés de rapides nombreux, qui rendent la navigation très incertaine; de plus, ils sont encombrés de végétation.

Les principaux affluents de gauche du Congo sont :

Le Lomani, qui est navigable sur une étendue de 900 kilomètres environ;

Le Tchouapa;

Le Kassaï, qui porte le nom de Koua dans son cours inférieur; il prend naissance dans les plateaux du Bihé, traverse le plateau marécageux du lac Dilolo, puis prend la direction du nord jusqu'à sa rencontre avec le Sankourou, qui lui imprime la direction de l'ouest jusqu'à son confluent avec le Congo; il reçoit à droite le Louloua, le Sankourou, grossi du Loubéfou, le Mfiri, qui sort du lac Léopold-II et se grossit lui-même du Loukenyé; il reçoit à gauche le Koubango grossi du Kouilou.

Les principaux affluents de droite du Congo sont :

L'Arouhouimi, qui porte le nom d'Itouri dans son cours supérieur; il est encombré de rapides en amont de Yambouya;

L'Itimbiri, qui est navigable jusqu'aux chutes de Loubi et reçoit le Rikitti, qui ouvre une route vers l'Ouellé;

L'Oubangui, qui porte le nom d'Ouellé dans son cours supérieur; il est navigable jusqu'à Mokouangou, quoique embarrassé de rapides.

L'Oubangui, principal affluent de droite du Congo, joue un rôle très important au point de vue du régime du fleuve : il reçoit de très nombreux affluents, dont le plus important est le Mbomou, qui recueille une quantité considérable de rivières originaires des terrasses des Niam-Niam, et il apporte au Congo les eaux fournies par les pluies de la zone septentrionale de l'Afrique équatoriale lorsque la zone méridionale traverse la saison sèche; réciproquement, les affluents de gauche du Congo agissent durant la saison inverse; c'est grâce à cette alimentation alternative que le Congo conserve un débit à peu près constant.

Les autres affluents de droite du Congo sont :

La Sangha, qui forme la voie de pénétration naturelle vers l'Adamaoua et est navigable jusqu'à Bania, pour les bateaux calant 1^m,20, pendant les hautes eaux, soit de septembre à novembre;

La Licona;

L'Alima, qui est navigable pour les barques jusqu'à Diélé qui est à une centaine de kilomètres de Franceville, tête de navigation en pirogue sur l'Ogôoué;

La Lefini, dont les sources sont voisines de celles du Kouilou.

La région du Congo français est arrosée par l'Ogôoué, le Niari ou Kouïlou et le rio Benito. L'Ogôoué reçoit à droite la Passa et l'Ivindo; il est navigable jusqu'à Njolé soit sur une étendue de 350 kilomètres, pour les bateaux calant un mètre environ; les pirogues peuvent le remonter jusqu'àu confluent de la Passa, situé à 780 kilomètres de l'embouchure. Le Niari ou Kouïlou, quoique encombré de quelques rapides, ouvre une communication relativement facile entre Loango et Brazzaville. Le rio Benito est navigable sur une étendue de 35 kilomètres environ.

Sur le versant de l'océan Indien, la région bouleversée des Grands Lacs se continue par un plateau qui s'étend jusqu'à une très faible distance de la côte, vers laquelle il descend par une série de gradins; Tabora est à l'altitude de 1.240 mètres, Mpouapoua est encore à 1.000 mètres. Les rivières qui sillonnent cette région franchissent ces gradins par de nombreux rapides qui les rendent impropres à la navigation. Les principales sont : la Djouba, qui sert de limite entre l'Afrique orientale anglaise et le pays des Somâli; la Tana, qui sort du massif du Kénia; le Poufou ou Pangani, qui sort du massif du Kilima-Ndjaro; le Roufidji, qui reçoit de nombreux affluents descendant des monts Livingstone et reçoit le Loudjenda, déversoir temporaire du lac Chiroua.

En face de la côte se trouvent les îles Pemba, Zanzibar et Mafia. Zanzibar est l'entrepôt du commerce de toute l'Afrique orientale.

Toutes les populations indigènes de ces régions appartiennent à la race noire. Elles parlent différents dialectes qu'on semble vouloir faire dériver d'une langue commune, la langue bantou. Ils vivent de l'agriculture et de l'élevage; quelques peuplades travaillent le fer, dont le minerai est très abondant sur certains points; sur les rives des lacs, elles se livrent à la pêche. Dans bien des régions, où poussent la brousse et les hautes herbes, les peuplades indigènes incendient la savane pour préparer leurs cultures et engraisser la terre; il s'ensuit que le gibier et la nourriture animale y font défaut et que la pratique de l'anthropophagie existe dans certaines zones. Dans quelques parties du versant de l'océan Indien, la présence de la terrible mouche tsétsé, dont la piqûre est mortelle pour les bestiaux, vient encore augmenter les difficultés de se procurer de la viande.

Il existe, disséminées parmi les populations nègres, des peuplades de petite taille, ne dépassant pas 1^m,50, au teint relativement clair; ce sont les pygmées sigualés par Homère, Aristote et Ovide. Ils remplissent principalement le rôle de chasseurs et de pourvoyeurs de gibier pour les populations agricoles des régions qui en sont dépourvues.

Toutes les populations de l'Afrique équatoriale sont généralement pacifiques et très accueillantes pour les étrangers ; mais, avant l'arrivée et l'établissement des Européens, elles étaient décimées par les razzias des marchands d'esclaves ; aussi, les différentes tribus s'é-taient-elles groupées, en vue de leur défense commune, pour former d'importantes confédérations, telles que les royaumes du Msiri, du Kazembé, du Kosango, du Lounda, de l'Ouganda, de l'Ounyoro, etc.

Le plus avancé en civilisation de ces différents Etats était l'Ouganda, dans lequel on a trouvé des vestiges de routes, de ponts, etc. Les explorateu. Speke, Grant, Baker, Linant de Bellefonds, Stanley, Emin, etc., ont tous été bien accueillis par le roi de l'Ouganda, Mtésa. Celui-ci mourut en 1885, et son successeur, Mouanga, qui s'était tout d'abord montré hostile aux Européens, fut converti au christianisme par des missionnaires français, les Pères Blancs. L'influence française commençait à s'asseoir solidement dans cette région lorsque la Compagnie anglaise de l'Est africain songea à s'en emparer. Nous verrons plus loin quels procédés elle employa pour atteindre son but.

2° L'ÉTAT INDÉPENDANT DU CONGO

Les limites de l'Etat indépendant du Congo, qui ont été fixées par toute une série de conventions et de traités, sont les suivantes :

Au nord, par le traité du 14 août 1895, elles suivent le cours du Tchiloango, puis celui du Congo, à partir de Manyaga, ensuite celui de l'Oubangui et du Mbomou jusqu'au faîte de partage entre les eaux du Congo et celles du Nil, enfin ce faîte de partage jusqu'au 30° degré de longitude est de Greenwich (27° 40' est de Paris);

A l'est, par les traités des 8 novembre et 16 décembre 1884, elles suivent le 30° degré de longitude est de Greenwich jusqu'au lac Albert-Edouard, puis une ligne joignant les extrémités méridionale du lac Albert-Edouard et septentrionale du lac Tanganyika; enfin le lac Tanganyika;

Au sud, par les conventions des 23 février 1885 et 25 mai 1891, elles suivent, à travers le Mouata-Yambo, une ligne brisée qui va de Matadi au mont Monakadje, en empruntant une partie du cours du Koubango et de celui du Kassaï, puis les monts Moukolla et Lokinga jusqu'au lac Bangouéolo; enfin une ligne conventionnelle reliant les lacs Bangouéolo, Moëro et Tanganyika.

L'enclave portugaise de Kabinda, située sur la côte de l'Atlantique entre le Congo français et l'embouchure du Congo, ne laisse à l'Etat indépendant du Congo, sur l'Océan, qu'une façade réduite à l'estuaire du fleuve et à 37 kilomètres de rivage, avec le port de Banana.

La constitution de l'Etat indépendant du Congo remonte à la création, vers la fin de 1876, de l'Association internationale africaine, dont elle a été la conséquence.

Lorsque Stanley rentra en Europe en 1877, à la suite de son grand voyage sur le Congo, il fit une vigoureuse propagande, dans le but d'organiser l'exploitation et la mise en valeur de la région du Congo, seul moyen, selon lui, d'arriver à la suppression de l'esclavage, but que s'était proposé l'Association internationale, et il fonda, à Bruxelles, en novembre 1878, une sorte d'annexe du comité central belge de l'Association, qu'il dénomma Comité d'études du haut Congo. En 1883, le Comité d'études et l'Association internationale africaine fusionnèrent et devinrent l'Association internationale du Congo.

En 1879, Stanley était reparti, au nom du Comité d'études, pour le Congo, où il créa de nombreuses stations. Apprenant qu'un Français, M. de Brazza, venait de parcourir la région du Kouïlou, qui se jette dans l'Océan à 150 kilomètres au nord de l'embouchure du Congo, il tenta d'y créer également des postes, pour nous en interdire l'accès.

Sur ces entrefaites, l'Association internationale créait, par la convention du 14 avril 1884, l'Etat du Congo. Dans la crainte légitime de voir, un jour, cette immense région tomber entre les mains des Anglais, la France ne consentit à cette transformation de l'œuvre de l'Association internationale africaine, que contre de sérieuses garanties, et l'Association internationale du Congo s'engagea alors, par les conventions des 23 et 24 avril 1884, à donner à la France « le droit de préférence si, par des circonstances imprévues, l'Association était amenée un jour à réaliser ses possessions ». Grâce à l'habileté clairvoyante de notre diplomatie, nous venions d'obtenir là un succès d'autant plus heureux que l'Angleterre avait déjà négocié en sous-main, avec le Portugal, un traité qui devait assurer à ce dernier Etat la possession de l'embouchure du Congo. Nous verrons, en étudiant l'Afrique australe, la désinvolture avec laquelle l'Angleterre a traité le Portugal, et nous pourrons alors nous faire une idée de ce qu'il fût advenu du traité en question si le droit de préemption reconnu à la France, en cas de liquidation des territoires de l'Etat du Congo, n'était pas venu faire avorter la combinaison anglo-portugaise.

L'existence officielle de l'Etat du Congo a été reconnue par l'Acte général de Berlin du 15 novembre 1884, sous le nom d'Etat indépendant du Congo. Cet acte stipule que le bassin du Congo constituerait, sous la garantie commune des puissances, une zone neutre ouverte à la navigation et au commerce de tous les peuples, en franchise de tous droits d'entrée et de transit.

Le roi des Belges, Léopold II, qui, grâce à ses sacrifices personnels, était le véritable fondateur de l'Etat indépendant du Congo, obtint des Chambres belges l'autorisation de prendre le titre de souverain dudit Etat, et, le 1er août 1885, il notifia cette décision à tous les gouvernements européens. Les dépenses occasionnées par la constitution et l'organisation du nouvel Etat dépassant les ressources personnelles du roi Léopold, il dut conclure un emprunt, qui s'éleva à 25 millions; mais ces ressources furent vite épuisées, et le roi fit alors appel au crédit de la Belgique. Les Chambres belges consentirent à un prêt de 25 millions pour l'Etat indépendant du Congo et à un autre prêt de 10 millions pour la constitution d'une voie ferrée de Matadi au Stanley-Pool.

En échange de ces concessions, le souverain de l'Etat indépendant du Congo céda à la Belgique le droit de s'annexer, dans un délai de dix années et six mois, l'Etat du Congo avec tous les biens, droits et avantages attachés à la souveraineté. Le droit de préemption reconnu à la France, sans être compromis, se trouvait subordonné à celui de la Belgique. En considération des sacrifices déjà faits par le roi Léopold et de ceux consentis par la Belgique, la France crut ne pas devoir protester.

Nous avons vu précédemment que l'Acte général de Berlin interdisait la perception de droits d'entrée et de transit dans l'État indépendant du Congo; or, les ressources de celui-ci étant insuffisantes pour l'exécution des mesures prescrites par l'Acte touchant la répression de la traite des nègres, la déclaration accompagnant l'Acte général de Bruxelles du 2 juillet 1890 a donné le moyen de s'en procurer en établissant des droits de sortie, jusqu'à concurrence de 10 p. 100, sur les marchandises exportées du bassin du Congo. Mais ces nouvelles taxes ne fournissent pas encore à l'État indépendant des ressources suffisantes pour qu'il puisse se passer du concours de la Belgique.

L'État indépendant du Congo était à peine constitué que déjà l'Angleterre, dans le but de fermer à la France l'accès du Soudan central et du Soudan égyptien par la région du Congo, intrigua auprès des Belges pour les pousser au delà du 4e degré de latitude septentrionale, limite fixée à l'État du Congo par l'Acte de Berlin. Dès cette époque, l'Angleterre songeait déjà sans doute à l'établissement de sa fameuse ligne ferrée qui doit joindre Le Caire au Cap; car, en 1890, le président de la Société britannique de l'Est africain signait avec le roi Léopold un traité par lequel l'État du Congo était autorisé à occuper la rive gauche du Nil, depuis le lac Albert jusqu'à Lado, en échange d'une bande de terrain de 10 kilomètres de largeur allant du lac Tanganyika au lac Albert et qui devait être cédée à la Société britannique.

Il n'est peut-être pas sans intérêt de remarquer, ici, qu'à la fin de 1889 Stanley avait réussi à persuader à Emin-Pacha d'abandonner le Darfour; or cette province appartenait à l'Égypte, et elle s'en trouvait séparée depuis que l'insurrection mahdiste était maîtresse du Kordofan. Le départ d'Emin laissait cette province sans maître et les Anglais, tant pour en justifier la prise de possession éventuelle que pour empêcher les Français d'y atteindre avant eux, n'avaient pas craint de donner ainsi à l'Etat du Congo, par ce traité de 1890, des territoires sur la disposition desquels ils n'avaient aucun droit.

Quant à ce qui concerne la bande de 10 kilomètres devant relier le lac Tanganyika au lac Albert, il est bon de dire ici que l'Allemagne s'opposa formellement à ce que l'Angleterre s'interposât entre le territoire de l'Est africain allemand et l'Etat indépendant du Congo.

Quoi qu'il en soit, à partir de 1891, les agents belges de l'Etat du Congo cherchèrent à s'étendre vers le Nord-Est : ils créèrent des postes au nord du 4e parallèle, Iakoma et Bangasso en particulier; en 1892, ils organisèrent une importante expédition qui, partie de Bangasso, pénétra dans le Soudan équatorial et atteignit Ouadelaï. A la suite de ces expéditions, l'Etat indépendant proposa à la France une modification aux limites fixées par l'Acte de Berlin entre lui et le Congo français, limites qui suivaient le cours inférieur du Congo, celui de l'Oubangui jusqu'à sa rencontre avec le 4e degré de latitude septentrionale, enfin le parallèle qui passe par ce point. La France ayant opposé une fin de non recevoir à ces démarches, l'Etat indépendant, poussé par l'Angleterre, conclut avec celle-ci, à l'insu de la France, le traité du 12 mai 1894, dont les principales clauses étaient les suivantes :

1° L'Angleterre « donnait à bail » (1), partie au sou-

---

(1) Cette expression peint bien, dans son éloquente simplicité, le caractère de l'Angleterre. Il est incontestable qu'elle se croit le droit de disposer, comme d'une chose qui lui appartient en propre, de tout ce qui n'est pas en état de se défendre contre ses usurpations.

verain de l'Etat indépendant (1), partie à l'Etat lui-même, le territoire compris entre le Nil, le 10° degré de latitude septentrionale et la ligne de partage des eaux entre le bassin du Nil et celui du Congo, prolongée jusqu'au 10° degré de latitude septentrionale par le 25° degré de longitude est de Greenwich, c'est-à-dire tout le bassin des innombrables rivières qui aboutissent sur le Nil au lac Nô par le Bahr-el-Ghazal, soit un territoire grand comme la moitié de la France;

2° L'Etat indépendant donnait à bail à l'Angleterre une bande territoriale large de 25 kilomètres s'étendant depuis le port le plus septentrional du Tanganyika, jusqu'au lac Albert-Edouard; ici, les exigences étaient précisées et ce n'était plus une Compagnie particulière qui agissait, mais le gouvernement anglais lui-même;

3° L'Angleterre reconnaissait comme appartenant à la sphère d'influence de l'Etat indépendant le territoire compris entre la limite nord-orientale du Congo français (2) et la ligne de partage entre le Nil et le Congo. C'était nous fermer, d'une façon absolue, tout accès vers le Soudan central.

Ce traité était une véritable violation du droit international; il lésait, à la fois, les intérêts de la France, de l'Allemagne et de l'Egypte, par conséquent de la Turquie, qui est sa suzeraine. L'Allemagne ne voulait à aucun prix du voisinage de l'Angleterre entre ses possessions et l'Etat du Congo; la Turquie ne pouvait pas laisser ainsi l'Angleterre disposer du Soudan égyptien, qui appartenait en droit à l'Egypte; quant à la

---

(1) Cela dans le but d'engager éventuellement la Belgique dans le conflit, si ce traité devait en faire naître un.

(2) Soit, dans la pensée des Anglais, le 4° parallèle, entre l'Oubangui et le Cameroun allemand.

France, son intérêt bien compris voulait qu'elle ne se laissât pas ainsi barrer la route qui était ouverte à son activité. Aussi les trois puissances protestèrent-elles avec ensemble. L'Angleterre s'empressa, quoi qu'il lui en coutât beaucoup, de donner satisfaction à l'Allemagne, dans l'espoir d'une plus grande liberté d'action pour traiter avec la France; mais nous ne lui en laissâmes pas le loisir, et la Convention du 14 août 1895 fut conclue avec l'Etat indépendant du Congo. Cette convention fixe la nouvelle frontière franco-congolaise suivant le cours de l'Oubangui jusqu'à son confluent avec le Mbomou, puis le cours du Mbomou jusqu'à la ligne de partage entre les eaux du Nil et celles du Congo et enfin cette ligne de partage jusqu'au 30° degré de longitude est de Greenwich.

L'Etat indépendant du Congo est donc aujourd'hui nettement délimité, et la France a voulu compléter ses succès dans ces régions en faisant signer un nouveau traité relatif à son droit de préemption.

Les difficultés financières auxquelles est soumis l'Etat du Congo menacent de compromettre son développement, car les sacrifices faits jusqu'ici ne paraissent pas devoir amener bientôt une ère de bénéfices. La principale matière d'exportation est l'ivoire, et l'on peut prévoir déjà que cette ressource finira par s'épuiser dans un avenir relativement rapproché, en raison de la disparition progressive des éléphants. Quant à l'élevage et à l'agriculture, ce sont là des branches de ressources qui sont encore à créer sur la plupart des points. Pour que le Congo puisse arriver à se subvenir à lui-même, il faudrait supprimer d'une façon radicale les épouvantables razzias d'esclaves qui le dévastent et construire des voies ferrées; mais, pour atteindre ces résultats, bien des sacrifices sont encore à prévoir. Aussi le roi Léopold

a-t-il songé à céder d'une façon définitive l'Etat indé- .
pendant à la Belgique; mais la Constitution de 1831
est un obstacle à la réalisation de ce projet, car elle
interdit à la Belgique de s'annexer de nouveaux territoires. Un projet de loi a été présenté aux Chambres belges dans le but d'annexer l'Etat indépendant
du Congo; néanmoins, aucune mesure définitive n'a été
prise à ce sujet.

En vue de cette annexion possible, la France a fait
signer, le 5 février 1895, par la Belgique, une nouvelle
convention relative à son droit de préemption. D'après
cette convention, la Belgique s'est interdit de faire
jamais des cessions de territoire à titre gratuit et a
confirmé à la France son droit antérieur de préférence
dans le cas où elle aliénerait ses possessions à titre oné-
reux, en totalité ou en partie. De plus, tout échange de
territoire avec une puissance étrangère, toute location
totale ou partielle à un Etat étranger ou à une Compagnie étrangère investie de droits de souveraineté, don-
nera également ouverture au droit de préférence de la
France.

3° LES ÉTATS EUROPÉENS DE L'AFRIQUE ÉQUATORIALE

Congo français. — Le Congo français est compris
entre l'Etat indépendant du Congo et le territoire allemand du Cameroun; il comprend les vallées de l'Ogôoué
et du Niari ou Kouïlou; il a accès par la Sangha et
l'Oubangui sur le Soudan central et sur le Soudan
égyptien.

C'est en 1839 que les Français prirent pied pour la
première fois dans ces régions, en occupant l'estuaire
du Gabon; la station de Libreville y fut fondée en 1849.

En 1856, Paul du Chaillu explora le cours de l'Ogôoué dans la région de Djolé. En 1862, le cours inférieur de l'Ogôoué était reconnu par le lieutenant de vaisseau Serval et le chirurgien de la marine Griffon du Bellay; la même année, le capitaine anglais Burton explorait la région des Fans, et son compatriote Reade parcourait le bassin du Fernan-Vaz. En 1866, l'Anglais Walker et, en 1867, le lieutenant de vaisseau français Aymes explorèrent la région de l'Okanda. De 1872 à 1874, les naturalistes français Marche et Compiègne remontèrent l'Ogôoué jusqu'au confluent de l'Ivindo et explorèrent la région des Fans et des Pahouins.

De 1875 à 1878, M. de Brazza remonta l'Ogôoué, reconnut les cataractes de Doumé en juillet 1876, celles de Poubara en juillet 1877, explora le cours supérieur de l'Ogôoué et découvrit l'Alima et la Licorna, affluents du Congo. A partir de 1879, il commença à créer des établissements dans les territoires reconnus. Il remonta l'Ogôoué, où il établit la station de Franceville, à 800 kilomètres de la côte; il atteignit le Congo et signa avec le roi Makoko, riverain du fleuve, un traité de protectorat, il redescendit le Congo, fonda la station de Brazzaville et revint à Libreville en décembre 1880. Il remonta de nouveau l'Ogôoué et redescendit la vallée du Kouïlou en avril 1882.

Sur ces entrefaites, Stanley, qui prenait possession du bassin du Congo au nom du Comité d'études, avait envoyé plusieurs de ses lieutenants s'emparer de la vallée du Kouïlou; mais, à la Conférence de Berlin, la priorité de l'occupation française fut reconnue, et la vallée du Kouïlou fit retour à la France en échange des droits qu'elle possédait sur les territoires de Makoko situés sur la rive gauche du Congo.

Les possessions françaises du Gabon et des régions

organisées par M. de Brazza ont reçu officiellement le
nom de Congo français, par décret du 30 avril 1891.

M. de Brazza, nommé gouverneur du Congo français,
travailla à son extension vers le Nord-Est. Nous avons
vu précédemment que les missions Crampel, Dibowski
et Maistre ont ouvert la voie vers le lac Tchad.

Le cours de la Sangha reconnu, on créa sur ses rives
et sur celles du Membéré, ainsi que vers l'Adamaoua,
différents postes, entre autres ceux d'Ouosso, de Bania
et de Koundé, grâce à l'existence desquels le cours de
la Sangha resta acquis à la France lors de la convention
du 4 février 1894 avec l'Allemagne.

Des traités furent signés avec les indigènes et des
relations ouvertes avec les Arabes du Baghirmi. Dans
le haut Oubangui, plusieurs postes furent créés pendant
l'été de 1891 ; Bambassa, Dounda, Mobaï, Coumba, les
Abiras. Le cours du Mbomou fut exploré en 1892. A la
fin de 1895, une expédition, sous les ordres du commandant Decazes, prit possession, dans le haut Mbomou,
des postes que les agents belges de l'Etat indépendant
du Congo avaient dû abandonner à la suite de la Convention du 14 août 1895 : Bangasso, Rafaï, Semio, et
en créa de nouveaux.

L'administrateur colonial Liotard a repris et continué,
en l'étendant de plus en plus, l'œuvre du commandant
Decazes. Le programme initial visait la pénétration
jusqu'au Nil, où les missions parties de l'Atlantique
devaient se joindre avec celles partant de Djibouti et
de l'Abyssinie ; elle s'est effectuée progressivement dans
la province du Bahr el Ghazal, grâce à l'habileté de l'occupation méthodique de M. Liotard et surtout à l'énergie du capitaine Marchand et de ses compagnons.

Dans le seul but de soutenir moralement l'action de
notre administrateur en s'opposant aux hostilités pos-

sibles des tribus indigènes, ou même des bandes mahdistes, le capitaine Marchand fut chargé du commandement de nos forces dans le haut Oubangui. Embarqué à Marseille le 25 juin 1896, il débarquait le 23 juillet à Loango; mais, arrêté dans sa marche par la rébellion des tribus du Congo, ce n'est que le 1er mars 1897 qu'il put quitter Brazzaville pour gagner le haut Oubangui.

Pendant ce temps, Liotard avait pris possession de Zemio, de Tamboura, de Dem-Ziber, si bien que, lorsque Marchand arriva avec sa flottille, deux voies d'accès lui étaient ouvertes vers le Nil : la voie Zemio, Tamboura puis la rivière Soueh, ou la voie Zemio, Dem-Ziber puis la rivière el-Homeur. Marchand préféra la première et prit ses mesures pour s'y engager; il rassembla ses approvisionnements (bateaux, vivres, munitions), fit activer la construction des postes fortifiés de Fort-Kodjoli sur la Soueh, de Fort-Desaix au confluent de la Waou et de la Soueh, fit exécuter des reconnaissances vers Roumbeck, vers Lado, vers Djour-Ghattos, vers le lac Nô. Enfin, ayant reconnu que la voie fluviale était la seule qui pût lui permettre d'atteindre Fachoda, il se décida à la suivre, malgré les difficultés de la région marécageuse, et, après des efforts inouïs, il atteignit le Nil.

C'est ainsi que notre action s'est étendue peu à peu dans le bassin du Bahr el Ghazal et jusqu'à Fachoda. Ce résultat pratique, qu'on ne saurait trop admirer, a été obtenu sans brûler une seule cartouche, sans la moindre effusion de sang.

Les Anglais ne pouvaient, sans protester, accepter cette situation, si contraire aux projets qu'ils caressaient depuis longtemps et qui déjouait toutes leurs intrigues au sujet du Soudan égyptien : sous menace d'une guerre, ils nous ont obligés à évacuer Fachoda.

On aurait pu croire que les nations européennes,

comprenant toute l'importance qu'il y a pour le monde entier à s'opposer à ce que l'Angleterre s'empare du bassin du haut Nil, soutiendraient l'action de la France. Il n'en a pas été ainsi : la Russie venait de présenter à l'Europe sa motion sur le désarmement et l'Allemagne s'occupait à nous supplanter dans les échelles du Levant ; quant à l'Abyssinie, elle était troublée par la révolte de Mangascha.

Ici, comme toujours, l'Angleterre avait bien choisi son moment pour agir, et son ministre, M. Chamberlain, n'hésitait pas à dire, en septembre 1898, à propos du désarmement et pour justifier sa politique : « Le tsar est sincère, mais c'est un rêveur. Sans doute, il lui a paru séduisant d'illustrer son règne par un programme de pacification universelle. Nous nous rallions volontiers à son projet. Tout ce qu'il demande, en somme, c'est la réunion d'une conférence. Probablement elle se réunira, et, quand elle aura tenu sa dernière séance, les armées européennes se retrouveront dans le même état qu'aujourd'hui. Leur entretien est certes une lourde charge pour les contribuables ; mais il est indispensable qu'ils la supportent encore pendant quelques années. L'Angleterre, qui est une nation riche, est moins accablée par ces charges que les autres nations ; elle ne saurait consentir à aucune réduction de ses forces navales tant qu'elle se trouvera en présence d'armées européennes dont le total atteint deux millions d'hommes. »

Pour la mise en valeur de notre colonie du Congo, nous possédons comme voies de communications :

1° Entre la côte et la partie navigable du Congo, l'Ogôoué prolongé par l'Alima, son affluent l'Ivindo prolongé par la Licona et enfin le Kouïlou prolongé par le Lefini ;

2° Vers le Soudan, la Sangha et l'Oubangui.

L'Ogôoué est navigable, à partir de son embouchure, sur une étendue de trois cents kilomètres, pour les bateaux calant un mètre; en amont de Djolé et jusqu'au confluent de la Passa, il est navigable pour les pirogues. Le poste de Franceville, situé sur la Passa, est à une centaine de kilomètres du point où l'Alima commence à être navigable.

Le Kouïlou est navigable à partir de la côte, pendant 70 kilomètres, pour les vapeurs de tonnage moyen; au delà de cette distance, il est impropre à la navigation pendant 70 autres kilomètres : mais ensuite, jusqu'à Loudima, soit pendant 230 kilomètres, il est navigable pour les pirogues; le haut fleuve, en amont de Loudima, est navigable pendant huit mois chaque année, pour les barques calant $0^m,70$, jusqu'à Biedi, à 150 kilomètres de Loudima.

La Sangha est navigable depuis son confluent jusqu'à Bania; en amont des rapides de Bania, elle est navigable pendant 200 kilomètres environ.

L'Oubangui est navigable jusqu'aux Abiras pour les chaloupes à vapeur.

Les transports de marchandises se font actuellement par porteurs. De Loango à Brazzaville, le prix d'une tonne est de 1.700 francs. En employant la navigation sur le Kouïlou, les portages pourraient se réduire à 200 kilomètres, soit 70 pour la section non navigable du fleuve et 130 de Biedi à Brazzaville. Par l'emploi de la navigation et d'une voie ferrée contournant les rapides, le prix du transport d'une tonne de marchandises ne dépasserait pas 240 francs.

Au début de 1896, une mission a procédé à la reconnaissance détaillée du Kouïlou et à l'établissement d'un avant-projet de voie ferrée de Loango à Brazzaville, en suivant la vallée du fleuve. Il y a tout lieu d'espérer que ce projet sera mené à bonne fin dans un avenir rapproché.

Est africain allemand. — Le territoire de l'Est africain allemand est séparé :

Au nord, de l'Afrique orientale anglaise par la rivière Umba et une ligne conventionnelle qui laisse à l'Allemagne la plus grande partie du massif du Kilima-Ndjaro et aboutit à la rive orientale du lac Victoria par le 1er degré de latitude méridionale, enfin par ce parallèle jusqu'au Mfoumbiro, qui est laissé à l'Angleterre ;

A l'ouest, de l'Etat indépendant du Congo, par le lac Tanganyika et une ligne conventionnelle joignant l'extrémité septentrionale de ce lac à l'extrémité méridionale du lac Albert-Edouard ;

Au Sud, du Nyassaland britannique et du Mozambique portugais, par une ligne joignant l'extrémité méridionale du Tanganyika au Songoué, le cours de cette rivière, le lac Nyassa et le cours de la Rovouma.

Les côtes orientales de l'Afrique, depuis le pays des Somâli jusqu'au Mozambique, ainsi que les îles de Pemba, Zanzibar et Mafia, portaient autrefois le nom de Zanguebar et appartenaient au sultan, de Zanzibar. A cause de sa fertilité et de l'état relativement avancé de sa civilisation, cette région avait depuis longtemps attiré l'attention des Européens, et, grâce aux bonnes dispositions du sultan de Zanzibar et à ses recommandations auprès des indigènes de l'intérieur, c'est sur cette côte qu'ont été organisés les voyages d'exploration de Linvigstone, de Burton, Speke et Grant, de Cameron, de Stanley, et bien d'autres moins importants. Des missions catholiques et protestantes en sont parties en grand nombre pour s'établir dans les régions du Tanga-

2° Vers le Soudan, la Sangha et l'Oubangui.

L'Ogôoué est navigable, à partir de son embouchure, sur une étendue de trois cents kilomètres, pour les bateaux calant un mètre; en amont de Djolé et jusqu'au confluent de la Passa, il est navigable pour les pirogues. Le poste de Franceville, situé sur la Passa, est à une centaine de kilomètres du point où l'Alima commence à être navigable.

Le Kouïlou est navigable à partir de la côte, pendant 70 kilomètres, pour les vapeurs de tonnage moyen; au delà de cette distance, il est impropre à la navigation pendant 70 autres kilomètres : mais ensuite, jusqu'à Loudima, soit pendant 230 kilomètres, il est navigable pour les pirogues; le haut fleuve, en amont de Loudima, est navigable pendant huit mois chaque année, pour les barques calant 0^m,70, jusqu'à Biedi, à 150 kilomètres de Loudima.

La Sangha est navigable depuis son confluent jusqu'à Bania; en amont des rapides de Bania, elle est navigable pendant 200 kilomètres environ.

L'Oubangui est navigable jusqu'aux Abiras pour les chaloupes à vapeur.

Les transports de marchandises se font actuellement par porteurs. De Loango à Brazzaville, le prix d'une tonne est de 1.700 francs. En employant la navigation sur le Kouïlou, les portages pourraient se réduire à 200 kilomètres, soit 70 pour la section non navigable du fleuve et 130 de Biedi à Brazzaville. Par l'emploi de la navigation et d'une voie ferrée contournant les rapides, le prix du transport d'une tonne de marchandises ne dépasserait pas 240 francs.

Au début de 1896, une mission a procédé à la reconnaissance détaillée du Kouïlou et à l'établissement d'un avant-projet de voie ferrée de Loango à Brazzaville, en suivant la vallée du fleuve. Il y a tout lieu d'espérer que ce projet sera mené à bonne fin dans un avenir rapproché.

Est africain allemand. — Le territoire de l'Est africain allemand est séparé :

Au nord, de l'Afrique orientale anglaise par la rivière Umba et une ligne conventionnelle qui laisse à l'Allemagne la plus grande partie du massif du Kilima-Ndjaro et aboutit à la rive orientale du lac Victoria par le 1er degré de latitude méridionale, enfin par ce parallèle jusqu'au Mfoumbiro, qui est laissé à l'Angleterre;

A l'ouest, de l'Etat indépendant du Congo, par le lac Tanganyika et une ligne conventionnelle joignant l'extrémité septentrionale de ce lac à l'extrémité méridionale du lac Albert-Edouard;

Au Sud, du Nyassaland britannique et du Mozambique portugais, par une ligne joignant l'extrémité méridionale du Tanganyika au Songoué, le cours de cette rivière, le lac Nyassa et le cours de la Rovouma.

Les côtes orientales de l'Afrique, depuis le pays des Somâli jusqu'au Mozambique, ainsi que les îles de Pemba, Zanzibar et Mafia, portaient autrefois le nom de Zanguebar et appartenaient au sultan, de Zanzibar. À cause de sa fertilité et de l'état relativement avancé de sa civilisation, cette région avait depuis longtemps attiré l'attention des Européens, et, grâce aux bonnes dispositions du sultan de Zanzibar et à ses recommandations auprès des indigènes de l'intérieur, c'est sur cette côte qu'ont été organisés les voyages d'exploration de Linvigstone, de Burton, Speke et Grant, de Cameron, de Stanley, et bien d'autres moins importants. Des missions catholiques et protestantes en sont parties en grand nombre pour s'établir dans les régions du Tanganyika, du Nyassa, dans l'Ouganda, etc. Des stations nombreuses y furent fondées à Karéma, Tabora, Kandoa, Mpouapoua, etc. ; entre le Nyassa et le Tanganyika fut établie la route Stevenson, qui, par le Nyassa, le Chiré et le bas Zambèze, mettait les missions protestantes de la partie méridionale du Tanganyika à soixante-dix jours de Londres. L'Europe avait donc pris effectivement possession de ces régions sous la tutelle du sultan de Zanzibar, lequel avait, par son administration sage et éclairée, donné un grand développement à la prospérité du pays. Il avait aboli en principe l'esclavage, formé une armée et constitué une flotte, à l'instar des puissances européennes.

En septembre 1884, trois Allemands, les docteurs Peters, Yuhlke et le comte Pfeil achetèrent la région de l'Ousagara, de l'Oukami et du Ngourou aux chefs du pays qui se disaient indépendants, soit une étendue d'environ 130.000 kilomètres carrés. Ils constituèrent alors, sous le patronage de l'empereur d'Allemagne, la Compagnie est-africaine allemande pour l'exploitation de ces teritoires. Par la suite le docteur Yuhlke acheta encore la région comprise entre Pangani et le Kilima-Ndjaro.

Se basant sur un traité conclu le 10 mars 1862 par la France et l'Angleterre, et en vertu duquel ces deux Etats reconnaissaient l'indépendance du sultan de Zanzibar et lui garantissaient la souveraineté de ses Etats, celui-ci protesta contre les agissements allemands ; mais une escadre allemande vint, au milieu de l'année 1885, imposer au sultan l'abandon de tous ses droits sur les pays de l'intérieur.

L'Angleterre, qui avait toujours exercé dans ces régions une influence prépondérante, jalouse de la situation prise par l'Allemagne, engagea des négociations avec cette dernière puissance. Un traité fut signé à Londres en décembre 1886; il laissait à l'Allemagne les territoires qu'elle s'était appropriés, mais conservait au sultan de Zanzibar officiellement, et en réalité à la Société anglaise de l'Est africain qui l'administrait en son nom, une bande côtière large de 10 milles marins, soit 18 kilomètres et demi, moins les ports de Pangani et Dar-es-Salam, laissés à l'Allemagne.

Les Allemands ne se montrèrent pas satisfaits de ces dispositions, qui ne leur laissaient que des débouchés insuffisants sur la côte; de plus, ils étaient séparés du territoire de Witou, sur lequel ils exerçaient leur protectorat, par une enclave anglaise comprise entre l'Umba et la Tana. Les négociations continuèrent et aboutirent finalement au traité de Berlin du 1er juillet 1890, par lequel l'Allemagne obtint toute la côte depuis la Rouvouma jusqu'à l'Umba, contre l'abandon de son protectorat de Witou, qu'elle cédait à l'Angleterre. Elle autorisait, en outre, l'Angleterre à placer le sultanat de Zanzibar sous son protectorat, contre quoi l'Angleterre cédait à l'Allemagne l'île d'Helgoland.

L'hinterland allemand était fixé par le même traité, et, comme nous l'avons vu précédemment, l'Angleterre était obligée momentanément de renoncer à ses velléités d'obtenir une bande territoriale reliant les lacs Tanganyika et Albert-Edouard.

La France, qui s'était jadis engagée, solidairement avec l'Angleterre, à maintenir l'intégrité des territoires du Sultan de Zanzibar, exigea des compensations. Le traité du 5 août 1890, signé avec l'Angleterre, les lui a données en lui reconnaissant le droit exclusif de protectorat sur Madagascar.

Afrique orientale anglaise. — Au sud, elle est séparée de l'Est africain allemand par une ligne partant

de l'embouchure de l'Umba et aboutissant au Mfoumbiro, en passant par le Kilima-Ndjaro et le lac Victoria;
à l'ouest, elle est séparée de l'Etat indépendant du Congo
par le 30° degré de longitude est de Greenwich jusqu'à
hauteur de Lado; au nord, elle est limitée par le cours
de la Djouba jusqu'au 6° parallèle, puis par ce parallèle jusqu'au 35° méridien est de Greenwich. Il existe
donc entre ce méridien et la rive droite du Nil une
solution de continuité dans les limites de ce territoire,
dont la prise de possession par les Anglais a été le résultat de procédés tout à fait caractéristiques.

La partie la plus peuplée et la plus riche de cette province est comprise entre les lacs Victoria et Albert :
c'est la région de l'Ouganda et de l'Ounyoro, où existaient jadis deux Etats nègres solidement organisés,
composés d'une population intelligente et relativement
la plus avancée de la race nègre. Le cardinal de Lavigerie avait envoyé des missionnaires africains, les Pères
Blancs, pour évangiliser les nègres de ces régions. Le
roi de l'Ouganda, Mouanga, s'était fait catholique, et
l'on pouvait fonder de grandes espérances sur l'avenir
de ces contrées, lorsque les Pères Blancs en offrirent le
protectorat à la France vers 1890. Celle-ci refusa, probablement à cause des difficultés d'y faire parvenir
des secours en cas d'attaque par une autre puissance.

Dès que les Anglais, qui avaient réussi à infiltrer un
certain nombre de leurs agents dans ces populations et
à en convertir une partie au protestantisme, furent certains de la non intervention du gouvernement français,
ils fomentèrent une guerre civile dans l'Ouganda, après
avoir fourni des armes perfectionnées à leurs partisans.
Mais les catholiques ayant été victorieux, ils entrèrent
eux-mêmes en scène.

La Compagnie anglaise de l'Est africain confia aux

capitaines Williams et Lugard le soin de s'emparer de l'Ouganda à l'aide de contingents musulmans, anciens soldats d'Emin-Pacha ou de Stanley, qu'elle avait à sa solde, et des nègres protestants, sujets de Mouanga. Une nouvelle révolte éclata en janvier 1892 pour favoriser les armes anglaises, et plusieurs tentatives d'assassinat furent commises sur la personne du roi. Finalement, les catholiques furent battus et les missionnaires français dispersés ou faits prisonniers; l'évêque français dut se réfugier sur le territoire allemand.

Un grand nombre de catholiques s'étaient réfugiés avec le roi Mouanga dans le Bouddou, d'autres dans l'île Sessé. Williams et Lugard en massacrèrent des multitudes et en laissèrent réduire en esclavage un chiffre qui s'est élevé, dit-on, à cinquante mille. Suivant les termes des agents anglais de la Compagnie de l'Est africain, « la saignée aux catholiques » ayant été suffisante, ils consentirent à entrer en pourparlers avec Mouanga et lui imposèrent, en avril 1892, un traité par lequel les catholiques devaient rester dans le Bouddou (à l'ouest du lac Victoria, entre le Katonga et le Kagéra, ou Nil Alexandra) un minimum de deux années, pendant lesquelles la Compagnie britannique se réservait le droit d'y faire circuler ses agents et d'y fonder des établissements.

Maîtres du roi, les Anglais proclamèrent leur protectorat sur l'Ouganda et l'Ounyoro. Un haut commissaire, sir Gerald Portal, fut envoyé en 1893 pour prendre possession du pays au nom du gouvernement de la Grande-Bretagne et le placer sous l'administration britannique, sous prétexte que la Compagnie anglaise de l'Est africain ne possédait plus des ressources suffisantes pour occuper ces régions. C'était la consécration officielle du fait accompli, en même temps qu'une approbation tacite de la conduite des agents de la Compagnie, sur laquelle on se proposait néanmoins de faire une enquête, pour ménager les susceptibilités françaises.

La région Ouganda-Ounyoro est une position straté-gique de première importance sur les hauts plateaux d'où sortent les fleuves immenses qui parcourent l'A-frique et y répandent la richesse. Les Anglais en ont fait une base d'opérations pour leurs entreprises directes sur le Soudan égyptien.

L'Afrique orientale anglaise a pour capitale le port de Mombassa, et la principale voie de communications du pays va de ce port au lac Victoria ; elle est jalonnée de postes fortifiés et est suivie par une voie ferrée. Les rivières Djouba et Tana offrent également de bonnes voies de communications ; elles sont navigables sur en-viron 300 kilomètres, la première jusqu'à Bardera, la seconde jusqu'à Basa.

Pour la mise en valeur de ces régions, la Compa-gnie britannique a fait venir dans le territoire de Witou des colons indiens ; elle a, de plus, acheté un certain nombre d'esclaves, qu'elle a promis d'émanciper, mais qui, en attendant, travaillent pour son compte.

Au territoire de l'Afrique orientale anglaise, il y a lieu d'ajouter le protectorat de Zanzibar, qui comprend les îles de Zanzibar, Pemba et Mafia.

Le port de Zanzibar, où siège le bureau maritime in-ternational prévu pour la suppression de la traite par l'Acte de Bruxelles, est relié télégraphiquement avec Aden, Mozambique et le Cap. Il a été déclaré port franc en février 1892.

TROISIÈME PARTIE

AFRIQUE ORIENTALE

(Nil et canal de Suez.)

I° LE NIL

Dès la plus haute antiquité, le Nil a été un objet de vénération pour les populations qui vivaient de ses bienfaits ; c'est qu'en effet ce fleuve possède le régime le plus extraordinaire qui existe. Du 18° au 30° degré de latitude septentrionale, il franchit, sans recevoir aucun affluent, l'immense écharpe de déserts qui s'étend de l'Atlantique aux plateaux de l'Asie centrale et traverse l'Egypte, région où la pluie est à peu près inconnue, en y produisant périodiquement des inondations qui amènent avec elles la richesse et la fécondité.

Les anciens Egyptiens, pleins d'admiration pour les inondations bienfaisantes du Nil, les attribuaient à des causes surnaturelles : c'est dans le ciel qu'ils en cherchaient l'origine, et il les célébraient par des fêtes solennelles. Ils avaient fait de leur fleuve un dieu qu'ils nommaient Hâpi.

Le problème relatif aux débordements du Nil et à l'existence de ses sources, dégagé aujourd'hui du mystère qui plana sur lui durant tant de siècles, est d'une remarquable simplicité, comme du reste tous les grands phénomènes physiques.

Dans la zone comprise entre les 18° degré de latitude septentrionale et 5° de latitude méridionale, d'une part, et les 21ᵉ et 37ᵉ degrés de longitude est, d'autre part, s'étend un vaste plateau d'une altitude moyenne de 1.200 à 1.500 mètres et qui contient des sommets tels que le Kilima-Ndjaro (6.130 mètres), le Kénia (5.600 mètres), le Rouvenzori (5.500 mètres), le Mfoumbiro (3.500 mètres), etc., qui dépassent la limite des neiges éternelles. C'est sur ce plateau que s'accomplit le commencement du prodige. Les vents qui y règnent viennent généralement de l'est et s'inclinent soit vers le nord, soit vers le sud, suivant la position relative du soleil par rapport à l'équateur. Ils y amènent de l'océan Indien des couches intenses de vapeurs, qui se condensent en pluies à l'époque même où la chaleur du soleil fait fondre les neiges. Ces eaux viennent grossir les lacs de la région équatoriale, s'étalent en marécages, forment de véritables mers intérieures, réservoirs naturels qui déversent peu à peu leur trop plein dans le Nil.

C'est la région de l'Ounyamouenzi, au sud du lac Victoria, qui est le principal centre de contingence des nuages fournis par l'océan Indien, et c'est en février que les pluies y sont les plus violentes ; mais leur action ne se fait sentir dans le Nil à Khartoum, au confluent du Bahr el Azrek, ou Nil Bleu, que bien plus tard, et c'est celui-ci qui commence la crue, en raison de sa pente, qui est plus grande en même temps que son cours est moins long. Les neiges qui couvrent les montagnes de l'Abyssinie fondent dans le courant d'avril, et les eaux, qui se sont accumulées dans le lac Tzana, s'écoulent par le Bahr el Azrek pour rejoindre le Bahr el Abiod ou Nil Blanc.

Les eaux de pluie, qui se sont accumulées dans la région équatoriale et se sont répandues en vastes marais, entraînées par leur poids, finissent par se frayer une voie en balayant sur leur passage les résidus de végétation croupissante produits, durant la saison des eaux stagnantes, par la chaleur intense du soleil. C'est ce qui explique le phénomène du Nil « vert », dont les eaux sont, pendant les quelques jours que dure ce phé-nomène, si dangereuses à boire.

C'est vers le 6 juin que commence à se produire son apparition au Caire. Le mékias ou nilomètre, situé dans l'île de Rondah, qui donne la mesure de l'élévation des eaux, durant l'inondation, marque à ce moment une hausse d'un pouce ou deux (cinq centimètres en moyen-ne). A ce phénomène succède, dit-on, douze jours après, celui du Nil « rouge », qui apporte avec lui le limon fécondant.

La grande crue se produit à Khartoum vers le 27 avril, à Dongola le 16 mai, à Ouady-Halfa le 28, et au Caire le 17 juin. Elle s'accentue jusqu'à son maximum, qu'elle atteint ordinairement vers le 29 août à Khar-toum, le 30 à Assouan, le 5 septembre à Thèbes, le 13 à Syout et le 26 au Caire. Sa hauteur est variable sui-vant la distance, la position relative des affluents, la largeur et la nature de la vallée en ses différents points : elle est de 2 mètres à Gondokoro ; à Khartoum, elle atteint 7 mètres ; à Chendy, 8 mètres ; à Semneh, 12 mètres ; à Assouan, 9 mètres.

A peu près au moment de notre solstice d'hiver, le Nil est rentré dans son ancien lit et a repris sa teinte bleu clair. Il a porté à la mer, durant la période des crues, environ 120 milliards de mètres cubes d'une eau qui entraîne avec elle environ 30 p. 100 de limon.

Dans les temps préhistoriques, le delta du fleuve était recouvert par les eaux de la Méditerranée et for-mait un golfe qui a été comblé peu à peu par les allu-vions. Sa surface, qui augmente chaque année, est au-jourd'hui d'environ 23.000 kilomètres carrés ; l'augmentation annuelle est en moyenne d'une trentaine d'hectares, soit environ un mètre de progrès annuel pour tout le front du delta. En admettant que la progression ait toujours été à peu près identique, ces données supposeraient au Nil une existence de sept cent quarante siècles environ.

La branche maîtresse du Nil, qui porte le nom de Bahr el Abiod ou Nil Blanc, sort du lac Albert et coule entre des rives profondément encaissées, surtout la rive gauche. Vers le 5ᵉ degré de latitude septentrionale, à Lado, le fleuve entre en plaine et son cours s'élargit.

Les principaux affluents du Nil sont : sur la rive droite, l'Asoua, qui, presque à sec de novembre à avril, est un cours d'eau considérable pendant le reste de l'année ; en aval et sur la rive gauche, l'Ich, qui est soumise aux mêmes périodes que l'Asoua ; sur la même rive, le Bahr el Ghazal, qui reçoit une quantité d'affluents venant de la région dite « pays des rivières », et le Djour, qui se confondent dans les marécages du lac Nô ; en aval et sur la rive droite, le Sobat, rivière importante qui descend du massif du Kaffa et est presque à sec durant la saison chaude. En aval du Sobat, le Nil ne reçoit plus, comme affluents, que les deux cours d'eau de première importance qui descendent du plateau d'Abyssinie : le Bahr el Azrek et l'Atbara. Il coule ensuite dans une étroite vallée et pénètre sur le territoire égyptien entre Korosko et Assouan. D'Abou-Ahmed à Korosko, le fleuve décrit vers l'ouest une vaste courbe qui peut être évitée, en même temps que les cataractes successives dont le fleuve est encombré, par une route de 400 kilomètres qui franchit le désert entre ces deux points.

Le delta du Nil commence à 20 kilomètres au-dessous du Caire ; il comprend deux bras principaux, celui de

Rosette à l'ouest, celui de Damiette à l'est, et de nombreuses dérivations.

Le bassin du haut Nil est véritablement la clef de l'Egypte; car c'est de ce bassin que viennent les inondations qui la rendent non seulement fertile, mais même habitable. Des ingénieurs, Français pour la plupart, ont en effet prouvé, il y a longtemps, que les crues du Nil peuvent être régularisées et qu'il est possible d'augmenter encore les bienfaits apportés par les inondations, en permettant d'obtenir l'irrigation de la basse Egypte non seulement toutes les années, mais encore en toutes saisons et à volonté. Dans ce but, il suffirait de construire vers Fachoda et vers le lac Albert, à l'aide de barrages, de vastes réservoirs munis d'écluses, qui ne laisseraient échapper l'eau que dans la proportion voulue.

De telles mesures amèneraient certainement, si elles étaient prises, des résultats avantageux; mais il est incontestable que ceux qui seront maîtres de ces réservoirs tiendront entre leurs mains le sort de l'Egypte. Or, ainsi que nous le verrons plus loin, grâce à l'insurrection du mahdi, qui a séparé de l'Egypte le Soudan égyptien et y a amené l'anarchie, les Anglais se sont efforcés de s'emparer de cette dernière région : 1° en l'abordant pas les côtes de l'océan Indien (où ils agissaient en leur propre nom), partant de Mombassa et prenant comme base d'opérations l'Ouganda; 2° en opérant au nom de l'Egypte par la vallée du Nil.

C'est par cette dernière voie qu'ils ont obtenu le succès, et la convention signée le 21 mars 1899, à la suite de notre évacuation de Fachoda, les en a laissés maîtres.

A titre d'essai et dans le même ordre d'idées, les Anglais ont décidé, au commencement de 1898, le gouvernement égyptien à traiter avec une maison anglaise (la maison John Aird and C°) pour la construction de deux barrages sur le Nil, l'un à Assouan, l'autre à Syout. Le réservoir d'Assouan, d'une contenance de 1.085.000.000 mètres cubes, sera plein en janvier, et il permettra de produire des irrigations d'avril à août, quand le fleuve est à son niveau le plus bas et que l'eau est le plus nécessaire au riz, au coton et à la canne à sucre. Le barrage de Syout a pour but d'augmenter la distribution des eaux dans les canaux de la moyenne Egypte et du Fayoum. Les deux barrages doivent, de plus, retarder les crues trop brusques et en assurer la régularité.

L'année égyptienne, conséquence de la croissance et de la décroissance du Nil, se divise en trois saisons : celle des semailles et de la croissance, qui correspond aux mois de novembre, décembre, janvier et février; celle de la récolte, qui correspond aux mois de mars, avril, mai et juin; celle de l'inondation, qui correspond aux mois de juillet, août, septembre et octobre.

Le charme mystérieux qui, de tout temps, s'attacha aux sources de ce fleuve extraordinaire fut un objet d'émulation aux entreprises de nombreux explorateurs. Le premier de ceux-ci, Hérodote d'Halicarnasse, avait appris des prêtres du temple de Minerve à Saïs que le fleuve « jaillit d'une fontaine sans fond située au sud, dans un pays lointain ». D'après une inscription murale du temple de Karnak, une expédition militaire aurait remonté le fleuve, pour en rechercher les sources, en 1667 avant Jésus-Christ, sous Thoutmosis Ier. Cambyse aurait également, trois siècles avant notre ère, conduit dans le même but une expédition qui aurait atteint la ville qu'il appela Mérœ en l'honneur de sa sœur; Eratosthènes, qui raconte l'expédition de Cambyse, affirme que les sources du fleuve se trouvent dans plusieurs lacs situés dans le Sud. Néron envoya également une expédition, qui remonta le fleuve jusqu'à la région marécageuse du lac Nô. Le géographe Ptolémée, qui vivait au II° siècle de notre ère, plaçait les sources du Nil dans deux grands lacs situés au delà de l'équateur, sur le versant des montagnes de la Lune.

Pendant la période du moyen âge, les géographes arabes prirent part, à leur tour, à l'étude du problème; mais aucun travail important émanant d'eux n'est parvenu jusqu'à nous.

Ce n'est qu'au xv° siècle que les Européens commencèrent à pénétrer le mystère de ces régions : les Portugais possédèrent des données assez précises sur le centre du continent africain; ils faisaient sortir, d'une façon un peu fantaisiste, il faut bien le dire, le Nil et le Congo de deux grands lacs : Zaïre et Zambre.

Vers la fin du xvi° siècle, le père jésuite Pedro Paez découvrit les sources du Bahr el Azrek, qu'il crut être celles du Nil. Deux siècles plus tard, James Bruce fit la même découverte et commit la même erreur.

Au commencement du xix° siècle, le problème n'était pas encore résolu.

En 1819, Méhémet Ali, vice-roi d'Egypte, résolut d'en activer la solution par la voie de la conquête; il s'empara de la Nubie et du Sennaar, et fonda la ville de Khartoum, au confluent du Bahr el Abiod et du Bahr el Azrek. Il envoya plusieurs expéditions d'ingénieurs et de savants, la plupart français (1), qui, vers 1840, reconnurent l'embouchure du Sobat, le lac Nô, l'embouchure du Bahr-el-Ghazal, et atteignirent Gondokoro, qu'ils ne purent dépasser, le fleuve cessant d'être navigable pour leurs embarcations.

---

(1) Caillaud, Linant de Bellefonds, Arnaud, Sabatier, etc.

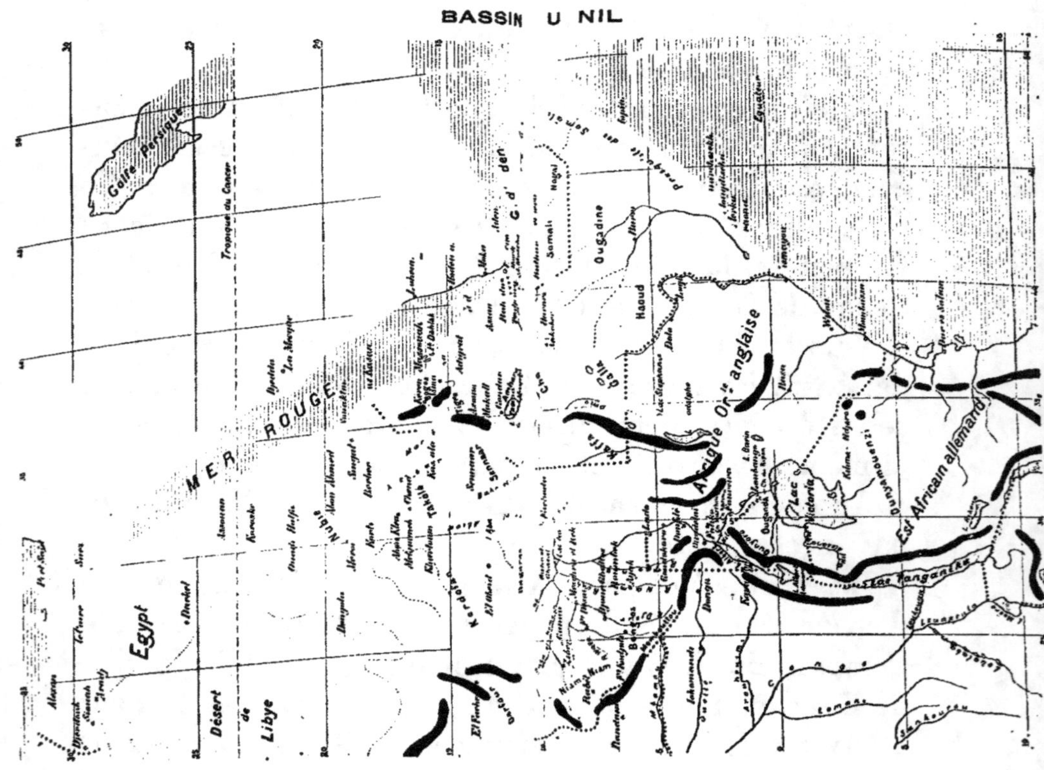
Golfe Persique
MER ROUGE
Tropique du Cancer
Egypt
Désert de Libye
Nubie
Kordofan
G. d' aden
Somali
Ougadine
Haoud
Kaffa
Afrique Or.te anglaise
Lac Victoria
Est Africain allemand
Lac Tanganika

En 1856, le Bahr el Ghazal fut reconnu par l'Italien Bolognesi. En 1860-61, le Français Guillaume Lejean remonta le Nil jusqu'à Gondokoro. En 1868, le docteur allemand George Schweinfurth remonta le Bahr el Ghazal, visita le pays des Niam-Niam et des Monbouttos, peuplades anthropophages, et observa la race pygmée des Akkas, dont la taille ne dépasse pas 1^m,50. Bien d'autres voyageurs, tels que le docteur Peney, Ambroise et Jules Poncet, Vandey, Brun-Rollet; les Italiens Antinori, Debono, Philippe de Terranova, Miani; les Hollandais, Mlle Tinné avec de Henglin et Standner, qui l'accompagnaient, ont contribué, par leurs efforts, à jeter la lumière sur ces régions. Mais, comme nous l'avons vu précédemment, c'est aux explorateurs Speke et Grant, partis de Zanzibar que revient, l'honneur d'avoir atteint à la solution du problème.

Nous avons vu que Speke, après avoir découvert le Somerset Nile, avait dû quitter le cours d'eau à Ourondogani et faire route par terre, et qu'il s'était rencontré avec Samuel Baker, lequel était parti du Caire le 15 avril 1861, avait atteint Korosko le 11 mai et Khartoum le 11 juin, où il séjourna jusqu'au 18 décembre 1862. Ce ne fut qu'en 1874 que l'Américain Chaillé-Long combla le vide qui existait dans l'exploration de Speke. Il descendit le Nil depuis Ourondogani jusqu'à Mrouli et détruisit définitivement le doute qui pouvait exister encore sur la découverte des véritables sources du Nil.

2° L'ÉGYPTE

L'Égypte, en dehors du delta du Nil, n'est, à proprement parler, qu'une bande de terre végétale tendue à travers le désert; c'est une oasis allongée le long des bords du fleuve et ne recevant que de lui l'humidité nécessaire à la végétation aussi bien qu'à la vie animale.

Les voyageurs qui parcourent l'Egypte dans le courant du mois de mai, ou au commencement du mois de juin, peuvent se faire une idée de ce que serait ce pays si une cause quelconque venait à le priver du fleuve divin qui lui donne la vie. Le Nil n'est alors, en quelque sorte, qu'un mince filet d'eau qui semble n'avoir aucun cours et qui traverse un sol de boue noire desséchée et cuite par le soleil. Si l'on s'éloigne des berges du fleuve, on ne voit que sable et stérilité. Un vent brûlant et chargé de sable, le khamsin, qui souffle durant une cinquantaine de jours, couvrant tout d'une poussière impalpable, a transformé pour les yeux le pays en un véritable désert; la verdure des plantes a complètement disparu, la terre est desséchée et crevassée en maints endroits.

Par la position qu'elle occupe entre la Méditerranée et l'océan Indien, où elle forme le point de suture qui réunit l'Europe, l'Asie et l'Afrique sur le chemin le plus court entre l'Europe occidentale et les Indes, l'Egypte a une valeur incontestable au point de vue stratégique, aussi bien qu'au point de vue économique. Riche par elle-même, fertilisée qu'elle est par le Nil, habitée par une population laborieuse et sans ambition, elle ne s'est pour ainsi dire jamais appartenu à elle-même et a été maintes fois conquise : les Ethiopiens, les Perses, les Grecs, les Romains, les Arabes, les Turcs en ont été successivement les maîtres.

Dans les temps anciens, elle paraît avoir eu tout d'abord plusieurs rois, puis elle forma un seul royaume, qui fut détruit par les Perses; elle fut comprise dans l'empire d'Alexandre, mais devint une monarchie particulière sous les Ptolémées. Elle fut ensuite soumise à

l'empire romain, puis aux empereurs de Constantinople. De l'empire d'Orient, elle passa pendant quelque
temps aux Perses, mais fut bientôt envahie par les
Arabes. Au x⁰ siècle, elle devint un Etat indépendant
sous la dynastie des Fatamites. Au xii⁰ siècle, Saladin
fut le chef d'une dynastie nouvelle, celle des Ayoubites,
qui fut remplacée, au xiii⁰ siècle, par les mamelouks.
La monarchie fondée par ceux-ci fut abolie au xvi⁰
siècle par Sélim II, empereur turc, qui leur laissa néanmoins le pouvoir sous une forme aristocratique.

Louis XIV avait songé à s'emparer de l'Egypte (1);
Bonaparte l'a possédée quelque temps, mais il dut l'a-
bandonner, et, en 1801, les Français l'ayant évacuée,
elle rentra sous la domination de la Porte, qui la fit
administrer par un pacha. Le plus célèbre et le dernier
de ceux-ci, qui réussit à y créer un dynastie quasi indépendante, fut Méhémet Ali, qui y fut nommé gouverneur en 1806.

Depuis l'expédition de Bonaparte et l'arrivée au pouvoir de Méhémet Ali, la France et l'Angleterre ont
joué en Egypte un rôle bien plus important que la Turquie; c'est la France qui, soit par son action directe,
soit par celle de ses nationaux, y a tenu jusqu'en 1882
la première place. Aujourd'hui, cette contrée est entre
les mains des Anglais, qui, malgré leurs promesses d'é-
vacuation souvent réitérées, prennent toutes les mesures nécessaires pour s'y éterniser.

Nous allons passer rapidement en revue l'histoire de

---

(1) Leibnitz, qui se rendait très bien compte de la valeur de ce pays,
avait écrit à Louis XIV :

« J'ose dire qu'on ne peut rien concevoir de plus grand que cette
conquête et que, dans tout ce qui est grand, il n'est rien de plus facile.
Cette entreprise, déjà tentée par vos ancêtres, assure à jamais la possession des Indes, le commerce de l'Asie et la domination de l'uni-
vers. »

l'Egypte durant le XIXe siècle et rechercher les causes qui ont motivé sur son sol l'intervention effective de l'Angleterre.

Au début du siècle, l'Egypte était dans une véritable anarchie, et les mameloucks, qui y formaient une sorte d'oligarchie militaire, s'efforçaient d'échapper à l'autorité du sultan. Méhémet Ali, qu'avait enthousiasmé l'entreprise de Bonaparte et qui brûlait du désir de l'imiter, réussit à se faire donner par la Porte le gouvernement de l'Egypte.

Dans le but d'assurer son autorité, il commença par se débarrasser des mameloucks en les faisant massacrer; il songea ensuite à l'organisation du pays et, pour cela, eut recours à des Français : les ingénieurs Linant de Bellefonds et Lambert, qui, par des travaux publics remarquables, assurèrent le développement de l'agriculture et du commerce; l'ancien aide de camp des maréchaux Ney et Grouchy, Sève, qui, sous le nom de Soliman Pacha, organisa une armée redoutable; l'ingénieur de Cerisy, qui construisit une flotte de guerre, etc.

Dès qu'il se sentit assez fort, il songea à s'étendre par des conquêtes; son ambition était de faire de l'Egypte un Etat indépendant qui aurait compris toute la vallée du Nil, et il ne désespérait pas de se rendre un jour maître de la plus grande partie de l'empire ottoman.

Pour prix de l'appui qu'il donna à la Turquie lors de l'insurrection grecque, il obtint le gouvernement de Candie. A la suite du traité d'Andrinople, imposé par la Russie à la Turquie en 1829, il voulut profiter de l'affaiblissement de celle-ci pour conquérir la Syrie. Une armée de 80.000 hommes, sous les ordres de son fils Ibrahim Pacha, envahit cette province en novembre 1831, s'empara de Saint-Jean-d'Acre, battit à Homs, en juillet 1832, une armée ottomane venue d'Asie Mineure et la poursuivit en Anatolie; elle remporta enfin, en décembre de la même année, à Koniah, une nouvelle victoire, qui lui ouvrit la route de Constantinople.

Le sultan Mahmoud implora alors le secours de son ennemi de la veille, le tsar Nicolas. Ce dernier s'engagea, par le traité d'Unkiar-Skelessi, signé en juillet 1833, à défendre l'intégrité de l'empire ottoman et envoya une armée russe devant Constantinople pour protéger la ville. La présence des Russes à Constantinople provoqua, de la part des puissances occidentales, des négociations qui amenèrent la paix; mais la Syrie resta à Méhémet Ali.

Le sultan, en vue de la reprise des hostilités dans un avenir rapproché, songea à réorganiser son armée et appela dans ce but à Constantinople le capitaine danois de Moltke, le même qui devait un jour devenir maréchal au service de la Prusse.

La paix n'avait été qu'une trêve, et, en 1839, la lutte recommença de nouveau. A la bataille de Nezib, en juin 1839, une armée turque fut complètement battue par Ibrahim-Pacha, et Méhémet Ali se trouva encore une fois maître de la situation.

Alors, grâce aux intrigues de l'Angleterre, les puissances européennes (Autriche, Prusse, Russie, Angleterre), dans le but avoué d'empêcher le démembrement de l'empire ottoman au bénéfice de l'Egypte, signèrent, en juillet 1840, une convention pour s'opposer au besoin par la force aux conquêtes de Méhémet Ali. Une flotte anglaise bombarda Saint-Jean-d'Acre, et l'armée égyptienne dut évacuer la Syrie.

La France, qui était considérée par les autres Etats européens comme l'alliée et l'inspiratrice de l'Egypte, avait été laissée de côté dans les négociations entamées par eux contre l'Egypte. Elle se tint prête à supporter, le cas échéant, le poids d'une nouvelle coalition et fit des préparatifs qui eurent pour conséquence la construction des fortifications de Paris. Néanmoins, son action diplomatique parvint à maintenir la paix et obtint pour Méhémet Ali et sa descendance l'établissement en Egypte d'une dynastie nouvelle tributaire de la Sublime-Porte.

Les successeurs de Méhémet Ali furent : Abbas-Pacha, qui montra une grande hostilité à l'égard des Européens; Saïd-Pacha, qui, malgré les intrigues anglaises et l'opposition de la Turquie, accorda à M. de Lesseps la concession du canal de Suez; Ismaïl-Pacha, enfin, dont les prodigalités menèrent l'Egypte à deux doigts de la banqueroute et provoquèrent l'intervention européenne, qui a amené l'occupation anglaise.

Ismaïl, prince ambitieux et prodigue, rêvait de surpasser la gloire de son aïeul Méhémet Ali; mais, dans l'espace de quinze années, de 1863 à 1877, il fit monter la Dette égyptienne de 100 millions à 2 milliards 175 millions.

La France et l'Angleterre, dont les nationaux formaient la majeure partie des créanciers et auxquelles les puissances européennes avaient reconnu, lors du Congrès de Berlin en 1878, un droit d'intervention spécial et exclusif dans les affaires d'Egypte, intervinrent par une action commune en 1879, et le gouvernement anglais, toujours pratique, acheta en sous-main à Ismaïl, pour 100 millions, les 177.000 actions du canal de Suez qu'il possédait. Son but était déjà de s'emparer, au moins financièrement, du canal de Suez, dont il n'avait pas pu empêcher la construction et qu'il se proposait de s'approprier tôt ou tard.

L'intervention franco-anglaise établit, sous le nom

de condominium, une sorte de contrôle sur les finances égyptiennes, exercé par des agents appartenant aux puissances européennes. Mais Ismaïl ne pouvait long-temps se soumettre à cette mesure, qui restreignait terriblement son autorité, jusqu'alors absolue; il essaya de s'y soustraire, et, finalement, la France et l'Angleterre le forcèrent à abdiquer. Son fils, Tewfik-Pacha, fut proclamé vice-roi.

Ces événements furent bientôt suivis en Egypte, d'une véritable anarchie : un parti national, qui avait pour programme de soustraire le pays à l'ingérence étrangère, se forma principalement de l'élément militaire; il avait à sa tête Arabi-Pacha, et il ne tarda pas à contrebalancer l'autorité chancelante du khédive Tewfik-Pacha. L'ancien khédive, Ismaïl, intriguait en sous-main pour reprendre le pouvoir; la Porte agissait de son côté, dans l'espoir de replacer l'Egypte sous son ancienne domination.

C'est alors que la France et l'Angleterre entamèrent l'action diplomatique et militaire qui a eu pour résultat final l'occupation effective de l'Egypte par cette dernière puissance.

En novembre 1881, le ministère Gambetta établit les bases d'une entente avec l'Angleterre, sur la ligne de conduite à suivre vis-à-vis de l'Egypte; mais, en janvier 1882, le ministère Gambetta était remplacé par le ministère de Freycinet, et l'Angleterre profita de ce changement pour reprendre son indépendance. Néanmoins, en mai 1882, une démonstration fut exécutée, par une escadre anglo-française, en vue des côtes égyptiennes; mais elle ne réussit pas à calmer l'effervescence produite par le parti national, et, le 11 juin, une émeute éclata à Alexandrie, où plusieurs Européens furent assassinés.

La France et l'Angleterre provoquèrent alors la réunion, à Constantinople, d'une conférence internationale pour le règlement des affaires d'Egypte. Dans le but de maintenir l'intégrité de l'empire ottoman et d'assurer, quoi qu'il arrivât, l'indépendance de l'Egypte, les puissances signèrent un protocole de désintéressement par lequel elles s'engageaient à ne chercher dans les affaires d'Egypte aucun avantage particulier et à s'abstenir, pendant la durée de la conférence, de toute entreprise isolée. Mais l'Angleterre, qui avait ses raisons pour cela, fit ajouter les mots suivants : « sauf le cas de force majeure ».

Or, au cours même des délibérations de la conférence, l'amiral Seymour, qui commandait l'escadre anglaise et à qui son gouvernement avait donné carte blanche, somma sous menace d'un bombardement le gouverneur d'Alexandrie de lui livrer les ouvrages de fortification en construction autour de la ville. Le 11 juillet, les Egyptiens ayant refusé, le bombardement commença, et l'amiral Conrard, qui commandait l'escadre française, quitta, au premier coup de canon, les côtes égyptiennes pour rentrer en France, suivant les instructions qu'il avait reçues.

L'Angleterre pouvait alors agir en toute liberté ; elle se hâta de réunir un corps expéditionnaire pour prendre pied en Egypte. Mais, en même temps qu'Arabi-Pacha soulevait au Caire le parti national, les musulmans fanatiques avaient organisé la guerre sainte dans le Soudan et s'étaient groupés autour d'un prophète, qu'ils nommaient le Mahdi. Prévoyant de grandes difficultés à vaincre, les Anglais demandèrent le concours de la France pour assurer la sécurité du canal de Suez, pendant qu'ils négociaient avec l'Italie et lui offraient d'agir par la mer Rouge, lui faisant espérer la prise de possession de l'Abyssinie, comme compensation au dépit que cette puissance venait d'éprouver en voyant la France s'installer en Tunisie.

Le ministère présidé par M. de Freycinet, prêt à participer à l'action entamée par l'Angleterre, cela pour ménager et sauvegarder les intérêts français engagés en Egypte aussi bien que pour réserver l'avenir, obtint du Parlement français, le 18 juillet 1882, un premier crédit de 8 millions « destiné à faire face aux dépenses nécessitées par les événements d'Egypte » ; mais, lorsque, le 29 juillet, il demanda une nouveau crédit de 9 millions, afin d'entamer une action militaire et envoyer un corps de 8.000 hommes pour occuper le canal de Suez, la Chambre refusa par 416 voix contre 75, et le ministère fut renversé.

La France se désintéressait donc de la question égyptienne et elle laissait l'Angleterre libre d'agir à sa guise dans la vallée du Nil ; celle-ci, malgré les difficultés qu'elle prévoyait, se rendant compte des immenses avantages qu'elle pourrait retirer dans l'avenir de l'occupation de l'Egypte, n'hésita pas, et la Chambre des communes vota, à la presque unanimité un crédit de 57 millions.

Depuis cette époque, l'Angleterre est maîtresse de l'Egypte. Elle avait promis solennellement au ministère de M. Jules Ferry, qui succéda à celui de M. de Freycinet, d'évacuer l'Egypte au commencement de 1888, « à condition que les puissances seront alors d'avis que l'évacuation peut se faire sans compromettre la paix et l'ordre en Egypte », disait la note du gouvernement anglais. Plus de dix années se sont écoulées depuis cette date, et, malgré ses promesses d'évacuation maintes fois réitérées, l'Angleterre occupe toujours la vallée du Nil. Il est peu probable qu'elle consente jamais à s'en retirer si elle n'y est contrainte par la force des événements.

Or l'Egypte, par l'établissement du canal de Suez sur son sol, est devenue un pays de transit; elle est en réalité, jusqu'à un certain point, la propriété commune du monde entier. C'est un passage international indispensable au commerce de toutes les nations. Il est donc inadmissible que l'une d'entre elles seule se l'approprie exclusivement.

Dans l'intérêt de tous, il faut que l'Egypte soit déclarée neutre, comme l'a été le canal de Suez. Elle n'est et ne peut devenir une nation : le pays, habité par ses indigènes fellahs ou cophtes, qui le rendent productif et n'ont aucune aspiration politique, est envahi par les Turcs, les Arméniens, les Syriens, les Israélites et par les colonies européennes, Anglais, Français, Grecs, Italiens, Belges, Allemands. Il ne pourra donc jamais atteindre à l'unité nationale. Il a été du reste toujours une proie pour les conquérants et les usurpateurs. Le devoir des puissances est aujourd'hui de le mettre à l'abri de toute domination, en en faisant un bien international.

3· LE CANAL DE SUEZ

C'est le 5 janvier 1856 que fut promulgué par le khédive Mohammed Saïd l'acte de concession du canal de Suez, dont l'idée avait été conçue par M. Ferdinand de Lesseps, consul de France en Egypte. Une souscription publique de 200 millions fut ouverte le 25 novembre 1858; elle fut comblée en trois semaines, et, sur les quatre cent mille titres, la France en avait souscrit à elle seule deux cent vingt mille.

L'opposition de l'Angleterre fut une des plus sérieuses difficultés qu'il fallut vaincre pour mener l'œuvre à bonne fin. Cette puissance considérait que la création d'une telle voie de communication était de nature à lui faire perdre le monopole du commerce de l'Asie. En effet, à cette époque, elle était seule en possession de ports de relâche et de dépôts de charbon sur la route de l'Europe aux Indes par le cap de Bonne-Espérance ; or l'existence du canal de Suez allait raccourcir, dans de très grandes proportions, le trajet des navires partant de France, d'Italie ou de Turquie, la distance de Marseille à Bombay ne serait plus que de 9.500 kilomètres au lieu de 22.600 par le Cap, et celle de Constantinople ne serait que de 7.200 au lieu de 24.400.

De plus, l'exécution de cette œuvre grandiose venait contrecarrer un projet qu'elle chérissait en secret depuis quelque temps : la construction d'une voie ferrée de la Méditerranée au golfe Persique, en suivant la vallée de l'Euphrate ; et elle considérait que ce canal, entre les mains de la France, dans l'orbite de laquelle gravitait l'Egypte, était un échec pour les intérêts anglais.

Elle poussa son opposition jusqu'à faire faire une démonstration par sa flotte devant Alexandrie, et elle réussit à entraîner la Prusse dans son alliance ; mais les victoires remportées par l'armée française à Magenta et à Solferino, l'amenèrent à résipiscence, et la construction du canal put se poursuivre dès lors sans difficulté. Il avait été commencé solennellement le 25 avril 1859, et il fut inauguré le 17 novembre 1869.

Dès que le canal fut achevé, l'Angleterre chercha, par tous les moyens, à s'en rendre maîtresse : Aden était possession anglaise depuis 1838 ; cette ville, qui possède un très bon port et dont la position commande le passage du Bab-el-Mandeb, a été transformée en une place forte de premier ordre ; l'île de Périm, située au milieu même du détroit, a été également occupée et couverte de fortifications. C'était là pour les Anglais d'excellentes garanties, car, si les navires des autres nations pouvaient pénétrer librement dans la mer Rouge par le canal de Suez, ils ne pouvaient en sortir qu'avec le consentement de l'Angleterre, dont les canons barraient absolument la route.

Pendant la guerre turco-russe de 1877-78, le général Lorris Mélikoff, après avoir pris Kars et Erzeroum, dominait l'Asie Mineure. Les Russes étaient bien près d'atteindre la Méditerranée à Alexandrette, lorsque les puissances européennes poussées par l'Angleterre, s'interposèrent sous le prétexte de sauvegarder l'intégrité de l'empire ottoman et se réunirent en congrès, à Berlin, pour traiter de la paix. La Russie ne retira aucun avantage de cette guerre, dans laquelle la victoire lui coûta tant de sang; mais l'Angleterre obtint l'île de Chypre, qui commande le port d'Alexandrette et permet de surveiller le débouché nord du canal de Suez; elle a réussi, en outre, à se faire reconnaître des droits de protectorat sur l'Asie Mineure.

Finalement, lors de la révolte d'Arabi-Pacha, elle est parvenue, grâce à ses intrigues et à son action brutale, à prendre pied en Egypte, et elle est aujourd'hui effectivement maîtresse du canal de Suez. Sa politique a donc été couronnée de succès, et elle a réussi à évincer tous ses concurrents.

Le règlement définitif de la question égyptienne dépend en grande partie du régime du canal. Il faut que celui-ci soit absolument neutralisé et internationalisé. Malgré les hasards de la politique, qui ont déterminé la frontière de l'Egypte dans la direction de l'isthme de Suez, où elle englobe le terrain sur lequel le canal a été creusé, celui-ci ne peut être compris dans le domaine public de cette puissance. Il ne peut être le patrimoine d'un Etat quelconque, et, si les Anglais le détiennent aujourd'hui, ce n'est que par le fait d'une usurpation.

Grâce à l'achat d'un grand nombre de titres, l'Angleterre s'est rendue principale actionnaire de la Compagnie d'exploitation, dans les délibérations de laquelle elle a acquis une influence prépondérante. Maîtresse de l'Egypte, elle peut aujourd'hui agir dans son propre intérêt, sous le nom du khédive, et elle ne s'est pas fait faute de tenter, en 1883, d'établir un régime de neutralité et de liberté du canal dont les conséquences auraient lié tous les autres peuples en lui laissant au contraire à elle-même une entière liberté d'action.

Le projet anglais, élaboré à la suite de l'occupation, stipulait en effet qu'aucune puissance n'aurait le droit de se servir du canal en temps de guerre; mais que ce droit appartiendrait au gouvernement khédivial, sur le territoire duquel il avait été creusé.

Or, l'Egypte étant occupée par les troupes anglaises, le droit de cette puissance pouvait être mis à profit par elles, et le canal n'eût pu être utilisé en cas de guerre que par l'Angleterre elle-même, cela à l'encontre de toutes les autres puissances.

De telles prétentions sont absolument contraires au droit international; il est donc nécessaire d'affirmer d'une façon absolue que le canal de Suez doit être neutre pour toutes les nations, même l'Egypte, et le meilleur moyen d'assurer cette neutralité, ce serait de faire de l'Egypte elle-même un territoire neutre garanti par les puissances, lesquelles devraient ne permettre, sous aucun prétexte, à aucune d'elles, de maintenir une force militaire importante à proximité.

Si la neutralité du canal de Suez s'impose, il ne peut évidemment en être de même de la mer Rouge; aussi plusieurs puissances se sont-elles établies sur ses côtes.

La mer Rouge, large canal naturel qui traverse le désert à peu près parallèlement au Nil et se terminait, il y a peu d'années encore, par les deux golfes étroits qui enserrent le presqu'île du Sinaï, est aujourd'hui l'une des routes les plus fréquentées du globe.

Ses côtes, qui n'offrent que de mauvais abris et qui sont battues de vents dangereux, n'en possèdent pas moins une certaine importance, par la possibilité qu'elles offrent d'établir des dépôts de charbon sur la route d'Europe aux Indes et à l'Extrême-Orient. Les principaux ports sont : sur la côte d'Arabie, Moka, Hodeida, Loheia, Djedda, Yambo; sur la côte d'Afrique, Assab, Edd, Zoulla, Massaouah, Souakim.

Nous avons vu précédemment que les Anglais ont pris possession d'Aden en 1838. Ce port, grâce à sa situation sur la route des Indes, était dès l'antiquité un centre commercial des plus florissants; la découverte du cap de Bonne-Espérance lui avait fait perdre de son importance; mais, grâce au commerce du café de l'Arabie, les Anglais sont parvenus à lui rendre une partie de sa splendeur d'autrefois. Le percement du canal de Suez est venu fort à props en augmenter encore l'activité, et ce port est devenu en même temps qu'un dépôt de charbon très important, une forteresse qui commande le débouché de la mer Rouge.

En 1840, la France songea à entrer en relations avec l'Abyssinie, et une Compagnie française acheta le port d'Edd; mais, ses féntatives commerciales ayant échoué, le port resta inoccupé. En 1859, le percement du canal de Suez étant à peu près assuré, le gouvernement français comprit la nécessité d'avoir des établissements sur la mer Rouge et il obtint du négus les îles Ouda et Dessi, avec le port de Zoulla; mais on n'en prit pas possession officiellement, et, lorsque le khédive Ismaïl songea à étendre ses conquêtes vers le Soudan et l'Abyssinie, il plaça, en 1866, sous son autorité toute la côte, englobant ainsi les points que nous nous proposions d'occuper. En 1858, notre vice-consul à Aden, M. Lambert, avait négocié avec l'un des principaux chefs de la côte des Somâli, Abou Bekr, un accord pour l'acquisition de la baie d'Obock. Sur ces entrefaites, M. Lambert ayant été assassiné, les Anglais s'empressèrent de surenchérir sur nos offres pour s'approprier Obock; mai Abou Bekr resta fidèle à sa parole, et, en 1862, un traité consacrait la cession définitive du territoire d'Obock à la France. On en prit officiellement possession, sans toutefois l'occuper, et ce n'est que lors de l'expédition du Tonkin que, sous l'empire de la nécessité, on y créa un point de relâche et un dépôt de charbon (1). Obock fut occupée définitivement en 1883, Sagallo et Tadjoura le furent en 1884, les îles Moscha en 1887 et Djibouti en 1888. Ce dernier point, qui est situé au débouché de la route la plus sûre et la meilleure vers le Harar, paraît appelé à un brillant avenir.

L'Italie, elle aussi, a voulu prendre pied sur les côtes de la mer Rouge : elle a occupé Assab et Massaouah et elle a tenté de s'étendre vers l'Abyssinie et le Soudan égyptien, en occupant Kassala et en entreprenant la conquête du Tigré.

En dehors de leur position d'Aden, les Anglais possèdent les îles Dahlak, en face de Massaouah, et l'île Périm; ils ont, de plus, pris sous leur protectorat la presque totalité de la côte des Somâli sur le golfe d'Aden. Ils s'efforcent d'attirer vers Zeïla et Berbera, au

(1) En 1870, les Anglais d'Aden et en 1884 ceux de Hong-Kong avaient refusé de vendre du charbon à nos navires.

préjudice de notre port de Djibouti, le commerce du Harar.

En face de l'île Périm, sur la passe la plus large du détroit de Bab-el-Mandeb, se trouve la baie de Cheik-Saïd, sur laquelle la France a quelques droits : en 1868 une compagnies française possédait ce territoire, qu'elle abandonna en 1871. En 1884, les Allemands songèrent un instant à s'y établir; mais, en présence des droits de la France, ils y renoncèrent. La Turquie y possède un poste depuis 1885.

La position de Cheik-Saïd a une certaine importance : elle n'est située qu'à 2.500 mètres du poste anglais de Périm, qu'elle domine de 200 mètres environ, et commande le chenal le plus fréquenté pour passer de la mer Rouge dans le golfe d'Aden. Un bon port pourrait y être créé, et, de ce point, la France, si elle se décidait à l'occuper, se trouverait en mesure d'empêcher les Anglais de barrer le débouché de la mer Rouge.

L'occupation effective du détroit du Bab-el-Mandeb par la France et l'Angleterre constituerait, par elle-même, la plus sûre garantie de la neutralité et de la liberté du canal de Suez.

Dans le cas où ce canal viendrait à s'obstruer par un cataclysme imprévu, ou en cas de guerre, si sa neutralité était respectée, la route par le cap de Bonne-Espérance assure à l'Angleterre une communication certaine, grâce aux dépôts de charbon qu'elle possède à Bathurst dans la Gambie, à Freetown dans le territoire de la Sierra-Leone, à l'île de l'Ascension, à l'île de Sainte-Hélène, au Cap, à l'île Maurice.

La France est moins favorisée, car elle ne possède des dépôts de Charbon qu'à Dakar dans le Sénégal, à Libre-ville dans le Congo, à Diégo-Suarez dans l'île de Mada-gascar, à la Réunion; or la distance qui sépare Libreville de Diégo-Suarez est immense et forme une lacune dans notre ligne d'étapes.

Les autres puissances, qui ne possèdent pas sur cette route une ligne d'étapes organisée, ne pourraient y naviguer qu'avec le consentement des deux premières.

Les quelques renseignements qui suivent peuvent donner une idée de l'importance relative du canal de Suez pour le commerce international. De Port-Saïd à Suez, il a une longueur de 169 kilomètres; à son entrée dans la Méditerranée, sa largeur est de 133 mètres. Il traverse le désert presque en ligne droite; sa largeur, à la surface de l'eau, est de 68 à 100 mètres; au plafond, elle est de 22 mètres; sa profondeur est de 8 mètres.

Le mouvement des navires anglais qui traversent le canal chaque année est environ le triple de celui des navires de toutes les autres nations réunies; voici, à titre d'exemple, le mouvement des navires pour l'année 1893:

Anglais, 2.405; Allemands, 272; Français, 190; Hollandais, 178; Autrichiens, 71; Italiens, 67; Norvégiens, 60; Ottomans, 34; Espagnols, 29; Russes, 24; Portugais, 10; Egyptiens, 5; Américains, 3.

Le tonnage des navires anglais est de 5.752.934 tonnes; celui de l'ensemble des autres puissances n'atteint pas 2.000.000 tonnes.

De 1870 à 1888, 40.308 navires ont traversé le canal, et, durant cette période, le nombre des navires anglais a été de 30.587.

4° LE SOUDAN ÉGYPTIEN

Le Soudan égyptien comprend la partie du bassin du Nil en amont du confluent de l'Atbara, jusque vers le 5° degré de latitude septentrionale; il est formé du Kordofan, du Bahr-el-Ghazal, du Sennaar, du Takélé, et il se prolonge au nord par la Nubie, qui s'étend jusque vers Assouan.

Le Soudan égyptien est limité, à l'ouest, par le massif du Darfour; au sud-ouest, par la ligne de partage des eaux entre le Nil et le Congo; au sud-est, par les massifs montagneux qui séparent le lac Albert du lac Rodolphe; à l'est, par les massifs de l'Abyssinie.

La région du haut Nil était restée à peu près inconnue jusqu'au moment où Méhémet Ali songea, en 1819, à en faire la conquête. Les nombreuses explorations qui suivirent ont permis d'en fixer les grandes lignes géographiques.

Le Kordofan, qui s'étend sur la rive gauche du Nil, entre le fleuve et les massifs montagneux du Darfour, est un vaste plateau dont l'altitude varie entre 200 et 600 mètres. C'est un pays de pâturages, dans lequel les forêts alternent avec des steppes plus ou moins sablonneuses, traversées par des cours d'eau temporaires qui n'atteignent le Nil qu'exceptionnellement. Aussitôt après la saison des pluies, laquelle s'étend de juillet à septembre, le sol est recouvert d'une végétation exubérante qui disparaît sous l'action de la sécheresse dès le commencement du printemps.

Le Bahr-el-Ghazal, situé au sud du Kordofan, comprend la région, sillonnée d'innombrables rivières, qui s'étend du Darfour au lac Albert par les terrasses du pays des Niam-Niam et des Mombouttos. C'est, sur la plus grande étendue, un vaste marécage, véritable réservoir naturel, se déversant dans le Nil après les crues; la végétation aquatique qui encombre les cours d'eau les rend, pour la plupart, impropres à la navigation. Dans les parties élevées apparaît, dans toute sa splendeur, la végétation équatoriale.

Le Sennaar et le Takélé s'étendent sur la rive droite du Nil et s'appuient aux pentes qui descendent du plateau abyssin; ces deux régions, qui sont arrosées par le Barh-el-Azrek et l'Atbara, sont des pays de pâturages analogues au Kordofan.

La Nubie, qui s'étend au nord du Soudan égyptien et en forme le prolongement, est limité à l'ouest par le grand désert de Lybie; mais, à l'est, entre le Nil et la mer Rouge, s'étend l'Etbaye, qui est une région de pâturages. Ce pays, qui fut conquis par les Egyptiens en 1821, a eu un passé très glorieux; les ruines de Gebel-Barkal et de Méroë en témoignent.

Nous avons vu que Méhémet Ali, nommé gouverneur de l'Egypte par le sultan, avait rêvé de reprendre en partie l'œuvre tenté par Bonaparte et de créer à son profit un immense empire comprenant tout le bassin du Nil. Il donna à son fils Ismaïl la mission de conquérir le Soudan; celui-ci s'empara de la Nubie, mais, en 1821, il mourut à Chendy, où le camp égyptien fut incendié la nuit par les vaincus. Sa mort fut vengée par d'épouvantables massacres, et la conquête s'étendit; en 1823, la Nubie et le Kordofan étaient soumis, et la ville de Khartoum, capital choisie pour les provinces nouvelles, fut fortifiée.

Le Soudan égyptien a été de tout temps une source d'éléments pour la traite. Méhémet Ali, sous la pression de l'Europe, y abolit le commerce des esclaves en 1838 ; mais cette mesure, qui ruinait les négociants de cette région en leur enlevant le plus clair de leurs bénéfices, resta sans effet.

En 1860, les conquêtes égyptiennes s'étendaient vers le sud-est jusqu'aux premiers contreforts du plateau abyssin, et vers le sud jusqu'à la région marécageuse du lac Nô. Le khédive Ismaïl, voulant pousser sa domination plus loin, donna à Samuel Baker le commandement d'une expédition qui devait prendre possession de toute la partie du bassin du Nil qui était encore indépendante et mettre fin au commerce des esclaves.

Samuel Baker, ou Baker-Pacha, qui avait déjà découvert le lac Albert dans son grand voyage de 1861 à 1863, partit de Khartoum en février 1870 et prit possession de Gondokoro en mai 1871 ; il plaça des garnisons à Masindi, à Fatiko, à Fauveira, déclara l'Ounyoro province égyptienne et entra en relations avec Mtésa, roi de l'Ouganda.

Baker-Pacha rentra au Caire en 1873 ; il eut comme successeur un autre officier anglais, qui s'était signalé en commandant une armée chinoise chargée de réprimer la révolte des Taï-Pings, Gordon-Pacha. Celui-ci annexa le Darfour et chercha à ouvrir des routes commerciales entre le Soudan égyptien et l'océan Indien. Il quitta son commandement en 1879, après avoir organisé la province du Soudan équatorial, dont il donna le commandement à Emin-Pacha, médecin de l'armée égyptienne, Allemand de naissance et dont le vrai nom était Edouard Schnitzer.

A cette époque, les khédives avaient réussi à étendre leur empire jusqu'à l'équateur, sur plus de 30 degrés de latitude, et à placer sous leur domination une surface territoriale d'environ 3 millions de kilomètres carrés.

Mais l'abolition de la traite avait amené, dans les régions nouvellement soumises, de grandes perturbations ; en effet, ainsi que nous le verrons plus loin, l'esclavage est, dans la plupart des contrées africaines, la base de toute l'organisation sociale, et sa suppression amenait, non seulement la ruine des marchands d'esclaves, mais la désorganisation de la propriété et des rapports sociaux. Profitant de l'effervescence produite par l'application sévère de cette mesure chez les Egyptiens du Soudan eux-mêmes, qui étaient les ennemis les plus acharnés de la suppression de la traite, les prédicateurs de l'islamisme, agents infatigables des ordres religieux qui couvrent de leur réseau l'Afrique et l'Asie, de Samarkande à Mogador et de Constantinople à Tombouctou, préparèrent la guerre sainte.

L'insurrection s'organisa au Soudan en 1881, et les Bagaras marchands d'esclaves choisirent comme chef un Khouan nubien de Dongola, nommé Mohammed Ahmed. Ce dernier, né en 1844, était affilié depuis une quinzaine d'années à la confrérie de Sidi Abd el Kader el Djilani ; il avait été instruit par les derviches de Khartoum et de Berber et élevé lui-même au rang de derviche. Il commença aussitôt, pour préparer son rôle et la mise en scène nécessaire, par se retirer dans l'ilot d'Aba, sur le Nil, où il mena dans une grotte une vie d'anachorète. Il s'y adonna à une dévotion excessive : prières, jeûnes, abstinences, extases ; il ne vivait que d'aumônes, parlait peu et par sentences, et passait ses jours et ses nuits à pleurer sur la corruption et les péchés des hommes. Sa réputation de sainteté se répandit bientôt au loin, et, lorsqu'il la sentit suffisamment assise, il annonça que Mahomet lui était apparu et lui avait confié la mission de réformer l'Islam et de fonder un empire nouveau. Des traditions arabes annonçant pour cette époque la venue d'un grand prophète, qui devait mettre fin à la domination des roumi, ou chrétiens, et des faux musulmans ou Turcs, il avait trouvé habile de se faire passer pour ce messie; il prit le titre de mahdi, et des fanatiques se groupèrent en grand nombre autour de lui.

Réouf-Pacha, qui était alors gouverneur du Soudan, l'invita à se rendre à Khartoum; mais, le mahdi ayant refusé, il envoya, pour se saisir de lui un détachement de 200 hommes, qui fut massacré. Mohammed Ahmed se retira dans la région difficile comprise entre El Obéid et Fachoda, c'est-à-dire sur le territoire des Bagaras, ses plus farouches partisans.

Réouf-Pacha envoya contre lui, de Fachoda, en décembre 1881, une colonne de 3.000 hommes qui fut détruite. En avril 1882, une deuxième colonne, forte de 7.000 hommes, avec de l'artillerie fut anéantie par plus de 50.000 insurgés.

Le Sennaar suivit l'exemple du Kordofan et prit parti pour le mahdi, qui, en septembre 1882, était devant El Obéid avec 200.000 hommes. Il s'empara de cette ville, capitale du Kordofan, et marcha sur Khartoum. Dans le but de défendre cette ville importante, le khédive donna l'ordre de lever une armée; mais, terrorisés par les massacres des partisans du mahdi et fortement troublés par une sorte de crainte religieuse, officiers et soldats refusèrent d'aller combattre au Soudan.

Le gouvernement anglais, qui venait de prendre pied en Egypte, songea alors à se substituer au khédive et confia au général Hicks une colonne de 10.000 hommes, qui débarqua à Souakim en décembre 1882. Cette colonne traversa le désert, atteignit le Nil à Berber, le remonta jusqu'à Khartoum et se dirigea de là sur El Obéid. Aucune nouvelle n'étant parvenue de cette colonue, on lui envoya, en novembre 1883, un renfort de 500 hommes. On apprit bientôt que ce renfort avait été surpris et exterminé, le 6 novembre, dans les gorges de Tokar, à 100 kilomètres au sud de Souakim, et que, le 3 novembre, la colonne du général Hicks avait été massacrée tout entière dans un défilé du Kordofan, à Kasghel, après une lutte désespérée de trois jours.

Le gouvernement anglais renonça alors à la continuation des opérations militaires et conclut à l'évacuation du pays par l'armée et par les fonctionnaires égyptiens.

Gordon, ancien gouverneur du Soudan pour le compte de l'Egypte, reçut du cabinet anglais l'ordre de procéder à cette évacuation; le khédive lui-même le confirma dans cette mission par le firman suivant :

A Son Excellence l'honorable Gordon pacha.

« Vous savez que l'objet de la mission de Votre Excellence au Soudan est d'opérer l'évacuation de ce pays par nos troupes et par les fonctionnaires du gouvernement qui s'y trouvent, ainsi que d'assurer l'arrivée en Egypte à ceux des habitants du Soudan qui voudraient s'y transporter avec leurs familles et leurs biens...... »

La mission était difficile, mais l'énergie et la ténacité de Gordon en fussent venues à bout si ce dernier avait été soutenu à temps par le gouvernement anglais. Or celui-ci avait déjà entrevu la possibilité de s'emparer des régions que la révolte du mahdi séparait de l'Egypte et comptait agir par l'intermédiaire de la Compagnie à charte de l'Afrique orientale anglaise, et il était décidé en conséquence à ne plus rien tenter sur le Nil.

Quoi qu'il en soit, Gordon fut assez heureux pour atteindre Khartoum, mais il y fut bientôt étroitement bloqué par les Derviches. Les efforts faits pour débloquer la ville et en faciliter l'évacuation restèrent sans résultat : une colonne forte de 3.000 hommes, sous les ordres de Baker-Pacha, le frère de Samuel-Baker, partie de Souakim pour dégager la place de Singat, située à 60 kilomètres de la mer, et que les mahdistes menaçaient, fut presque anéantie le 4 février 1884. Baker-Pacha perdit ses munitions, canons, équipages, chameaux et les deux tiers de son effectif. Singat tomba au pouvoir des Derviches, qui massacrèrent la garnison. Dans un nouvel effort tenté pour rétablir les communications entre Souakim et Khartoum, les Anglais remportèrent un premier succès le 29 février, à Teb, contre un lieutenant du mahdi, Osman Digma. Peu après, le 13 mars, ils remportèrent contre ce dernier, après un combat acharné pendant lequel les mahdistes furent un instant maîtres d'une partie de l'artillerie anglaise, une victoire décisive à Tamanieh, à 40 kilomètres au sud-ouest de Souakim. Tokar fut réoccupée sans résistance, et l'amiral Hewett fit mettre à prix la tête d'Osman Digma.

Mais ce dernier n'avait pas désarmé, et, si le général Graham rentrait à Suez après avoir sauvé Souakim et garanti le littoral de la mer Rouge, les mahdistes avaient coupé les communications entre Berber et Khartoum, et établi, autour de cette dernière ville, un blocus rigoureux, malgré une vigoureuse sortie opérée, en avril, par Gordon, sur Halfiyeh.

Le Soudan était définitivement perdu pour l'Egypte, et le gouvernement anglais n'avait nullement l'intention de le reconquérir au profit de cette dernière puissance. Néanmoins, sous la pression de l'opinion publique, il se décida à faire un grand effort pour délivrer Khartoum. Il confia un corps expéditionnaire de 10.000 hommes au général Wolseley. L'expédition, préparée avec le plus grand soin, remonta le Nil, accompagnée d'une flottille de vapeurs et de chalands, et atteignit Korti en novembre 1884. Là, le corps expéditionnaire se fractionna en deux colonnes : l'une, celle du général Earle, marcha sur Berber en suivant le Nil ; l'autre, formée de la brigade Stewart, se porta directement sur Metemneh, pour tourner, par le sud, la position de Berber.

Non loin du puits d'Abou-Kléa, la brigade Stewart rencontra, le 16 janvier 1885, environ 10.000 mahdistes qu'elle repoussa après un combat acharné, au cours duquel son général fut mortellement frappé. La brigade atteignit le Nil, sur lequel un détachement d'avant-garde s'embarqua. Les steamers de sir Wilson arrivèrent le 28 février 1885 devant Khartoum et furent accueillis à coups de canon. Il était trop tard : la place avait été livrée au mahdi par le gouverneur égyptien, et Gordon, avec une partie de la population avait été massacré. Le général Earle, qui s'était porté sur Berber, avait rencontré les mahdistes entre Kerbikan et Dulka et les avait repoussés ; mais il fut tué dans un assaut à la baïonnette.

Le général Wolseley songea d'abord à se maintenir au Soudan, il résolut d'occuper Berber à tout prix, de s'y établir pendant la saison chaude, et d'y attendre de Souakim des renforts pour reprendre la campagne. Le général Graham, avec une armée de secours qui devait marcher de Souakim sur Berber, livra deux combats acharnés près de Tamaï les 18 et 20 mars 1885 ; mais il ne put pousser jusqu'au Nil.

L'armée du général Wolseley reçut l'ordre de rétrograder sur Dongola, où elle fut dissoute. Le cabinet anglais se résignait à l'humiliante évacuation du Soudan ; il reporta, en juin 1885, les frontières de l'Egypte à Ouady-Halfa, qui fut occupée par une brigade égyptienne, et à Assouan, où fut placé, en soutien, un corps anglo-égyptien.

La retraite des Anglais coupait de l'Egypte ses provinces du Soudan équatorial, dont le gouvernement était exercé par Emin-Pacha, qui sut s'y montrer administrateur de premier ordre, en même temps que chef d'une grande intelligence.

Emin feignit tout d'abord de se soumettre au mahdi, pour avoir le temps d'organiser ses forces, puis il battit les bandes de ce dernier dans plusieurs combats; mais bientôt, accablé par le nombre, il fut contraint d'évacuer Lado. Il se maintint quelque temps à Gondokoro et dut enfin se replier sur Ouadelaï et le lac Albert.

Les Anglais, profitant des circonstances qui isolaient le Soudan équatorial, changèrent de politique et songèrent à mettre la main sur cette contrée en partant de la côte de l'océan Indien; mais, pour cela, il fallait décider Emin-Pacha à abandonner le gouvernement de sa province. Deux expéditions parties de la côte orientale d'Afrique ayant échoué, Stanley s'offrit pour accomplir cette mission; il partit en 1887, sous prétexte d'aller au secours d'Emin, et choisit la route du Congo, qui lui permettait de faire par eau une partie du voyage et pouvait donner ultérieurement à l'Etat du Congo des droits sur la région convoitée. Cette route lui offrait encore l'avantage immédiat de l'assurer contre la désertion de son escorte, qui avait été recrutée à Zanzibar.

Il débarqua à Matadi le 25 mars et longea par terre la zone des rapides du bas Congo jusqu'à Léopoldville, qu'il atteignit le 21 avril, et où il s'embarqua sur le fleuve. Il le remonta jusqu'à l'Arouhouimi, puis, laissant à Yambouya une partie de son escorte épuisée, il s'engagea dans la zone des forêts équatoriales, qu'il mit cinq mois à franchir, de juin à décembre. Il atteignit enfin le lac Albert à Kavalli, où il fit sa jonction avec Emin-Pacha en avril 1888. N'ayant pu décider tout d'abord Emin à quitter le Soudan, il retraversa de nouveau la région des forêts impénétrables pour se porter au secours de son arrière-garde, qu'il ramena sur le lac Albert en janvier 1889. Enfin, parvenu à vaincre les hésitations d'Emin, il l'entraîna vers la côte orientale, qu'ils atteignirent à Bagamoyo, en décembre 1889.

Cette expédition, considérée au point de vue géographique, a permis de tracer le cours de l'Arouhouimi et a fait connaître que le lac Albert-Edouard se déverse dans le lac Albert; ma's ses résultats politiques ont eu une toute autre importance. Le départ d'Emin-Pacha, qui gouvernait le Soudan équatorial au nom du khédive, laissait cette contrée sans représentant officiel d'aucune autorité, et l'Angleterre allait pouvoir y diriger ses entreprises.

Sur ces entrefaites, le mahdi était mort (1), au moment même où l'Angleterre arrêtait son action en se contentant de faire occuper par l'Egypte, comme point extrême vers le Sud, Ouady-Halfa. A l'imitation de Mahomet, Mohammed Ahmed s'était entouré de quatre khalifes, ses lieutenants et successeurs éventuels. Son pouvoir passa au premier d'entre eux. Celui-ci fixa sa résidence à Omdurman, faubourg de Khartoum, sur la rive gauche du Nil, et, grâce aux connaissances des prisonniers européens qui furent faits à Khartoum et réduits en esclavage, il organisa un arsenal, des chantiers de construction, lança une flottille de bateaux à vapeur sur le Nil, et, dans le but de grouper autour de lui tous

---

(1) Il a été empoisonné en juin 1885, peu de temps après la retraite du général Wolseley.

les musulmans d'Afrique, en les soustrayant aussi bien à l'action des Européens qu'à celle des Snoûsyia, il interdit le pèlerinage à La Mecque, tant que la ville sainte serait entre les mains des Turcs.

Depuis 1885 jusqu'en 1898, l'action militaire dans ces régions a été à peu près nulle; mais les progrès de la France dans le haut Oubangui leur ont donné, dans le courant de 1898, un regain d'activité. En 1889, du côté de l'Egypte, un lieutenant du mahdi, qui menaçait Ouady-Halfa, avait été battu et tué à Toski; mais les Anglais ne profitèrent pas de cette victoire. A la fin de 1889 et au commencement de 1890, deux échecs graves étaient infligés à Osman-Digma, qui tenait Souakim étroitement bloquée; il fut, de plus, complètement défait à Tokar, en février 1891; mais les Anglais se contentèrent d'occuper Tokar. En 1891, Emin-Pacha tenta de reconquérir sa province du Soudan équatorial. Parti de Zanzibar, il réoccupa Ouadelaï et Gondokoro; mais il fut assassiné en 1893, par des Arabes marchands d'esclaves, dans la région du Tanganyika.

Décidée à maintenir le statu quo du côté de l'Egypte, et dans le but de s'emparer du bassin supérieur du Nil, l'Angleterre tenta d'étendre vers le Nord ses possessions de l'Afrique orientale anglaise. Elle s'appuya pour cela sur la convention anglo-allemande du 1er juillet 1890, qui en fixe la limite méridionale, et, prétextant que sa situation en Egypte lui confère les droits du khédive et du sultan sur le Soudan égyptien, elle s'est considérée comme souveraine de ces territoires. Par la convention du 12 mai 1894 avec l'Etat du Congo, elle lui donnait à bail la rive gauche du Nil jusqu'au 10e degré de latitude septentrionale, y compris la ville de Fachoda, pour s'en réserver personnellement la rive droite. Nous avons vu précédemment que, devant les protestations de la France et de l'Allemagne, ce traité a été revisé.

Nous avons vu également que les agents de l'Etat du Congo se sont efforcés de s'étendre dans la vallée de l'Oubangui et du Mbomou pour atteindre le Nil par le Bahr-el-Ghazal. Les Anglais, de leur côté, prenant comme base d'opérations l'Ouganda et l'Ounyoro, ont envoyé différentes expéditions, qui ont occupé Ouadelaï en 1894, puis Doufilé en 1895. En janvier 1898, ils étaient à Lado.

Depuis quelques années, le mahdisme était en pleine décadence, et il eût été facile aux Anglais de détruire sa puissance en l'attaquant par le Nord; mais ils ont préféré ménager les Derviches, comme un prétexte à leur présence en Egypte, peut-être même ont-ils songé à s'en servir, à un moment donné, comme un bouclier qu'ils auraient poussé devant eux pour l'opposer aux concurrents qui se seraient avancés vers le Soudan égyptien par le Ouadaï ou le Darfour. Cette hypothèse ressort clairement de la marche des événements et du caractère progressif et calculé de la poussée des forces anglo-égyptiennes contre les bandes mahdistes, alors qu'elles auraient pu les anéantir en une seule campagne (1). C'est donc, jusqu'au commencement de l'année 1898, la politique et non la stratégie qui a retardé les progrès de l'armée anglo-égyptienne.

Depuis que les missions Liotard et Marchand ont pénétré dans le Bahr-el-Ghazal, dont elles prirent possession au nom de la France, depuis que la mission Marchand a atteint le Nil à Fachoda, les choses ont bien changé, et, malgré les offres de paix du khalife Abdullah el Taïchi, les Anglais ont frappé un coup vigoureux.

____

(1) Le résultat de la bataille d'Omdurman le prouve surabondamment.

Dans le courant de l'année 1897, le khalife offrait la paix : il demandait que l'Egypte lui reconnût un pouvoir héréditaire sur le Kordofan et le Darfour et qu'elle lui accordât le pardon pour tous ses partisans. Il consentait à évacuer Metemneh, Omdurman et toute la vallée du Nil, et à reconnaître la suzeraineté anglaise. Il offrait d'ouvrir ses territoires au commerce britannique et autorisait l'Angleterre à établir des représentants partout où elle le jugerait à propos, ainsi qu'à construire une voie ferrée d'Omdurman au Ouadaï, par le Kordofan et le Darfour. Il faisait entrevoir que cette voie pourrait atteindre le Tchad bien avant que les Français fussent en mesure d'y arriver par leur ligne du Niger.

Les Anglais n'en prirent pas moins contre lui une offensive vigoureuse.

Vers la fin de 1897, les garnisons anglo-égyptiennes occupaient, sur le Nil, Dongola, El-Dobbeh, Korti, Meraoni, Abou-Ahmed et Berber, tandis que les Arabes alliés aux Anglo-Egyptiens tenaient plusieurs points du désert. De plus, une voie ferrée en construction de Ouady-Halfa à Abou-Ahmed venait d'être terminée ; une autre devait être construite sans délai de Souakim à Berber. Sur ces entrefaites, Osman-Digma, rappelé, par le khalife, des abords de Souakim, qu'il surveillait depuis plusieurs années, opérait sa jonction avec Mahmoud. Les deux généraux du khalife, réunis à Metemneh, fortifièrent cette ville, dont ils firent l'un des derniers boulevards du mahdisme.

Le 8 avril 1898, le général Kitchener a remporté sur Mahmoud la victoire d'Atbara, qui est venue donner un coup fatal à la puissance déjà bien ébranlée des derviches. Mahmoud a été fait prisonnier, et le bruit a couru, à la suite de cette victoire, que le khalife avait été assassiné.

Enfin, le 2 septembre de la même année, la bataille d'Ondurman détruisait le mahdisme sous les murs de son dernier boulevard.

A la suite de cette victoire éclatante, l'armée victorieuse continua sa marche dans la vallée du Nil, jusqu'à la ville de Fachoda, qu'elle trouva au pouvoir d'une force française : la mission Marchand.

Tout le monde sait quelles furent les conséquences de la rencontre des représentants des deux nations française et anglaise, au point de vue de la délimitation définitive des zones d'influence des différents Etats. de l'Europe en Afrique : la France a dû renoncer à occuper la région du Bahr-el-Ghazal, sur laquelle elle s'était cependant créé des droits incontestables, et l'Angleterre semble croire que la victoire diplomatique qui a été le complément de la victoire militaire du sirdar Kitchener est le couronnement de sa politique en Egypte.

Le 21 mars 1899, a été signé, sous forme d'une déclaration additionnelle à la convention franco-anglaise du 14 juin 1898, la convention ci-après :

« Les soussignés dûment autorisés à cet effet par leurs gouvernements ont signé la déclaration suivante :

» L'article 4 de la convention du 14 juin 1898 est complété par les dispositions suivantes, qui seront considérées comme en faisant partie intégrante :

» 1. — Le gouvernement de la République française s'engage à n'acquérir ni territoire, ni influence politique à l'est de la ligne frontière définie dans le paragraphe suivant, et le gouvernement de Sa Majesté britannique s'engage à n'acquérir ni territoire ni influence politique à l'ouest de cette même ligne.

» 2. — La ligne frontière part du point où la limite entre l'Etat libre du Congo et le territoire français rencontre la ligne de partage des eaux coulant vers le Nil de celles qui s'écoulent vers le Congo et ses affluents. Elle suit, en principe, cette ligne de partage des eaux jusqu'à sa rencontre avec le 11° parallèle de latitude nord. A partir de ce point, elle sera tracée jusqu'au 15° parallèle de façon à séparer en principe le royaume de Ouadaï de ce qui était en 1882 la province de Darfour; mais son tracé ne pourra, en aucun cas, dépasser à l'ouest le 21° degré de longitude est de Greenwich (18° 40' est de Paris), ni à l'est le 23° degré de longitude est de Greenwich (20° 40' est de Paris).

» 3. — Il est entendu en principe qu'au nord du 15° parallèle la zone française sera limitée au nord-est et à l'est par une ligne qui partira du point de rencontre du tropique du Cancer avec le 16° degré de longitude est de Greenwich (13° 40' est de Paris), descendra dans la direction du sud-est jusqu'à sa rencontre avec le 24° degré de longitude est de Greenwich (21° 40' est de Paris) et suivra ensuite le 24° degré jusqu'à sa rencontre au nord du 15° parallèle de latitude avec la frontière du Darfour telle qu'elle sera ultérieurement fixée.

» 4. — Les deux gouvernements s'engagent à désigner des commissaires qui seront chargés d'établir sur les lieux une ligne frontière conforme aux indications du paragraphe 2 de la présente déclaration. Le résultat de leurs travaux sera soumis à l'approbation de leurs gouvernements respectifs.

» Il est convenu que les dispositions de l'article IX de la Convention du 14 juin 1898 s'appliqueront également aux territoires situés au sud du 14° 20' de latitude nord et au nord du 5° degré de latitude nord, entre le

14° 20' de longitude est de Greenwich (12° est de Paris) et le cours du haut Nil.

» Fait à Londres, le 21 mars 1899.

» Signé : Paul CAMBON.
» Signé : SALISBURY. »

D'après les dires de nos voisins, l'Egypte aurait, par la victoire d'Omdurman, reconquis le Soudan, que lui avait fait perdre la révolte du mahdi ; or il est facile de se rendre compte qu'elle est devenue tributaire de sa conquête et qu'elle est envahie par elle. Le tribut annuel que l'Egypte a dû s'imposer pour le Soudan s'est élevé pour 1899 à près de 8 millions et demi, et lord Kitchener, sous prétexte de bonne administration et de nécessités militaires, a déjà réuni Ouady-Halfa à Khartoum ; il a joint également Assouan à Ouady-Halfa.

Les Anglais ont dit que le Soudan leur appartient par droit de conquête ; les faits qui précèdent marquent la tendance qui les pousse à s'emparer des clefs de l'Egypte : la région de Fachoda, les barrages d'Assouan, et il est à craindre que, ne pouvant conquérir l'Egypte par Alexandrie sans soulever les protestations de toute l'Europe, ils ne parviennent à s'en rendre maîtres par la possession de ces sources du Nil qui lui donnent la vie et assurent sa prospérité.

C'est là le fait d'une politique fort habile, et l'occasion est peut-être à tout jamais perdue aujourd'hui de s'opposer efficacement à sa réalisation.

5· L'ABYSSINIE ET LA PRESQU'ILE DES SOMALI

L'Abyssinie ou Ethiopie constitue, en Afrique, une contrée à part ; c'est, avec les reliefs qui s'étendent au sud jusqu'au Kilima-Ndjaro et forment la limite occidentale de la presqu'ile des Somâli, la seule région véritablement montagneuse de tout le continent africain.

Elle forme une vaste terrasse dont l'altitude moyenne est de 2.000 mètres et contient des sommets qui atteignent 5.000 mètres. Cette terrasse est limitée, à l'est, par une chaîne orientée nord-sud et qui surgit brusquement au-dessus des terrains sablonneux de la région du Samhar, laquelle forme le rivage de la mer Rouge. Vers l'ouest, elle s'abaisse, au contraire, par des glacis et des gradins fortement enchevêtrés.

La chaîne de l'est, qui atteint 3.180 mètres au mont Sonaira, n'offre que des passages très rares et très difficiles. Les plus hautes altitudes sont, à l'intérieur du pays, aux monts Ankona (4.820 mètres), Gouna (4.280), Agsiosfatra (4.150). Entre les différents massifs existent de profondes dépressions ; l'une d'elles est occupée par le lac Tzana, dont l'altitude est de 1.750 mètres.

Les cours d'eau d'Abyssinie forment des rivières au régime torrentueux, qui se sont creusé un lit encaissé dans les profonds sillons de la terrasse éthiopienne. Les plus importants s'écoulent vers le nord-ouest et vont se déverser dans le Nil ; ce sont le Bahr-el-Azrek et l'Atbara ; les autres, qui divergent vers le nord, l'est et le sud, sont : le Khor-Baraka, qui se jette dans la mer Rouge entre Souakim et Ras-Kasar ; l'Haouasch, qui se jetait jadis dans la baie de Tadjoura et aboutit aujourd'hui à la dépression du lac d'Assal ; l'Omo, dont le cours supérieur a seul été exploré et qui doit se jeter dans le lac Rodolphe ou rejoindre la Djouba, pour s'écouler vers l'océan Indien.

Au point de vue du climat, l'Ethiopie est divisée en trois régions déterminées par l'altitude moyenne :

La Kolla, jusqu'à 1.800 mètres, qui est chaude et humide ; elle est couverte d'une végétation tropicale ;

La Voïga-Déga, jusqu'à 2.400 mètres, qui possède la température et les cultures de l'Europe méridionale;

La Déga, au-dessus de 2.400 mètres, qui est une région de pâturages.

Sur le littoral de la mer Rouge, ou Samhar, où il ne pleut presque jamais, la température est très élevée : à Massaouah, par exemple, la moyenne de l'année est de 30°; elle est de 25° en janvier et s'élève quelquefois à 41° en juillet, sans différence sensible entre le jour et la nuit. Le dicton arabe suivant peut donner une idée de la température des côtes de la mer Rouge : « Djeddah est un four, Aden est une fournaise, Massaouah est un enfer. »

Contrairement à la plupart des contrées de l'Afrique, c'est durant la saison sèche que l'Ethiopie offre le plus de ressources. Toutes les cultures des pays tempérés et tropicaux y réussissent; seul le manque de voies de communications en a retardé le développement économique, qui est susceptible de prendre de grandes proportions. Pendant la saison des pluies, les rivières, transformées en torrents impétueux, sont infranchissables, et les quelques routes sont complètement défoncées. Il n'existe plus alors de communications entre les différentes parties de l'Abyssinie; c'est ce qui explique, jusqu'à un certain point, l'état d'indépendance dans lequel elle a pu se maintenir jusqu'ici, et aussi le morcellement politique du pays.

L'Ethiopie est divisée en cinq Etats gouvernés par des princes ou ras, qui sont souvent en compétition les uns contre les autres; celui d'entre eux qui parvient à imposer son autorité est le négus, ou roi des rois. Parmi ces Etats, qui sont le Tigré, le Choa, l'Amhara, le Godjam et le Galla, les deux premiers seuls sont bien connus.

Le Tigré est une région très fertile où les Européens pourraient s'acclimater; les Italiens ont tenté de se l'approprier.

Le Choa, d'un accès relativement facile en partant de la baie de Tadjoura, est également un pays fertile et sain; il possède de riches gisements miniers. Du Choa dépend le Harar, qui fut conquis par les Abyssins sur les Egyptiens en 1887; il possède, comme le Choa, de grandes perspectives d'avenir : le café, qui en est la principale production, suffirait pour en assurer la fortune, si l'on profitait de tout le terrain propice pour en augmenter les plantations.

La population de l'Ethiopie est de race blanche; elle a été convertie au christianisme au IVe siècle, et elle a pu conserver intact son culte au milieu des musulmans qui l'entourent de tous côtés. Le négus, quoique exerçant à la fois le pouvoir spirituel et le pouvoir temporel, n'en accepte pas moins la suprématie du patriarche grec du Caire. Un évêque français réside à Harar.

La région montagneuse de l'Abyssinie se relie aux massifs volcaniques du Kénia et du Kilima-Ndjaro par le Kaffa et les massifs qui, par une double rangée de volcans, dont quelques-uns sont encore en activité, enserrent les lacs Rodolphe, Stéphanie et Baringo, qui sont sans écoulement. Le lac Rodolphe a une superficie de 8.000 kilomètres carrés; le lac Stéphanie, qui est à 582 mètres d'altitude, compte 1.000 kilomètres carrés de superficie; le lac Baringo a des dimensions beaucoup plus faibles.

A l'est de cette chaîne volcanique, s'étend, jusqu'au cap Guardafui, la presqu'île triangulaire des Somâli, qui se divise en trois parties : à l'ouest l'Haoud, ou pays dépourvu de pierres, qui est couvert de forêts impénétrables et d'herbages; au centre, l'Ougadine, qui, avec une altitude moyenne de 1.000 mètres, est à peu près déserte en saison chaude et couverte, après les pluies, d'une végétation éphémère ; à l'est, le Nogal, ou pays pierreux, qui est désolé et aride.

Les quelques cours d'eau qui traversent cette région se jettent tous dans l'océan Indien, la ligne de partage des eaux n'étant qu'à une faible distance du golfe d'Aden. Ce sont : l'Ouebi-Doboï, qui porte le nom d'Ouebi-Chebeyli dans son cours supérieur (il vient du pays Galla et se perd dans les sables, à quelques kilomètres de l'Océan); la Djouba, qui est navigable pour les embarcations légères.

Au point de vue du climat, la presqu'île des Somâli possède un régime de pluies très irrégulières ; les rivières y sont à sec à l'époque des sécheresses, et elles débordent au contraire à la suite des averses. Il existe à peu près partout des nappes d'eau souterraines à de faibles profondeurs.

La population de la presqu'île des Somâli forme trois groupes distincts :

Les Gallas, qui habitent la partie la plus fertile, à l'ouest ; ils sont agriculteurs et pasteurs ;

Les Danakils, intermédiaires entre la race blanche et la race noire, qui sont pasteurs ;

Les Somâli, de race nègre, qui sont également pasteurs.

Les uns et les autres sont musulmans.

L'histoire de l'Abyssinie n'offre d'intérêt, au point de vue colonial, que depuis 1842. Les Portugais furent, il est vrai, les premiers Européens qui créèrent des établissements importants dans ce pays; mais ils ne purent s'y maintenir.

La France, songeant à se créer une colonie en Ethiopie, y envoya, en 1842, une mission topographique sous la conduite de MM. Ferret et Galinier. Le négus signa, vers cette époque, avec le roi Louis-Philippe, un traité en vertu duquel il promettait aide et protection aux Français qui s'établiraient en Abyssinie. Depuis, la France a abandonné toute idée de se constituer une colonie dans ce pays; elle a toujours soutenu, au contraire, ses droits à l'indépendance; elle y jouit d'un réel prestige, grâce à ses nationaux, missionnaires, explorateurs ou commerçants et est en excellentes relations avec le négus Ménélik II, ainsi qu'avec le ras Makonnen, vice-roi du Choa, dont dépend le Harar.

Les Anglais entrèrent en relations avec les Abyssins vers 1850. Ils jouirent d'abord d'une grande influence auprès du négus Théodoros; mais celui-ci, lassé de leurs procédés, fit emprisonner ceux qu'il avait à sa cour. Une expédition militaire, organisée à Bombay avec le plus grand soin, sous les ordres de sir Robert Napier, fut envoyée en 1867 contre le négus. Débarquée à Zoulla et à Massaouah, elle se dirigea sur Magdala, à 200 kilomètres à l'est du lac Tzana, qu'elle atteignit après bien des difficultés soulevées par les accidents du sol. Théodoros, qui s'était réfugié dans cette place, se tua pour ne pas tomber au pouvoir des Anglais. Ceux-ci, dont l'expédition n'avait réussi que grâce à sa remarquable préparation et à l'appui qu'elle avait trouvé auprès des chefs du pays, rivaux de Théodoros, se retirèrent sans prendre pied dans le pays, à cause sans doute des difficultés qu'ils y avaient rencontrées.

En 1866, le khédive Ismaïl, dans le but de préparer la conquête de l'Abyssinie, acheta au sultan les droits qu'il possédait sur les côtes de la mer Rouge et du golfe d'Aden et fit occuper Massaouah, Zeïla et Berbera. De 1870 à 1872, il étendit son autorité sur les tribus abyssines des Bogos, et, en 1875, il attaqua l'Abyssinie par le nord et par l'ouest; mais il échoua complètement; ses deux colonnes furent entièrement détruites par le négus Jean. Une autre expédition, partie de Massaouah en 1876, ne fut pas plus heureuse que les précédentes. La même année, Réouf-Pacha, parti de Zeïla, put s'emparer du Harar; mais il dut finalement abandonner sa conquête.

En 1882, la France ayant renoncé à une action militaire en Egypte, l'Angleterre songea à se procurer l'appui d'une autre puissance pour arrêter les progrès du mahdisme au Soudan et jeta ses vues sur l'Italie, qui venait de voir avec dépit la France déclarer son protectorat sur la Tunisie, et lui proposa une expédition commune en Egypte.

Le gouvernement italien, ayant acquis la conviction qu'il n'entrait pas dans les intentions de l'Angleterre de partager les avantages politiques et commerciaux qui résulteraient de l'occupation de l'Egypte, déclina les propositions anglaises; mais il s'empressa de profiter des bonnes intentions des Anglais à l'égard de l'Italie pour prendre pied sur les côtes de la mer Rouge. Quelques territoires de la baie d'Assab avaient été achetés par la Compagnie de navigation italienne Rubbatino; le gouvernement italien les déclara colonies royales et envoya des missions vers l'intérieur du pays. Quelques-unes de ces missions ayant été massacrées, un corps expéditionnaire fut envoyé à Assab, vers la fin de 1884.

C'était l'époque où les Anglais organisaient l'expédition de lord Wolseley, pour aller délivrer Khartoum. Ceux-ci, après avoir offert en vain au négus Jean de prêter son concours à la répression de l'insurrection du Soudan, songèrent de nouveau aux Italiens et leur offrirent de débarquer à Massaouah à condition qu'ils consentiraient à envoyer de ce point, qui appartenait à l'Egypte, un corps expéditionnaire pour rejoindre, vers Khartoum, la colonne anglaise chargée d'atteindre cette ville en remontant le Nil.

Les Italiens acceptèrent et débarquèrent à Massaouah en février 1885. Ils apprirent sur ces entrefaites la chute de Khartoum ; mais ils ne s'en maintinrent pas moins à Massaouah, malgré la présence d'une garnison égyptienne. En août 1888, ils substituèrent des autorités italiennes aux autorités égyptiennes, au mépris des droits et malgré les protestations du khédive et du sultan. La garnison égyptienne dut se retirer. Cette spoliation ne put avoir lieu que grâce à la complicité de l'Angleterre qui cependant s'était engagée à sauvegarder les intérêts de l'Egypte.

Maîtres de Massaouah, les Italiens songèrent à s'étendre vers l'intérieur et négocièrent avec le négus Jean pour acquérir quelques territoires ; mais ces tentatives échouèrent, et le ras Aloula bloqua Massaouah en janvier 1887. Les Italiens cherchèrent par deux fois à rompre le blocus ; mais ils furent battus à Dogali en janvier 1887 et à Sanganéiti en août 1888. Peu à peu, le corps d'occupation fut porté à 20.000 hommes, et les Italiens réussirent, en juin 1889, à occuper Keren. En août de la même année, ils occupèrent Asmara ; en janvier 1890, ils s'avancèrent jusqu'à Adoua.

Ils déclarèrent alors leur protectorat sur toute la côte, depuis Ras-Kasar jusqu'à Raheita, sur la limite du territoire français d'Obock, et donnèrent à leur nouvelle colonie le nom d'Erythrée (1). Ils décidèrent en même temps Ménélik, roi du Choa, avec lequel ils entretenaient depuis quelque temps des relations, à se procla-

----

(1) Nom antique de la mer Rouge.

mer négus et à envoyer à Rome une mission pour régler la question de l'occupation italienne.

Le 22 septembre 1889, fut signé le traité d'Ucciali, par lequel Ménélik cédait à l'Italie quelques territoires autour de Massaouah. En vertu d'une clause de ce traité, par laquelle Ménélik « consentait à se servir du gouvernement de S. M. le roi d'Italie pour toutes les négociations d'affaires avec d'autres gouvernements », M. Crispi, premier ministre d'Italie, considérait que l'Abyssinie s'était placée sous le protectorat italien ; or, en 1891, au moment où des difficultés s'élevèrent au sujet de la délimitation de la frontière italo-abyssine, Ménélik, éclairé enfin sur la signification donnée au traité, refusa de reconnaître le protectorat de l'Italie en basant son refus sur ce que la version italienne du traité n'était pas conforme à la version en langue amhara.

L'original du traité en langue amhara porterait en effet que le roi « pourra s'il le veut » se servir de l'intermédiaire de l'Italie, et non pas « le roi consent à se servir », ainsi que l'ont traduit les Italiens. Ménélik ne s'était donc pas engagé à n'entretenir de relations avec les autres puissances que par l'intermédiaire de l'Italie, mais seulement à user de cet intermédiaire s'il le jugeait utile. D'ailleurs, le traité d'Ucciali, qui ne comportait qu'une durée de cinq années, a été dénoncé par Ménélik, qui a remboursé aux Italiens l'emprunt de 4 millions que ceux-ci lui avaient fait contracter à la banque nationale italienne.

Sur ces entrefaites, le ministère di Rudini ayant succédé, en Italie, au ministère Crispi, l'occupation italienne fut restreinte au triangle Massaouah - Keren - Asmara. M. Crispi, étant revenu au pouvoir, songea à s'étendre en Abyssinie ; en juillet 1894, le général Baratieri s'empara de Kassala sur les mahdistes, puis il attaqua le ras du Tigré, Mangascia, en prenant pour prétexte qu'il était l'allié des mahdistes. Mangascia fut battu, et les Italiens le remplacèrent par un de ses lieutenants dans le gouvernement du Tigré. Ils occupèrent alors Axoum et Adigrat.

Vers la fin de 1895, les Italiens résolurent de s'emparer du Tigré et reprirent l'offensive; mais Ménélik appela sous les armes tous les ras d'Éthiopie pour arrêter les Italiens, qui avaient franchi la frontière de l'Erythrée, menaçant l'indépendance du pays tout entier. Le 7 décembre, les Italiens furent complètement battus au combat d'Amba-Alaghi et bloqués dans Makallé; l'effectif de la colonne italienne d'Amba-Alaghi, avant-garde de l'armée italienne, était de 30 officiers et 2.500 hommes environ : ses pertes s'élevèrent à 19 officiers et 2.200 hommes environ.

Ménélik n'a pas poursuivi, il a suspendu les opérations, attendant une nouvelle attaque; mais, depuis cette époque, les Italiens semblent avoir renoncé à s'emparer de l'Abyssinie.

La série des conventions par lesquelles les Italiens ont tenté de prendre pied dans la partie nord-orientale de l'Afrique est, en dehors du traité d'Ucciali, la suivante : En 1889, ils signèrent avec le sultan d'Hopia un traité par lequel ils se sont attribué les côtes orientales de la presqu'île des Somâli. Mais la Compagnie anglaise de l'Afrique orientale avait obtenu déjà, du sultan de Zanzibar, l'exploitation des ports de Kismayou, Braoua, Merka. Il s'ensuivit que des négociations durent s'ouvrir entre les gouvernements anglais et italien pour le partage du pays. C'est alors que, par les conventions des 24 mars et 15 avril 1891, la ligne de démarcation entre les sphères d'influence anglaise et italienne a été tracée suivant le cours de la Djouba, depuis son embouchure jusqu'au 6ᵉ degré de latitude septentrionale, ce parallèle jusqu'au 35ᵉ degré de longitude est de Greenwich, (32 degrés 40' est de Paris), ce méridien jusqu'au Nil Bleu, puis une ligne à déterminer laissant l'Abyssinie à l'Italie et aboutissant sur la mer Rouge à Ras-Kasar.

Par ces conventions, l'Angleterre se réservait donc un champ d'action illimité vers le Soudan égyptien pour ses territoires de l'Afrique orientale anglaise et, implicitement, toute la vallée du Nil. Elle laissait à l'Italie, en dehors de toute l'Abyssinie, l'ensemble de la presqu'île des Somâli ; mais, par un nouvel accord conclu le 5 mai 1894, elle s'appropria la partie septentrionale de cette presqu'île sur le golfe d'Aden : la limite de cette partie suit le 49ᵉ degré de longitude est de Greenwich (46 degrés 40' est de Paris), puis s'incline vers le sud-ouest pour atteindre le 8ᵉ degré de latitude septentrionale, qu'elle suit quelque temps, s'incline de nouveau vers le nord-ouest jusqu'à hauteur de Harar et se confond enfin avec la limite orientale du territoire français d'Obock.

Par ce nouveau traité, l'Angleterre a cédé à l'Italie la plus grande partie du Harar, violant ainsi la convention qu'elle signa avec la France en février 1888 et par laquelle elle avait reconnu en quelque sorte l'indépendance de cette région : les deux puissances s'étaient en effet engagées à ne pas occuper le Harar sans leur consentement mutuel ; elles avaient en outre garanti le maintien du libre trafic et du passage des caravanes sur la route de Zeïla à Harar ; or cette route devenait ainsi exclusivement anglaise.

En 1897, l'Angleterre modifia sa politique dans ces régions, après la défaite des Italiens à Adoua et, par le traité du 14 mai, signé avec Ménélik, ce n'est plus sur l'Italie qu'elle s'appuyait, mais sur l'Abyssinie elle-même. D'après ce traité, l'Angleterre obtenait de l'Abyssinie, au point de vue commercial, le traitement de la nation la plus favorisée (le traitement de la nation amie restant réservé par Ménélik à la France). Une délimitation était établie entre les territoires anglais de la côte des Somâli et l'empire d'Ethiopie. La sphère d'influence éthiopienne en Afrique était délimitée au nord par le 14ᵉ degré de latitude septentrionale et au sud par le 2ᵉ degré de latitude septentrionale; en d'autres termes, la souveraineté de l'Ethiopie se trouvait reconnue, d'une façon positive, sur une grande partie du cours du Nil Blanc, sur le Sennaar, moins Kassala (1), qui restait à l'Egypte, sur une partie de la région du lac Albert et de l'Ounyoro, sur toute la région du lac Rodolphe, du pays des Gallas et du pays des Boranis. En revanche, le négus prenait l'engagement de ne permettre à aucune autre puissance de s'établir sur tous les territoires qui lui étaient reconnus, de barrer la route à toute expédition passant par ses Etats pour atteindre la rive droite du Nil depuis sa sortie du lac Albert, et d'empêcher le transit, à travers son empire, des munitions et armes destinées aux mahdistes.

Ce traité, très important, mérite de ne pas être examiné à la légère. Il élevait l'Ethiopie au rang de grande puissance ayant en Afrique ses « zones d'influence »; il faisait voir du côté anglais un vif désir de s'associer la patriotique et solide population abyssine. Le fait de soumettre à la zone d'influence de Ménélik des territoires que l'Angleterre considérait jusque-là comme lui appartenant en propre est très caractéristique de la part de cette puissance. Peut-être cache-t-il le secret désir

---

(1) Kassala, à la suite du traité, a dû être rétrocédée par les Italiens à l'Egypte. La cession s'est faite le jour de Noël de l'année 1897.

de s'emparer, un jour ou l'autre, non par la force, mais par ruse de l'Ethiopie.

Ce qu'il y a de certain dans tout ceci, c'est que ce traité n'a pu être inspiré à Londres que par l'affolement qu'y a produit la connaissance des progrès immenses réalisés par la France dans le haut Oubangui. Aussi la phrase qui a trait au transit des armes à travers l'Abyssinie ne concernait nullement les mahdistes, dont la puissance n'existait plus déjà à cette époque, mais elle cachait, ainsi que la phrase qui la précède, une mesure ayant pour but d'empêcher les Français de pouvoir atteindre le Bahr-el-Ghazal et Fachoda par Djibouti (1) et d'établir la liaison entre le Congo français et le territoire d'Obock.

Ici encore, c'est contre nous que les efforts de nos bons amis les Anglais étaient dirigés. Aujourd'hui qu'ils sont maîtres du Soudan égyptien (qu'ils s'attribuent par droit de conquête), il serait curieux de savoir ce qu'ils comptent faire pour assurer l'exécution des clauses de ce traité en ce qui concerne l'Abyssinie.

6· LES ANGLAIS EN ÉGYPTE

Par les efforts patients des savants français, lesquels ont reconstitué son histoire et développé sur son sol les grands travaux qui en assurent la richesse, par la création de ce canal, qui, à travers les sables du désert, met en relation deux mers séparées depuis le commencement des siècles, par l'or de l'épargne qui a été confié aux khédives pour féconder la vallée du Nil, l'Egypte est devenue une conquête de l'Europe, dont, à l'heure

---

(1) Mission de Bonchamps.

actuelle, l'Angleterre tient seule la place, qu'elle a usurpée.

Or le protocole de désintéressement signé à Thérapia, le 25 juillet 1882, par les ambassadeurs de France, d'Allemagne, d'Autriche-Hongrie, d'Angleterre, de Russie et d'Italie, n'a été ni dénoncé, ni annulé par ces puissances, et les Anglais, tout aussi bien que les autres, se sont engagés dans l'action concertée pour le règlement des affaires d'Egypte « à ne rechercher aucun avantage territorial, ni la concession d'un privilège exclusif, ni aucun avantage commercial que toute autre nation ne puisse également obtenir ». Malgré cela, en dépit de la foi jurée et nonobstant la désapprobation de l'Europe, ils se maintiennent en Egypte, où ils se sont installés en maîtres. C'est qu'ils voient dans leur présence effective à proximité du canal de Suez une garantie pour la défense éventuelle de leur empire des Indes, et ils attendent du hasard ou du temps une circonstance qui puisse leur permettre de s'y maintenir indéfiniment. Habitués qu'ils sont depuis des siècles à s'emparer de tout ce qui, sur la surface du globe, se trouve à leur convenance, il ne peut entrer dans leur entendement que les autres nations songent à les contraindre de partager les avantages qu'ils peuvent en tirer.

En prévision de l'échéance possible de l'engagement qu'ils ont contracté à différentes reprises d'évacuer le territoire égyptien, ils ont profité de l'insurrection mahdiste pour consacrer la dislocation de l'ancien empire des khédives, et cela dans le but de pouvoir légitimément, en apparence, s'emparer de tout le bassin supérieur du Nil.

Il paraissait à peu près certain, jusqu'au milieu de 1898, que la frontière politique de l'Egypte ne dépasserait plus Ouady-Halfa et que ses dépendances de la

Nubie, du Sennaar, du Darfour, du Kordofan, ainsi que les ports de Massaouah et de Zeïla, seraient à jamais perdus pour elle.

Pour les besoins de leur cause, les Anglais disent, aujourd'hui, que les droits de l'Égypte, et indirectement ceux de la Turquie, sur ces différents provinces, n'ont été suspendus que « jusqu'à ce que le gouvernement égyptien soit en mesure de reprendre l'administration de ces contrées éloignées. » Mais c'eût été peu connaître l'esprit pratique dont les Anglais ont toujours fait preuve chaque fois qu'il s'est agi pour eux de s'approprier un bien quelconque que de supposer qu'ils pussent reconquérir le Soudan égyptien pour le compte du khédive. Les différents traités qu'ils ont signés soit avec l'Italie, soit avec l'État du Congo, soit enfin avec l'Abyssinie, sont là pour le prouver : ils considérèrent le Soudan égyptien comme un vaste champ ouvert à toutes les convoitises, et ils en disposèrent comme s'il leur eût appartenu en propre, tant qu'ils n'en furent pas maîtres effectivement. Ce qu'ils voulaient avant tout, c'était empêcher à tout prix qu'une grande puissance comme la France ou l'Allemagne pût s'y établir avant eux.

La France, ni la Russie, ni l'Allemagne ne peuvent permettre que la route de l'Indo-Chine et de Madagascar, celle de la Sibérie orientale ou de l'Afrique orientale soient à la merci des troupes anglaises cantonnées à Alexandrie et au Caire, à quelques heures de chemin de fer du canal de Suez. Aussi est-on en droit d'être étonné que la France soit restée seule en présence de l'Angleterre dans l'affaire de Fachoda.

L'Angleterre a dû prendre, à différentes reprises des engagements d'évacuation ; elle n'a jamais osé, même dans les moments les plus favorables, proclamer son protectorat sur l'Egypte.

Le fera-t-elle aujourd'hui qu'elle a pris effectivement possession du pays?

Le programme officiel de l'intervention anglaise en Egypte était le rétablissement de l'ordre et la restauration de l'autorité khédiviale; or, si l'ordre a été rétabli, l'autorité du khédive n'existe plus, et l'élément anglais s'est substitué partout à l'élément égyptien. Auprès de chaque ministre égyptien est placé un agent anglais qui seul gouverne réellement; les troupes anglaises occupent les villes; les corps indigènes sont commandés par des officiers anglais, et la police est entre les mains de l'Angleterre. Tout ce monde de fonctionnaires est entretenu aux frais du peuple égyptien, et ce sont des fabricants anglais qui arment et habillent l'armée égyptienne. L'Egypte est pour l'Angleterre une véritable colonie d'exploitation, et les fonctionnaires égyptiens, choisis par elle, travaillent à son profit au détriment de leur pays, dont le chef légitime, le khédive, est même privé du droit de les révoquer et les remplacer par d'autres.

Si les Anglais tiennent tant à cœur de se maintenir en Egypte, c'est qu'en dehors des avantages immédiats qu'ils en tirent ils y font face à la Russie, dont ils craignent au plus haut point l'action sur l'Inde. Nous avons vu précédemment que l'Angleterre avait obtenu, par le traité de Berlin, en 1878, des droits de protectorat sur l'Asie Mineure. Elle espérait ainsi enrayer les progrès des Russes et les empêcher de s'établir militairement sur la ligne Erzeroum - Diarbekir - Alexandrette, d'où ils auraient pu intercepter une bonne partie du commerce des Indes par terre.

Par le traité du 3 juillet 1878, conclu avec la Turquie, elle s'est fait donner l'île de Chypre, pour dominer de cette magnifique position maritime, toutes les côtes de l'Asie Mineure et de la Syrie, particulièrement le golfe d'Alexandrette, et commander au nord le débouché du canal de Suez.

Si le port d'Alexandrette n'est pas très important, il n'en forme pas moins, au fond du golfe du même nom, une position stratégique d'une certaine valeur. Situé qu'il est sur le point de la côte le plus rapproché de l'Arménie et en face de la grande courbe que décrit l'Euphrate vers l'ouest, il est le débouché, sur la Méditerranée, de la route commerciale qui remonte l'Euphrate. Or, depuis que les Russes sont établis dans le Caucase, ils ont cherché à étendre leur influence vers les hautes vallées du Tigre et de l'Euphrate pour descendre, de là, soit vers la Méditerranée, soit vers le golfe Persique; grâce à leur chemin de fer transcaucasien, ils sont en mesure, à un moment donné, de réunir des forces considérables contre l'Inde et d'y attaquer dans ses œuvres vives la puissance de l'Angleterre.

Avant sa mainmise sur l'Egypte, cette dernière puissance, dans le but de rendre ses relations avec l'Inde indépendantes du canal de Suez, avait projeté de construire une voie ferrée d'Alexandrette au golfe Persique, pour doubler la route commerciale qui suit l'Euphrate; mais, depuis que les Anglais sont en Egypte, l'île de Chypre a perdu pour eux de son importance stratégique. Ils ont abandonné leur projet de voie ferrée de l'Euphrate, et la possession d'Alexandrie et du canal de Suez semble leur suffire amplement pour suivre pas à pas et surveiller les progrès de la Russie; ils ont même incité tout récemment l'Allemagne à reprendre pour elle les projets qu'ils avaient jadis nourris sur l'Euphrate.

Mais ce n'est pas là le seul but que poursuit l'Angleterre : elle veut aussi s'assurer la domination du continent africain, et l'Egypte lui semble constituer pour cela une excellente base d'opérations. Les progrès qu'elle a réalisés depuis une vingtaine d'années dans l'Afrique australe lui ont fait concevoir le projet grandiose de joindre ses possessions du Cap à l'Egypte, et la renonciation du gouvernement français au protectorat de l'Ouganda, que les missionnaires du cardinal de Lavigerie lui avaient offert, est venue lui en faciliter l'accomplissement.

Les Anglais possèdent aujourd'hui les débouchés du Zambèze, du Niger; ils veulent conserver également celui du Nil (le Congo seul leur a échappé); maîtres de ces grands fleuves, qui drainent tout l'intérieur du continent, ils en ont préparé la prise de possession économique, sinon politique, et, si, un jour, l'Inde venait à leur échapper, ils sont prêts à retrouver dans ce sol neuf de l'Afrique la même source de fortune et de puissance qu'ils surent puiser jusqu'ici dans leur empire asiatique.

Le grand fleuve égyptien est-il donc destiné à rester indéfiniment sous la domination de l'Angleterre? Quels peuvent être aujourd'hui les droits de l'Egypte, non sur le Soudan, mais sur le Nil lui-même, dont les eaux bienfaisantes assurent sa fertilité?

Certes, le Nil n'est pas une voie de communications et Alexandrie ou Port-Saïd ne pourraient devenir les débouchés du Soudan que grâce à l'existence d'une voie ferrée. Mais ce que l'Egypte a le droit de réclamer, c'est l'eau même du Nil, c'est-à-dire le droit d'exister.

Sans les eaux du Nil, l'Egypte n'a plus de récoltes, plus d'impôts, plus de ressources pour amortir sa dette; ce serait la ruine d'abord, le désert ensuite. Puisque l'Europe a internationalisé les finances égyptiennes, il est logique qu'elle en assure l'administration contre les perturbations possibles et qu'elle soumette à l'arbitrage d'une commission internationale l'exécution de tous travaux ayant pour but de modifier le régime du fleuve. Nous avons vu précédemment que les Anglais ont fait construire déjà plusieurs barrages en Egypte, et, dans le but de s'en réserver à eux seuls le droit, ils ont imposé à l'Italie par la convention du 15 avril 1891, l'engagement de « n'établir sur l'Atbara, pour les besoins d'irrigation, aucun ouvrage qui puisse modifier sensiblement le volume d'eau de ce fleuve à son confluent avec le Nil »; or l'Atbara, qui se déverse dans le Nil en amont de Berber, est presque à sec pendant trois mois chaque année; mais, à la saison des pluies, il fournit au Nil un volume d'eau considérable.

Ce que l'Europe doit s'efforcer d'empêcher, c'est qu'aucune nation, l'Angleterre surtout, qui est aujourd'hui maîtresse de la plus grande partie de la vallée du Nil, ne puisse arrêter la crue du fleuve, ou l'entraver dans la partie moyenne ou supérieure de son cours.

Aujourd'hui que les Anglais sont parvenus à chasser tous les concurrents qu'ils rencontraient jadis sur le haut Nil, si, maîtres du bassin supérieur du fleuve, ils établissaient vers Fachoda ou vers Khartoum, par des barrages, des bassins de retenue, ils pourraient à loisir affamer l'Egypte, dont les destinées, plus qu'aujourd'hui encore, seraient entre leurs mains.

La France s'est avancée jusqu'au Bahr-el-Ghazal pour contrebattre l'influence anglaise; là, elle eût occupé, si elle avait pu s'y maintenir, une position stratégique merveilleuse, capable de battre en brèche tous les projets anglais : plus d'accaparement du Nil, impossibilité d'établir, sans son consentement, cette immense voie ferrée transafricaine Le Caire-Le Cap, dont la création, au bénéfice exclusif de l'Angleterre, assurerait à cette puissance la possession effective de tout le continent africain.

Les chemins de fer de l'Afrique australe atteindront avant peu le Tanganyika; quant à ceux de l'Egypte, l'Angleterre n'a pas osé encore en déposséder le khédive; mais on peut prévoir dès aujourd'hui qu'elle le fera sans scrupule quand l'occasion s'en présentera. La France, en occupant le Bahr-el-Ghazal, se fût trouvée en situation d'empêcher l'accaparement par les Anglais de toutes les voies commerciales de l'Afrique centrale et orientale.

Cet effort généreux a malheureusement échoué. Puissent les nations, qui eussent dû nous aider dans notre œuvre, n'avoir pas à se repentir un jour de leur inaction en cette circonstance!

QUATRIÈME PARTIE

AFRIQUE AUSTRALE

(Zambèze, Orange et Limpopo.)

1° DESCRIPTION GÉOGRAPHIQUE

L'Afrique australe, qui, depuis quelques années, a attiré l'attention du monde entier, avait, durant plusieurs siècles, passé pour une contrée fort peu favorisée de la nature.

Les Portugais l'avaient négligée au XVIIe siècle. A partir de 1652 seulement, les Hollandais commencèrent à la coloniser dans la région du Cap; mais, sous le régime restrictif qu'y maintint la Compagnie néerlandaise des Indes orientales, cette colonie ne fit guère que végéter. Elle ne comptait que 26.000 habitants lorsque, au début du XIXe siècle, les Anglais s'en emparèrent, bien plutôt à cause de son importance stratégique, par sa position à mi-chemin des Indes, qu'en raison de sa valeur coloniale.

Quoique découverte quelques années avant l'Amérique et colonisée cent cinquante ans avant l'Australie, l'Afrique australe resta en dehors du courant d'émigration des Européens, et elle ne comptait guère, il y a vingt-cinq ans que 250.000 habitants de race blanche, lorsque la découverte des mines de diamants du Griqualand commença à appeler l'attention sur elle. La découverte des mines d'or du Transvaal a donné, depuis 1886,

une vigoureuse impulsion à l'immigration, et aujour-
d'hui le pays est littéralement envahi par une nuée d'a-
venturiers. Des villes s'y sont créées en quelques semaines comme dans les régions les plus favorisées de
l'Amérique ou de l'Australie, et des modifications profondes sont à la veille de s'y produire (1).

Au point de vue géographique, l'Afrique australe
peut se diviser en deux grandes régions, séparées par
le désert de Kalahari et par les hautes terres du pays
des Matabélés : ce sont le plateau du Zambèze, ou région
des savanes, et la région montagneuse, ou du Cap.

Région des Savanes. — Elle comprend le bassin du
Zambèze et de ses affluents, les bassins d'évaporation
du lac Ngami et des marais salés du grand Makarikari, et enfin les bandes côtières orientale et occidentale.

Le bassin supérieur et moyen du Zambèze forme un
vaste plateau granitique, dont l'altitude moyenne est
de 1.200 mètres. Il est limité, à l'est et à l'ouest, par une
série de gradins qui s'abaissent jusqu'à la région côtière ; au nord, il se termine vers la ligne de partage
entre les eaux du Zambèze et celles du Congo ; au sud
enfin, il vient se fondre peu à peu dans la région du
Kalahari.

Couverte de hautes herbes et de broussailles, la région
des Savanes ne possède guère de forêts que dans le voisinage des cours d'eau.

---

(1) Il y a une cinquantaine d'années, au moment de la découverte
des gisements aurifères de la Califonie, en 1847, la valeur annuelle
de la production en or du monde entier ne dépassait pas 140 millions
de francs et ce métal provenait en grande partie de Russie. En 1849,
la production fut de 340 millions; depuis, elle n'a cessé d'augmenter
et, en 1852, les découvertes d'or alluvial faites en Australie la firent
monter à 725 millions. En 1898, la production totale du globe atteignit
1.200 millions, et le Transvaal y a contribué pour 406.015.750 francs.

Le Zambèze a une longueur d'environ 3.000 kilomètres; il prend sa source dans la contrée marécageuse du lac Dilolo, à peu de distance de la source du Loualaba. Cette contrée, située à 1.450 mètres d'altitude environ, est entièrement inondée au moment de la saison des pluies et déverse ses eaux tant dans le Zambèze que dans le Kassaï, affluent de gauche du Congo. La jonction de ces deux cours d'eau par un canal ne présenterait, paraît-il, aucune difficulté et constituerait une voie de communications de premier ordre.

Dans la partie supérieure de son cours, le Zambèze porte successivement les noms de Liba et de Liambey; son lit, d'abord marécageux, se resserre et s'encaisse peu à peu pour se creuser une voie dans les roches basaltiques qu'il franchit aux chutes Katima et Victoria. La brèche qu'il s'est ouverte par cette dernière cataracte n'est que d'une trentaine de mètres, alors que sa largeur en amont dépasse 1.500 mètres. La hauteur de la chute est d'une centaine de mètres, et les colonnes de vapeurs qui s'en échappent s'aperçoivent à plus de trente kilomètres. Les indigènes donnent à cette cataracte le nom de Mosi-oa-Tounya (fumée tonnante).

Le Zambèze franchit ensuite les chaînes bordières orientales du continent par de nombreux rapides, pour atteindre l'océan Indien. Les principales localités construites sur son cours se trouvent en territoire portugais; ce sont : Zambo, Taca, Karsa-Bassa, Tété, Mopéia et Quilimane.

Ses principaux affluents sont : à gauche, le Kabompo, le Kafoué, le Louangoua et le Chiré; à droite, le Kouando et le Mazoé. Le plus important est le Chiré, qui sert de déversoir au lac Nyassa et forme une excellente voie fluviale; il est partout navigable, sauf aux chutes Murchison, qu'il serait facile de tourner.

Les autres cours d'eau de cette région, dans la partie qui s'étend au sud du Zambèze, n'ont pas d'écoulement vers l'Océan. Presque sans eau pendant la saison sèche, comme les ouadi de la région saharienne, ils vont se perdre, durant la saison des pluies, dans des lacs marécageux et sans profondeur, tels que le lac Ngami et le grand Makarikari. Cette contrée offre une analogie frappante avec celle du Tchad ou des sebkas de l'Afrique septentrionale. Ces bassins d'évaporation, placés également sur les confins du désert, sont de véritables marais salants. Le plus important des cours d'eau qui s'y déversent est le Koubango, sur le cours duquel on n'a que des données incertaines; il porterait de nom de Tiogé avant d'atteindre le Ngami et celui de Zouga entre ce dernier et le grand Makarikari.

En raison de son altitude moyenne (1.200 mètres) et de sa situation intertropicale, la région des Savanes possède un climat extrême : très chaud le jour, relativement froid la nuit. Les saisons y sont à l'inverse de celles du Soudan, la saison sèche de mai à novembre et la saison des pluies de décembre à avril.

La région des Savanes n'est habitée que par une population indigène clairsemée : ce sont les peuplades nègres Louchazés, Amboellos, Barotsés, Bocololos. Elle est infestée par la présence de la mouche tsétsé (glossina morsitans), dont la piqûre, à peu près inoffensive pour l'homme, est mortelle pour les animaux domestiques. Malgré la fertilité du sol sur certains points, les indigènes ne peuvent se livrer à l'élevage; ils sont agriculteurs, et l'habitude qu'ils ont d'incendier de temps en temps la savane, tant pour chasser les animaux malfaisants que pour engraisser la terre par les cendres, vient encore les priver de gibier. Cette absence de viande dans la nourriture habituelle de certaines peuplades du centre de l'Afrique semble, jusqu'à un certain point, devoir faire comprendre, sinon excuser, leur tendance à l'anthropophagie. Ici, comme dans l'Afrique équatoriale, les tribus naines se livrent à la chasse; ce sont les Mou-Kassé-Kouéré qui approvisionnent en viande, souvent séchée au soleil, les peuplades qui vivent de l'agriculture. Dans la région du lac Ngami, où la mouche tsétsé est inconnue, il existe du bétail.

La région des Savanes est limitée à l'ouest par une chaîne montagneuse d'une altitude moyenne de 1.600 mètres (mont Elonga, 2.300 mètres), séparée de l'océan Atlantique par une bande côtière d'alluvions large d'une soixantaine de kilomètres. Ces montagnes, bien arrosées par les vents qui viennent de l'Océan, sont couvertes d'épaisses forêts; quant à la bande côtière, elle est fertile, mais malsaine.

Les rivières qui viennent du plateau du haut Zambèze franchissent la zone montagneuse par une série de rapides et ne peuvent guère être utilisées comme voies de pénétration. Les plus importantes sont : la Kouanza, qui sort du lac Moussombo, à l'altitude de 1.650 mètres; le Kounéné, qui offre cette particularité que l'un de ses bras s'écoule, non vers l'Océan, mais dans l'intérieur, vers le lac Etocha.

Dans la partie orientale, la zone côtière est constituée par les terrasses qui descendent du plateau des Matabélés, du Mashona et du Manica. Elle comprend une bande alluvionnaire déposée par le Zambèze, le Poungoué, le Bosi, le Sabi, et dont la fertilité est très grande; mais le climat est malsain. Il n'en est pas de même de la région montagneuse, qui est à la fois fertile et très salubre; l'absence de la mouche tsétsé permet d'y mettre en valeur l'abondance des pâturages.

Région du Cap. — Depuis le Cap jusqu'au Limpopo,

s'étend une région montagneuse qui forme comme le soubassement de l'Afrique du Sud. C'est, dans la partie orientale, le Drakenberg, qui, avec une altitude moyenne de 2.000 mètres, a des sommets qui dépassent 3.000 mètres. Ce massif se prolonge au sud-ouest par deux chaînes parallèles, les monts Nieuweveld au nord, les Witte-Berge et les Zwarte-Berge au sud; leur altitude moyenne est de 2.000 mètres. Entre ces deux chaînes s'étend le plateau du Karrou, dont l'altitude est de 800 à 900 mètres.

Le Karrou offre une grande analogie avec les hauts plateaux algériens; les pluies y sont rares et la végétation sans vigueur. C'est une région d'élevage.

La zone côtière, généralement accidentée, comme le Tell algérien, est baignée, dans sa partie orientale, par un courant chaud venant de l'équateur en suivant le canal de Mozambique; elle est très fertile dans toute son étendue. Sur l'autre versant, où prennent naissance le fleuve Orange et son affluent le Vaal, ainsi que le Limpopo, se succèdent les très larges terrasses qui s'inclinent peu à peu pour se perdre dans la région du Kalahari.

Le fleuve Orange a une longueur d'environ 2.000 kilomètres; il est alimenté par les neiges de la région montagneuse, et, pendant la saison des pluies, il est sujet à des crues considérables; sur les plateaux, pendant la saison sèche, l'évaporation lui enlève une grande partie de ses eaux; il est barré enfin, à environ 600 kilomètres de son embouchure, par les chutes de Georges-IV. Son cours n'est donc pas favorable à la navigation.

L'Orange reçoit, à droite, le Caledon et le Vaal, soumis au même régime; dans la partie inférieure du cours du Vaal, se trouvent les riches gisements diamantifères de Kimberley.

C'est dans la région riche en mines d'or du Witwatersrand que prend naissance le Limpopo. Il décrit un vaste arc de cercle et se jette dans l'océan Indien par un estuaire large de 1.500 mètres; il reçoit à droite l'Olifant.

Le climat de la région du Cap est chaud, mais très salubre; la saison des pluies s'y étend de novembre à avril.

Entre la région du Cap et celle du Zambèze, s'étendent, le long de l'Orange, du Vaal et du Limpopo, des plateaux couverts de hautes herbes et favorables à l'élevage, la mouche tsétsé y est inconnue. Ces contrées sont peu arrosées, sauf pendant la saison des pluies, où elles sont couvertes de lacs et de cours d'eau temporaires; leur altitude varie entre 900 et 1.800 mètres.

Enfin, le désert du Kalahari, qui s'étend entre ces plateaux et le bassin du lac Ngami, est la partie la plus désséchée et la moins habitée de l'Afrique du Sud. Il a beaucoup d'analogie avec le Sahara; mais, moins étendu et plus rapproché de la mer; il jouit de températures moins extrêmes et possède un sol moins aride.

C'est un plateau d'une altitude moyenne de 900 à 1.200 mètres; il n'est pas complètement dépourvu de végétation, et le gibier y est assez abondant.

La population indigène, dans la région du Cap, comprend les diverses variétés de la race cafre; elle est, en général, intelligente et belliqueuse; elle s'accroît rapidement sous l'influence de la paix que lui a assurée le voisinage de la race blanche. Dans le Kalahari, se trouvent les Hottentots et les Bushmen. Entre les uns et les autres, vivent les Betchouanas, qui se livrent surtout à l'élevage des troupeaux.

Le plus célèbre des explorateurs de l'Afrique australe est l'Ecossais David Livingstone, pasteur protestant,

que nous avons vu explorer déjà la région du Tanganyika.

Il partit en 1849 du pays des Betchouanas, où il avait
fondé une mission, et, remontant vers le nord, atteignit
le lac Ngami, le Tchobé et le Zambèze. Après un retour
au Cap, il repartit, en 1852, pour compléter ses découvertes; il atteignit de nouveau le Zambèze, qu'il remonta
depuis son confluent avec le Tchobé jusqu'au lac Dilolo,
qu'il atteignit en 1853. De là, il marcha vers l'Ouest et
gagna Saint-Paul-de-Loanda; puis il revint dans le
pays des Bacololos et voulut descendre le Zambèze; il
découvrit, en 1855, les chutes Mosi-oa-Tounya, auxquelles il donna le nom de chutes Victoria; puis, quittant le fleuve, il marcha droit vers l'Est jusqu'au confluent du Chiré, qu'il reconnut; il arriva enfin à Quilimane en 1856, et, en décembre de la même année, il
était à Londres.

En 1858, il entreprit un nouveau voyage, parcourut
le cours du Zambèze et du Chiré et atteignit le lac
Nyassa. En 1866, il repartait de Londres pour poursuivre la série de ses découvertes; il reconnut les lacs
Moëro, Bangouéolo, Tanganyika, et enfin les cours su-
périeurs du Louapoulo et du Loualaba. Il mourut à
Kitambo, sur le lac Bangouéolo.

Le plus célèbre explorateur, après Livingstone, est le
major portugais Serpa Pinto, qui partit de Banguella
en 1877 et atteignit la Liba ou Zambèze supérieur. Il
descendit le fleuve jusqu'au confluent du Tchobé, visita
les chutes Victoria et se dirigea vers le Sud; il atteignit, en 1879, Durban (Port-Natal) en passant par
Chochong et Prétoria.

Enfin, les Portugais Capello et Ivens ont également
contribué à fixer les grandes lignes de la géographie de
l'Afrique australe. Partis de Mossamédès en 1884, ils

reconnurent la région du Kounéné et du Koubango; ils atteignirent le Loualaba, puis se dirigèrent vers le Sud jusqu'au Cafoué et, de là, gagnèrent Quilimane.

2· APERÇU HISTORIQUE

Ce sont les Portugais qui, les premiers, ont trafiqué dans l'Afrique australe; dès le xvᵉ siècle, ils prirent pied dans la région de l'Angola, et, plus tard, ils s'établirent également sur la côte de Mozambique. Ils purent croire, durant plusieurs siècles, que l'intérieur du continent entre leurs deux possessions, c'est-à-dire le bassin du Zambèze, leur appartenait; et cependant c'est du Cap, auquel ils abordèrent les premiers et qu'ils négligèrent d'occuper, qu'est parti le torrent qui, en ces dernières années, a menacé de les rejeter à la côte.

Au début du xviiᵉ siècle, les Anglais prirent possession du Cap; mais ils l'abandonnèrent bientôt.

C'est en 1652 que les Hollandais s'en emparèrent à leur tour et y fondèrent les premiers établissements européens, sous l'autorité de van Riebeck, représentant de la Compagnie néerlandaise des Indes orientales.

Après la révocation de l'édit de Nantes, un certain nombre de huguenots français (trois cents environ), qui s'étaient tout d'abord réfugiés en Hollande, arrivèrent au Cap, où la Compagnie leur concéda des terres; mais, sous l'influence de l'administrateur de la Compagnie des Indes, van der Stell, ils durent renoncer à leur langue d'origine, dont l'emploi leur fut interdit en 1709 pour les communications officielles et en 1724 pour le service religieux. Ils s'incorporèrent alors complètement dans la société néerlandaise, et il ne subsiste plus d'eux aujourd'hui que les noms patronymiques, qui sont restés français.

AFRIQUE AUSTRALE
Loande
Biné
Benguella
Nyassaland
Est africain allemand
I. Mafia
Cap Delgado
G^de Comore
I. Aldabraz
I. Cosmoledo
I. Glorieuses
Mayotte
Mahéli
Anjouan
Sud-Ouest africain allemand
Damaraland
Lac Etocha
Lac Ngami
Désert de Kalahari
Rhodesia
Matabélé
Mashona
Transvaal
État libre
Beïra
Sofala
Mozambique
Walfish Bay
Namaqua
Hottentots
Betchouanaland
B. d'Angra Pequeña
Pretoria
Mafeking
Johannesburg
Potchefstrooms
Harrismith
Lourenço Marques
Colonie du Cap
Kimberley
État d'Orange
Bloemfontein
Natal
Durban
Pietermaritzburg
Pondoland
Karrou
East London
Pt Nolloth
Springbook
Namaqua
Cape Town
C. de Bonne Espérance
Cap des Aiguilles
Pt Elizabeth
Pt Alfred
Tamatave
Ténériffe
Pt Louis
St Marie
Ilchalenl
Tamanarive
Tulléar
Tropique du Capricorne
Dauphin
France

L'influence du climat et des conditions particulières d'existence fit du mélange des deux races de la population du Cap un peuple spécial, qui semble avoir perdu une partie de ses affinités avec la grande famille européenne, dont il est issu, et qui s'est constitué une personnalité qui lui est propre : ce sont les Boers, qui ne sont ni Hollandais, ni Français, mais Afrikanders, comme ils se dénomment eux-mêmes.

En 1793, la tyrannie et les désordres administratifs du gouverneur van der Stell, fils du précédent, joints aux idées d'indépendance qui se firent jour à cette époque dans le monde, provoquèrent une insurrection au Cap. Les Anglais, toujours attentifs à assurer leurs communications avec les Indes et qui guettaient depuis longtemps l'occasion de s'emparer de cette contrée si importante au point de vue stratégique, obtinrent, en 1795, du prince d'Orange, qui s'était réfugié en Angleterre après la conquête de la Hollande par les armées françaises, l'autorisation d'occuper le Cap et s'empressèrent d'intervenir.

Néanmoins, en 1803, l'Angleterre, devant les préparatifs de débarquement entrepris par Napoléon, et dans le but de concentrer tous ses efforts dans la Manche, consentit à se retirer et rétrocéda le Cap à la République batave; mais, en 1807, elle réoccupa le Cap, et, finalement, elle s'en fit reconnaître la possession définitive par les traités de 1815. C'est en 1820 seulement que l'Angleterre commença à coloniser, par l'envoi de quatre mille émigrants au Cap.

Les Boers ne s'étaient soumis qu'après une vive résistance à la domination anglaise, et, en 1834, lors de l'abolition de l'esclavage, ils tentèrent de s'en affranchir complètement. Ne vivant que d'agriculture et d'élevage, ils avaient besoin de la main-d'œuvre indigène pour leurs exploitations, et cette mesure les ruinait. La plupart d'entre eux, abandonnant leurs fermes, chargèrent sur d'immenses chariots tout ce qu'ils possédaient et partirent à la recherche de terres nouvelles, où ils pussent vivre en dehors de l'ingérence des Anglais.

Les uns s'établirent au delà du fleuve Orange ; d'autres, sur le territoire de Natal, qu'ils durent conquérir contre les Zoulous ; ils y fondèrent, en 1838, la ville de Pieter-Maritzbourg.

En 1840, sous le prétexte, au moins bizarre, de protéger les Zoulous, les Anglais envahirent le territoire de Natal et s'emparèrent de Pieter-Maritzbourg. Ils soumirent tout le pays à leur domination et l'annexèrent, en 1843, à la colonie du Cap. Un certain nombre d'entre les Boers, franchissant le Drakenberg, pour échapper une fois encore à l'ingérence anglaise, se réunirent à ceux qui s'étaient établis le long du fleuve Orange, et ils fondèrent, en 1848, l'Etat libre d'Orange, avec Bloemfontein comme capitale.

Les Anglais ayant voulu soumettre à leur autorité cet Etat, une nouvelle émigration eut lieu sous les ordres de Prétorius, qui fonda la république du Transvaal, dont la capitale fut d'abord la ville de Potchefstrum, puis celle de Prétoria.

En 1850, l'Angleterre ne jugeant pas utile d'étendre indéfiniment son action dans l'Afrique australe, accorda à sa colonie du Cap des droits politiques et lui concéda un Parlement. Elle reconnut l'indépendance du Transvaal en 1852 et celle de l'Etat libre d'Orange en 1853. Enfin, en 1856, elle accorda à la colonie de Natal, qu'elle avait d'abord annexée à celle du Cap, un gouvernement particulier.

Ainsi, vers le milieu du xixe siècle, l'Afrique australe comprenait, outre les territoires portugais, la colonie du Cap avec ses dépendances, la colonie de Natal, l'Etat libre d'Orange et la république du Transvaal.

A partir de 1870, la politique des Anglais dans l'Afrique australe revêt une forme nouvelle; la découverte de richesses minières considérables leur fait abandonner leurs idées d'abstention, et ils s'emparent successivement du Basoutoland en 1875, du Griqualand occidental en 1880, du Griqualand oriental et du Betchouanaland en 1885, du Zoulouland en 1887, du Pondoland en 1894, sans compter les immenses territoires dont la Compagnie britannique de l'Afrique du Sud a pris possession sous l'instigation de M. Cecil Rhodes, et qui comprennent, sous le nom de Rhodesia, le Kamaland, le Matabéléland, le Mashonaland et la partie la plus riche du Manica.

Malgré la vive résistance qu'elle a toujours rencontrée chez les Boers, l'Angleterre n'a jamais désespéré de les réduire sous sa domination. Un moment, elle songea, pour arriver à ses fins, à se servir de la tribu belliqueuse des Zoulous. En 1872, ceux-ci avaient pour roi un homme à la fois énergique et intelligent, Cettivayo, dont les Anglais pensaient se faire un auxiliaire; ils lui fournirent toutes les armes qu'il voulut. Cettivayo organisa une armée redoutable et disciplinée; mais il se proposait de conquérir le Transvaal pour son compte personnel. Les Anglais s'en aperçurent et déclarèrent, le 12 avril 1877, ce pays annexé à leurs possessions; mécontent, Cettivayo ne craignit pas de le laisser voir à ses anciens alliés, et des conflits éclatèrent. Sommé par les Anglais de dissoudre son armée, il leur opposa un refus, et ceux-ci, partant de Natal, envahirent le Zoulouland en janvier 1879.

Dans la première partie de la campagne, les Zoulous furent partout victorieux : quatre colonnes anglaises avaient pénétré dans le Zoulouland; l'une d'elle fut anéantie complètement à Isandhlawana le 4 février; les autres ne furent guère plus heureuses les 12 et 28 mars.

Dans le courant de mai, les Anglais reprirent la campagne, et cette fois les Zoulous succombèrent sous le nombre. Ulundi, leur capitale, fut prise, et Cettivayo, fait prisonnier, fut emmené en Angleterre.

Son royaume fut divisé en treize districts indépendants les uns des autres et placés sous des chefs soumis à l'autorité britannique. L'anarchie fut telle qu'on dut rappeler Cettivayo, et il fut replacé sur son trône en 1883. Le Zoulouland fut définitivement annexé à la colonie de Natal en 1887.

L'annexion du Griqualand occidental et du Betchouanaland aux possessions anglaises a été motivée par la découverte de riches gisements diamantifères dans ces régions. En 1867, un diamant avait été découvert fortuitement dans une collection de cailloux appartenant à un Boer, et, en 1869, le « Star of South Africa », diamant d'une valeur de 600.000 francs, était acheté pour 10.000 francs à un sorcier indigène (1).

L'État libre d'Orange avait des droits sur le Griqualand; mais, devant les revendications anglaises, il consentit, moyennant une indemnité, à l'abandon du territoire contesté. Celui-ci fut annexé à la colonie du Cap en 1880.

C'est alors que commence la transformation de l'Afrique du Sud; l'attention de l'Europe se porte sur cette région; deux villes considérables, Beaconsfield et Kimberley, y sont créées en quelques mois; un chemin de fer est construit pour les relier à la côte.

---

(1) En vingt ans, les mines du Griqualand ont produit pour plus d'un milliard de diamants.

L'Allemagne entre bientôt en scène; un Wurtembergeois avait signalé, en 1865, de riches placers d'or dans la région du Mashona, des Matabélés et du Transvaal; certains points du Mashonaland avaient même été gratifiés de noms allemands (mont Moltke, mont Bismarck, etc.). Ce fut un prétexte, et M. de Bismarck fit occuper les côtes du Damara et du grand Namaqua, pendant qu'il cherchait à étendre son influence sur le Transvaal. Les Allemands avaient formé le projet de s'emparer de la baie de Sainte-Lucie, pour y créer un port, et de construire, à travers l'Afrique du Sud, un chemin de fer pour relier leurs possessions de la côte ouest au port de Lourenço-Marquez, en traversant le Transvaal.

Les Anglais, qui n'avaient pas prévu la prise de possession des côtes occidentales par les Allemands et qui voyaient dans ce voisinage un danger, mis au courant de ces projets, s'empressèrent de s'y opposer. Ils occupèrent la baie de Sainte-Lucie et déclarèrent, en 1888, leur protectorat sur toute la région intérieure de l'Afrique australe : Betchouanaland, Kamaland, Matabéléland.

Mais un nouveau gêneur survint : le Portugal. Ce pays avait des droits séculaires sur une grande partie de l'Afrique australe, et, prévoyant les effets de l'avidité anglaise sur ces régions, il avait voulu, dès 1880, faire reconnaître par l'Angleterre la jonction de ses possessions de l'Atlantique avec celles de l'océan Indien, soit entre les territoires d'Angola et ceux de Mozambique.

L'Angleterre avait proposé, en février 1884, un traité qui, tout en reconnaissant au Portugal la continuité entre ses possessions de l'Est et de l'Ouest, limitait les droits de ce pays dans la région du lac Nyassa, où la

Compagnie anglaise des Lacs avait fondé plusieurs postes, en particulier la ville de Blantyre, et ouvert des communications, par le Chiré, entre le lac Nyassa et le Zambèze. Mais le Portugal n'accepta pas ce traité, et, lorsque, en 1888, l'Angleterre plaça le pays des Matabélés sous son protectorat, en soutenant les prétentions que leur roi Lobenguela émettait sur le Mashonaland, il déclara, en novembre 1889, cette dernière région territoire portugais.

L'Angleterre envoya, en janvier 1890, un ultimatum au Portugal et menaça Lisbonne d'un bombardement; des négociations s'ouvrirent, dans lesquelles les exigences des Anglais furent plus grandes qu'en 1884. Ils signifièrent aux Portugais, le 20 août 1890, un traité qui établissait la suzeraineté de l'Angleterre sur tous les territoires du pays des Matabélés, du Mashona, du moyen Zambèze, du Barotsé, du haut Chiré, et du lac Nyassa, ne laissant au Portugal, pour maintenir en communication ses territoires, qu'une bande d'une quarantaine de kilomètres de largeur le long du Zambèze.

Le gouvernement portugais ne ratifia pas ce traité, et, le 14 novembre 1890, un « modus vivendi » lui fut substitué en attendant que des arrangements définitifs fussent pris. C'est alors qu'entre en scène la British South Africa Company et M. Cecil Rhodes, dont nous étudierons plus loin l'action.

Quoi qu'il en soit, l'empire que l'Angleterre s'est constitué dans l'Afrique australe s'étend aujourd'hui du Cap jusqu'au lac Tanganyika, soit du 35ᵉ au 9ᵉ degré de latitude méridionale. Sa superficie est, non compris le Transvaal et l'État d'Orange, de 3.800.000 kilomètres carrés; elle est dix fois plus étendue que ne l'était celle de la colonie du Cap, lorsqu'elle en prit possession au début du siècle. Sa population est de 3 millions d'habitants, dont 420.000 blancs, tandis qu'en 1815 les colonies néerlandaises ne comptaient que 26.000 Européens et 47.000 indigènes.

Il faut joindre à ces immenses possessions les territoires des deux républiques d'Orange et du Transvaal, fondées par les descendants des premiers colons hollandais et Français que les Anglais viennent d'annexer à leur empire et qui, sur un territoire de 440.000 kilomètres carrés, comptaient ensemble, avant la dernière guerre environ 300.000 blancs et 800.000 indigènes.

Le commerce de l'ensemble des pays de l'Afrique australe atteignait au début de l'année 1900, 350 millions pour l'importation et 375 millions pour l'exportation. En 1807, le commerce total des établissements néerlandais ne dépassait pas le chiffre de 4 millions ; en 1870, celui de la colonie du Cap atteignait à peine 195 millions.

L'Angleterre ne désespère pas d'être un jour maîtresse absolue de toute l'Afrique australe ; qu'elle obtienne une bande territoriale de quelques kilomètres de largeur le long de l'Etat indépendant du Congo, pour relier le lac Tanganyika à ses possessions de l'Ouganda, et le rêve de M. Cecil Rhodes (construire une voie ferrée du Cap au Caire sur territoire anglais) pourra se réaliser.

Nous avons vu que cette bande territoriale, l'Angleterre l'a obtenue un instant par le traité du 12 mai 1894, conclu avec l'Etat indépendant du Congo, et que ce n'est qu'à la suite des réclamations de la France et de l'Allemagne que ce traité a été annulé.

Un arrangement avec l'Allemagne ou l'Etat du Congo pourrait favoriser le projet anglais en permettant le passage de la voie ferrée sur leurs territoires.

La politique anglaise sait attendre ; elle ne perd jamais de vue le but qu'elle s'est une fois donné. A nous

de veiller sur ses agissements et d'être attentifs, si nous
ne voulons pas la voir un jour maîtresse de toute l'A-
frique.

3· LA RHODÉSIA

Jusqu'en 1884, le fleuve Orange formait la limite
septentrionale des possessions anglaises dans l'Afrique
du Sud. La civilisation était encore représentée, dans
son bassin supérieur et dans celui de son affluent le
Vaal, par les républiques boers et la province diamantifère du Griqualand occidental; mais, au nord de son
cours moyen et inférieur, commençait le domaine de
l'inconnu. C'est une région presque déserte, de plus en
plus désolée à mesure qu'on se rapproche du Kalahari.

Quoique les pays qui s'étendent du Vaal et du Limpopo vers l'Atlantique n'aient pas une grande valeur
par eux-mêmes, ils n'en possèdent pas moins une certaine importance, parce qu'ils constituent, pour les Anglais du Cap, la seule voie qui leur permette d'atteindre
le Zambèze et la région des Grands Lacs, ainsi que les
plateaux riches en mines d'or et favorables comme
climat aux Européens (Matabéléland, Mashonaland,
etc.). C'est à ce titre que les habitants du Cap, dans la
crainte de les voir tomber aux mains des Allemands ou
du Transvaal (1), poussèrent l'Angleterre à s'en emparer.

Ces territoires comprennent environ 1.800.000 kilomètres carrés, tant au nord qu'au sud du Zambèze; ils
sont limités, au Nord, par l'État indépendant du Congo;
à l'est, par l'Est africain allemand, les possessions portugaises et le Transvaal; au sud, par l'Etat libre d'O-

------

(1) En 1868, le président Prétorius avait déclaré la souveraineté du
Transvaal étendue jusqu'au lac Ngami.

range et la colonie du Cap; à l'ouest, par le Sud-Ouest africain allemand et les possessions portugaises.

Sur cet ensemble, le Matabéléland et le Mashonaland, qui forment la Rhodésia et s'étendent sur environ 300.000 kilomètres carrés, entre la vallée moyenne du Zambèze et le Limpopo, constituent, par le climat et la situation géographique, la seule région vraiment susceptible d'être mise en valeur par les Européens. Les autres parties, telles que le Ngamiland, avec ses marécages salés, l'Afrique centrale britannique au nord du Zambèze, le Kalahari, sont ou stériles ou malsaines, et par cela même peu favorables à la colonisation.

Les plateaux de la Rhodesia s'abaissent en terrasses, à l'ouest, vers le Ngamiland et, à l'est, vers les possessions portugaises. Ils font partie de la zône montagneuse qui s'étend sur la côte africaine du Cap à l'Abyssinie. Les vallées du Zambèze et du Limpopo échancrent profondément cette zone montagneuse, en séparant la Rhodesia du Nyassaland et du Transvaal.

L'altitude moyenne des terrasses de la Rhodesia dépasse rarement 1.500 mètres; quelques hauteurs isolées atteignent 2.000 mètres. Enfin, plus de la moitié de la superficie est à une altitude supérieure à 1.000 mètres et offre des conditions climatériques favorables aux Européens.

Cette région, bien que placée sous le tropique, présente, même en été, des nuits généralement fraîches; les gelées nocturnes n'y sont pas rares en juillet et août. Les écarts de la température entre le jour et la nuit, ainsi que la chaleur humide pendant la saison des pluies, sont, il est vrai, plus sensibles et plus difficiles à supporter qu'au Transvaal; mais les pluies y sont plus régulières, et il en tombe même quelques-unes pendant la saison sèche, de juin à octobre.

Les richesses minérales de ces régions, reconnues depuis peu d'années, paraissent cependant avoir été exploitées dès les temps les plus reculés. On y rencontre des ruines de constructions cyclopéennes (1), enceintes fortifiées qu'avaient dû édifier les premiers chercheurs d'or pour se défendre contre les populations indigènes, auxquelles ils n'appartenaient certainement pas.

C'étaient évidemment des hommes de race blanche; les vestiges laissés par eux en font foi, et les légendes répandues sur l'empire de Monomotapa tirent leur origine de la découverte de ces mines longtemps perdues de vue et retrouvées de nos jours. On croit généralement que cette contrée est le fameux pays d'Ophir, où Hannon venait de Carthage charger d'or ses navires. Il est possible également, malgré les légendes répandues en Abyssinie, que la rivière Sabi, qui coule entre le Zambèze et le Limpopo, tire son nom de l'antique pays de Saba, dont l'une des reines visita Salomon et lui offrit de riches présents en or et en pierres précieuses.

Bien que ces antiques chercheurs d'or aient disparu en ne laissant que des traces de leur passage, les indigènes, qui avaient dû travailler pour eux, comme esclaves sans doute, ont conservé quelques notions de l'art du mineur, quoique avec des moyens d'action beaucoup moindres, car les établissements portugais de la côte ont exporté, jusqu'en ces derniers temps, de la poudre d'or venue de l'intérieur.

Lorsque l'Allemagne songea à se constituer des colonies, c'est certainement sur ces régions qu'elle jeta son dévolu; mais, pour les atteindre, elle ne pouvait agir par l'océan Indien, dont les côtes appartenaient au

____

(1) La plus importante de ces ruines est à Zimbabye, au sud de Fort-Victoria, dans le Mashonaland.

Portugal ; c'est alors qu'elle prit possession, en 1884, des côtes du Damaraland et du Namaqualand.

De là, on pouvait, en s'étendant vers l'Est, atteindre les richesses convoitées. L'Allemagne songeait, en s'appuyant d'une part sur ces nouvelles possessions et d'autre part sur le Transvaal, à constituer dans l'Afrique du Sud un vaste empire colonial germanique, qui aurait compris tous les pays s'étendant entre le Zambèze, le Limpopo et le fleuve Orange.

Mais l'Angleterre, qui entretenait depuis le commencement du siècle des missions religieuses dans le Mashonaland et le Matabéléland, s'empressa d'occuper militairement le Betchouanaland et de déclarer tout le pays jusqu'au Zambèze soumis à son influence. Le Betchouanaland fut organisé par l'Angleterre en colonie de la couronne, et, en 1888, le roi des Matabélés, Lobenguela, accepta le protectorat anglais.

Les Matabélés sont les descendants d'une tribu zoulou qui, en 1817, quitta le Zoulouland, sous les ordres du chef Masilikatze, et s'établit entre le fleuve Orange et le Vaal, sur le territoire actuel de l'Etat d'Orange, après en avoir exterminé les habitants. En 1836, lorsque les Boers, quittant la colonie du Cap, s'établirent au nord du fleuve Orange, ils chassèrent les Matabélés, qui se retirèrent au delà du Vaal d'abord, puis au delà du Limpopo. Ils atteignirent alors la région du Mashona, habitée par une population paisible, qu'ils vainquirent sans peine, et s'établirent sur les versants occidentaux des plateaux du Mashona. C'est à leur présence dans ces régions qu'est due la rupture des relations qui existaient entre les établissements portugais et l'intérieur du continent. Ils ont donc été, par leurs mœurs dévastatrices, les auxiliaires inconscients de la politique anglaise.

Au moment où Lobenguela acceptait le protectorat anglais, le Transvaal se préparait à occuper la riche région de pâturages du Mashonaland. Des doutes pouvaient s'élever sur les limites des territoires des Matabélés et être la source de contestations de la part des Boers ; aussi M. Cecil Rhodes, qui avait déjà formé le rêve de réunir les possessions anglaises de l'Afrique australe à l'Egypte, provoqua-t-il la création de la Compagnie britannique de l'Afrique du Sud et obtint-il pour elle, en octobre 1889, une charte royale, qui lui concédait l'administration de tous les territoires nouvellement placés sous le protectorat anglais. Il voulait également que la Compagnie s'emparât du Matabéléland proprement dit, et l'insurrection des Matabélés vint en 1893 lui en fournir l'occasion.

Les agissements de la Compagnie de l'Afrique du Sud n'avaient pas tardé à provoquer le mécontentement de Lobenguela : construction des forts Salisbury, Charter et Victoria, protection ostensible accordée aux Mashonas, ennemis des Matabélés. Et, prenant prétexte d'agressions qui auraient été commises pour ces raisons par Lobenguela, la Compagnie entra en campagne dans le courant de septembre 1893.

M. Cecil Rhodes avait eu l'habileté, pour s'assurer le concours du gouvernement anglais, d'introduire dans la charte de concession une clause qui accordait à ce dernier un droit de contrôle sur les actes de la Compagnie. Mais, dans le cas présent, il voulait mettre le gouvernement anglais en face d'un fait accompli. Aussi, lorsque le détachement anglais qui marchait sur Buluwayo, capitale des territoires de Lobenguela, arriva devant cette ville, il la trouva occupée par les troupes de la Compagnie venues des forts Salisbury, Charter et Victoria.

M. Cecil Rhodes, refusant une garnison anglaise, prit possession du Matabéléland au nom de la Compagnie britannique de l'Afrique du Sud et procéda à la vente des territoires des Matabélés, sans plus s'occuper de Lobenguela (1) que s'il n'avait jamais existé.

L'organisation politique donnée au Matabéléland par la Compagnie date du mois de mai 1894; cette organisation prouve que l'Angleterre a ratifié la prise de possession. En effet, ces territoires ne sont ni placés sous l'administration du haut commissaire britannique de l'Afrique australe, ni constitués en colonie de la Couronne; ils forment une sorte de protectorat placé sous le contrôle de la British South Afrika Company et sont officiellement désignés, depuis le mois de juin 1895, sous le nom de Rhodesia.

4' M. CÉCIL RHODES ET LES PROCÉDÉS ANGLAIS

Cet homme, qui, quoi qu'on en dise, est aujourd'hui le maître de l'Afrique du Sud, est arrivée en ces contrées dans les conditions les plus modestes. Fils d'un simple pasteur protestant, condamné comme phtisique dans son pays, il débarque au Cap et se met chercheur de diamants aux environs de Kimberley. Doué d'une intelligence supérieure et d'une énergie extraordinaire, il profite des faveurs de la fortune pour s'instruire, afin d'être suffisamment armé pour entreprendre de jouer le rôle dont il se sent capable.

De 1881 à 1884, il fait partie du ministère de la colonie du Cap; en 1890, il est premier ministre. Il dirige la Compagnie à charte de l'Afrique du Sud, les mines de diamants de Beers et les Consolidated Goldfields.

----

(1) Lobenguela mourut quelques mois après cet acte de piraterie.

D'une indomptable énergie et d'une volonté sans scrupules, il ne recule pas devant les moyens violents pour atteindre son but. Comme tous les grands politiques et les ambitieux, il met l'intérêt général au-dessus des intérêts particuliers, surtout quand ceux-ci n'appartiennent pas aux siens.

C'est à lui que les Portugais doivent d'avoir été dé-dépossédés des immenses territoires sur lesquels ils croyaient avoir des droits imprescriptibles; c'est lui qui a provoqué l'insurrection des Matabélés, dans le seul but de s'emparer de leur pays; lui enfin qui a été l'âme de la tentative de Jameson contre le Transvaal.

Si la présence d'un tel homme est dangereuse pour ses voisins, il n'est pas moins vrai que son action est fort utile à ses compatriotes et à son pays. Sans doute d'autres ont été frustrés; mais ce n'est pas pour les laisser improductives qu'il s'est emparé d'immenses régions qui étaient leurs. Grâce à sa prodigieuse activité, il sait les mettre en valeur et préparer la voie à la civilisation; c'est là ce qui peut racheter ses actes devant l'humanité.

Il rêve de voir un jour l'Afrique entière soumise au joug britannique, et, s'il a limité son action personnelle sur l'Afrique australe, il s'efforce de préparer l'œuvre d'ensemble. En attendant l'établissement d'un chemin de fer entre l'Egypte et la colonie du Cap, il fait hâter la construction d'une ligne télégraphique. Il a créé une Compagnie télégraphique transafricaine dont le fil, partant du Cap, a atteint le lac Nyassa en juillet 1897 et se prolonge vers le Tanganyika.

Moins de trente ans se sont écoulés depuis qu'a commencé la transformation de l'Afrique australe, et les résultats sont déjà prodigieux. En 1870, les deux colonies du Cap et de Natal vivaient isolées, séparées qu'elles

étaient par la Cafrerie britannique (Griqualand oriental, Pondoland, Basoutoland, Transkaï), annexée aujourd'hui à la première, et, au nord de la seconde, le
Zoulouland et l'Amatongaland étaient encore indépendants. Les républiques d'Orange et du Transvaal formaient des Etats fermés et en dehors du courant commercial des nations civilisées. Il fallait deux mois pour
se rendre du Cap au Transvaal, que l'on peut atteindre
aujourd'hui en deux jours. Tout l'intérieur du continent était inconnu, et l'on n'entrevoyait pas encore que
les voyages de Livingstone pourraient avoir des résultats autres que le pur intérêt géographique et qu'ils
allaient, au contraire, ouvrir un vaste champ à l'expansion de la puissance anglaise.

Si nous cherchons à nous rendre compte de la façon
dont l'Angleterre a procédé à cette expansion, nous
voyons que partout elle a abusé de la force. En 1871,
elle s'annexe la région diamantifère du Griqualand occidental, en dépit des droits de l'Etat d'Orange, auquel
elle offre une indemnité..... ou la guerre. En 1877, elle
s'annexe purement et simplement le Transvaal mais
sans succès, car la population énergique de cet Etat
réussit à se reprendre. En 1879, après avoir été les alliés
de Cettivayo, roi des Zoulous, les Anglais prennent om-
brage de sa puissance et finalement le dépossèdent de
ses Etats. En 1891, après avoir menacé Lisbonne d'un
bombardement, ils s'attribuent la région du lac Nyassa
et le bassin moyen du Zambèze, au mépris des droits
séculaires du Portugal. En 1893, ils font une guerre
injuste aux Matabélés dans le seul but de s'annexer
leur pays. En 1895, prétextant des dissensions qui existaient entre les Boers et leurs compatriotes fixés au
Transvaal, ils complotent la prise de possession brutale
de ce pays, qui ne dut momentanément son salut qu'à

l'énergie de ses habitants. Enfin, pour maintenir leur autorité sur les indigènes, ils n'hésitent pas à les terrifier par des répressions impitoyables, témoin celle qui a eu lieu dans le Matabéléland en 1896.

Pour se justifier de ces violences, les Anglais prétendent être les pionniers de la civilisation, alors qu'ils ne travaillent que pour eux-mêmes; leur avidité est insatiable, et, lorsqu'un territoire quelconque tombe entre leurs mains, ils le mettent en coupe réglée.

Le mot de colonie d'exploitation est applicable, dans toute son acception, à la plupart de leurs possessions — même aux colonies dites de peuplement, dont ils n'hésitent pas à exterminer au besoin les indigènes pour se créer de la place, témoin l'Ouganda. Est-ce que, s'ils agissaient dans un but philanthropique et pour développer chez les populations arriérées les bienfaits de la civilisation, la famine n'aurait pas dû disparaître depuis longtemps d'un pays aussi riche que l'Inde? Il eût suffi pour cela d'avoir un peu de prévoyance. Mais les revenus seraient diminués, et c'est ce qu'il faut éviter. D'ailleurs la famine n'est-elle pas là leur meilleure auxiliaire? Elle fait mieux apprécier leur puissance, en donnant d'eux une crainte salutaire aux malheureux qui sont soumis à ses effets.

Les actes commis contre l'État d'Orange en 1871 et contre le Transvaal en 1895 sont de purs abus de la force. L'État d'Orange n'avait entravé en rien l'exploitation des mines diamantifères de Kimberley, laquelle aurait parfaitement pu se faire aussi bien sous sa juridiction; mais laisser une part de ces richesses à d'autres, John Bull ne le pouvait pas! Dans le Witwatersrand, les Uitlanders, se croyant les plus forts parce qu'ils étaient les plus nombreux, ne se gênaient pas pour afficher hautement leurs intentions de faire incorporer le

Transvaal dans les possessions anglaises. Il n'y avait donc rien d'étonnant à ce que les Boers, menacés de ne plus être maîtres chez eux, aient manifeté peu de sympathies à leur égard. Ici encore, rien ne justifiait l'escapade de Jameson.

Quant au Portugal, pour justifier leurs actes à son égard, les Anglais prétendirent que, depuis quatre siècles que cette puissance possédait virtuellement la région du Zambèze, l'occupation effective de l'intérieur du continent n'avait jamais eu lieu, et même que les limites de la zone d'action des trafiquants portugais avait diminué depuis la fin du xvi° siècle.

Les Matabélés, comme nous l'avons vu, ont, par leur présence, limité l'action du Portugal vers l'intérieur, et le point le plus éloigné de leur occupation est aujourd'hui la ville de Zambo, qui n'est qu'à environ 700 kilomètres de la côte, alors que le continent en compte 2.400 de largeur sous cette latitude.

Pendant les pourparlers entre l'Angleterre et le Portugal, après le refus fait par celui-ci de ratifier le traité de 1884 et la fin de non-recevoir opposée à la transaction proposée par l'Angleterre en mai 1889, M. Cecil Rhodes voulut prendre en main la mise à exécution des projets anglais. Il réunit toutes les sociétés minières en une association et créa, en octobre 1889, la Bristish South Afrika Company, dont il prit la direction. Afin de s'assurer l'appui de la métropole, il eut l'habileté d'y intéresser les noms les plus marquants de l'Angleterre. Il obtint pour la Compagnie une charte royale, qui lui déléguait les droits souverains du gouvernement britannique sur les territoires réservés à son champ d'action, et, pour engager la responsabilité de la Grande-Bretagne, il eut soin d'introduire une clause par laquelle

le gouvernement anglais se réservait d'exercer une sorte
de contrôle sur les actes de la Compagnie.

Profitant de la situation vague établie par le « modus
vivendi » du 14 novembre 1890, la Compagnie s'empara
par la force du territoire du Manica, au mépris absolu
des droits du Portugal. Une société portugaise exploi-
tait cependant, depuis 1888, les gisements aurifères du
Manica; mais c'était là une concurrence gênante dont
il importait de se débarrasser.

Sur l'instigation de M. Cecil Rhodes, l'Angleterre fit
au Portugal de nouvelles propositions, dans lesquelles
elle attribuait en toute propriété à la Compagnie de l'A-
frique du Sud le Manica et un territoire sur les deux
rives du Chiré. Comme compensation, elle consentait à
reconnaître au Portugal une extension de territoire
assez considérable au nord du Zambèze; de plus, les
deux puissances se reconnaissaient réciproquement un
droit de préemption en cas de liquidation des territoires
concédés. Sentant que toute résistance serait inutile
pour arrêter le flot qui le débordait et lassé par près de
sept années de luttes, le Portugal, menacé d'une crise
financière des plus graves, finit par céder.

Le traité du 28 mai 1891 fixe les limites des possessions portugaises dans la partie orientale de l'Afrique
australe; il contient les clauses suivantes : La limite
entre les possessions anglaises et portugaise part de la
rive orientale du lac Nyassa, à 13° 30' de latitude méridionale, rejoint le lac Chiroua, suit le cours du Ruo et
celui du Chiré jusque vers Tchiouanga, en laissant
Blantyre aux Anglais. Elle se dirige ensuite vers le
Nord, s'éloignant jusqu'à 200 kilomètres environ du
Zambèze, coupe le fleuve en amont de Zambo et se dirige
ensuite vers l'Est, à une soixantaine de kilomètres environ et à peu près parallèlement au fleuve jusqu'à son

confluent avec le Mazoé. De ce point, elle va rejoindre, vers le Sud, la frontière du Transvaal, en laissant aux Anglais le Manica et aux Portugais le Massikessé.

De plus, le Portugal consent à établir et à faire respecter la libre navigation du Zambèze, du Limpopo, du Sabi, du Poungoué et du Chiré, conformément aux règles établies pour la navigation du Congo. Il s'engage à construire un chemin de fer et une ligne télégraphique depuis le Manica jusqu'au port de Beïra, à l'embouchure du Poungoué.

Ainsi, le Portugal est dépouillé de son bien, et il est tenu encore de faire les frais des voies de communications à l'aide desquelles l'usurpateur va procéder à son exploitation.

Quelle leçon pour les peuples nous donne l'issue de cette lutte ! La moralité à en tirer, c'est que le faix, si lourd soit-il, qu'un peuple consent à supporter pour être un peuple fort, ne doit jamais lui sembler trop pesant.

Persuadons-nous bien que, dans la lutte pour l'existence, les efforts, quelque violents qu'ils puissent être, que fera la France pour se maintenir à son rang de grande nation ne seront jamais superflus et que les sacrifices qu'elle pourra être tenue de s'imposer pour atteindre ce but ne seront jamais trop grands. Il faut être fort, et même redoutable, si l'on veut être respecté.

5° L'ORGANISATION DES POSSESSIONS ANGLAISES

Si c'est par la force que, comme nous l'avons vu, l'Angleterre s'est emparée des immenses territoires qu'elle occupe aujourd'hui dans l'Afrique australe, il n'en est pas moins vrai que, dans leur mise en valeur, elle procède avec la plus sage prudence.

Là, plus que partout ailleurs, elle a mis en action son habileté colonisatrice. Suivant la proportion des Européens par rapport au nombre des indigènes, et suivant le degré de civilisation de ces derniers, le régime de gouvernement varie; les possessions de la Grande-Bretagne n'y forment pas moins de neufs systèmes politiques différents. Pas un seul instant et dans aucun lieu l'idée d'unification ou de centralisation n'a été émise.

Dans cette variété des régimes politiques adoptés, un principe unique se fait jour : donner aux Européens le plus de libertés possible, tout en respectant les coutumes et, jusqu'à un certain point, les droits des indigènes, afin de n'avoir rien à redouter d'eux lorsque leur soumission a été une fois obtenue.

La colonie du Cap jouit, depuis 1872, de la plénitude du gouvernement responsable et parlementaire; mais son gouverneur est nommé par la Reine (1); il est, en même temps, haut commissaire de la Couronne pour toutes les possessions britanniques de l'Afrique australe, sauf cependant pour la colonie de Natal et les protectorats du Zoulouland et de l'Amatongaland, qui sont soumis à un régime spécial.

La colonie du Cap n'est unifiée que depuis 1894, par l'annexion des quatre territoires qui forment la Cafrerie britannique et dans lesquels la population indigène est fortement organisée. Cette population, qui est de 560.000 individus pour 10.000 blancs, ne connaît pas la propriété individuelle, et on a dû lui constituer de vastes réserves pour permettre aux Européens d'acquérir des terres; de là encore, un régime particulier.

La colonie de Natal n'a obtenu le gouvernement au-

---

(1) Il a, comme nous l'avons vu précédemment, un pouvoir fort limité sur la colonie du Cap elle-même.

tonome que depuis 1893 ; mais les affaires indigènes y sont soumises à l'autorité d'un gouverneur nommé par la Couronne.

Le Betchouanaland, qui était resté, jusqu'à la fin de 1895, colonie de la Couronne, a été jugé alors suffisamment civilisé pour se gouverner lui-même, et il est aujourd'hui représenté au Parlement de la colonie du Cap.

En dehors de ces trois régions, qui jouissent du gouvernement parlementaire, viennent les pays où est établi le principe du protectorat, lequel est non pas simplement diplomatique, mais bien administratif. Dans le Basoutoland, le Zoulouland et l'Amatongaland, tout en s'annexant leur pays, l'Angleterre a laissé aux chefs indigènes une puissance relative, sous la haute autorité du gouvernement du Cap pour le Basoutoland, et du gouverneur de Natal pour le Zoulouland et l'Amatongaland.

Dans ces trois contrées, où la propriété indigène est collective, on a jugé qu'il serait sage d'interdire aux blancs de s'établir pour coloniser ; seuls, les commerçants et les mineurs peuvent obtenir des autorisations spéciales, individuelles et ayant un caractère temporaire. On a voulu ainsi éviter des conflits avec ces tribus belliqueuses et turbulentes.

Au nord de la colonie du Betchouanaland, le protectorat du même nom s'étend jusqu'aux limites méridionales de la Rhodesia. Ce vaste territoire est ouvert aux Européens, et la voie ferrée qui en parcourt la partie orientale favorisera certainement leur établissement ; quant aux indigènes, des contrées de culture et de chasse leur ont été réservées.

Au nord du Zambèze, le Nyassaland forme un protectorat dont l'organisation est encore à l'état embryonnaire; il est probable que, lorsque la Compagnie sud-africaine se trouvera à l'étroit dans la Rhodesia, elle commencera la mise en valeur de cette région.

L' « Illustrated official Handbook of the Cape and South Afrika » a publié en 1893 un relevé, que nous donnons ci-dessous, de la population des différents Etats africains au sud du Zambèze; le protectorat du Nyassa-land n'y figure donc pas :

	Blancs.	Indigènes.
Colonie du Cap	376.087	1.350.237
Colonie du Natal	42.750	512.817
Zoulouland	548	145.336
Amatongaland	»	80.000
Basoutoland	578	218.324
Betchouanaland britannique	5.284	55.122
Betchouanaland (protectorat)	500	110.000
Rhodésia	2.500	250.000
Etat libre d'Orange	77.716	129.787
Transvaal (avec le Zwaziland)	100.000	712.500

La population du Cap, de Natal et de l'Orange a été revisée en 1891; les autres chiffres reposent sur des estimations; avant la guerre des Boers, la population du Transvaal devait dépasser le chiffre de 200.000 habitants de race blanche. Il y aurait donc dans l'Afrique australe, au sud du Zambèze, sans compter ni les établissements allemands, ni les établissements portugais, plus de 700.000 blancs contre 3.500.000 indigènes.

Dans plusieurs de ces Etats, la proportion de la population d'origine européenne est bien faible, par rapport au nombre des indigènes; ceci expliquerait, jusqu'à un certain point, la sévérité avec laquelle l'Angleterre procède aux répressions qu'elle croit utiles pour le maintien de son autorité, en partant de ce principe que la sécurité est la première de toutes les conditions pour le développement d'une colonie. Rétablir l'ordre et le maintenir à tout prix, en faisant des exemples, afin d'éviter de longues séries de troubles capables de faire couler plus de sang, telle paraît être la caractéristique de la politique anglaise dans ses colonies ; car, lorsqu'elle a produit sur l'imagination impressionnable des indigènes l'effet qu'elle recherchait, elle les traite assez bien et leur assure une paix favorable à leur multiplication.

L'avantage le plus clair que l'Angleterre tire de ce système, c'est la possibilité de n'entretenir dans ses possessions que des garnisons relativement très faibles. Au Cap, il n'y a, en temps normal, qu'un régiment de troupes permanentes, et son rôle est de garder cette importante position stratégique sur la seule route qui pourrait vraisemblablement être utilisée, en cas de guerre, pour se rendre d'Europe aux Indes. Dans l'intérieur, il n'y avait avant la guerre du Transvaal que des forces de police, dont le recrutement se faisait dans le pays même : au Cap, leur effectif était de 850 hommes ; à Natal, il était de 200 hommes ; dans le Betchouanaland britannique, il était de 450 hommes ; la Compagnie sud-africaine enfin comptait une force à peu près égale à cette dernière dans la Rhodesia. Soit en tout environ 2.000 hommes de troupes permanentes, auxquelles il y a lieu d'ajouter une milice formée de divers corps de volontaires et qui comptait 5.500 hommes au Cap, 2.000 à Natal et 500 dans la Rhodesia.

Telles sont les forces à l'aide desquelles l'ordre et la paix pouvaient être assurés sur un ensemble de territoires de plus de 2.000.000 de kilomètres carrés.

Si la sécurité est une des conditions primordiales du succès dans le développement des colonies, il en est une autre non moins importante : c'est la création de voies de communications.

Sur bien des points des possessions britanniques, on a encore recours au transport par chariots à bœufs ; ce mode de transport, essentiellement lent par lui-même, est encore rendu plus difficile soit par les épizooties, assez fréquentes dans ces régions, soit par la présence de la mouche tsétsé, qui infeste quelques districts, principalement dans les basses vallées. Il faut alors avoir recours aux ânes, qui, seuls parmi les animaux de trait ou de bât, résistent à ses piqûres, et il n'est pas rare de voir ces animaux attelés par vingt ou vingt-deux aux chariots. A ces difficultés, d'autres non moins importantes viennent s'ajouter : pendant la saison des pluies, les crues des cours d'eau et le détrempement du sol ; pendant la saison sèche, la rareté des fourrages et de l'eau. Pour ces différentes raisons, ce mode de transport est très dispendieux.

En 1870, il existait seulement 54 kilomètres de voies ferrées au Cap et 5 kilomètres à Natal ; depuis cette époque, des progrès considérables ont été réalisés, et, en raison du développement qu'ont pris les possessions anglaises, tout un réseau de voies de communications a dû être créé.

On n'a pas perdu du temps à construire des routes, moyen de communication suranné ; à chaque saison des pluies, du reste, elles auraient été dégradées, et, chaque année, il aurait fallu les reconstruire. On s'est contenté de tracer quelques pistes indispensables, et l'on s'est mis, partout où cela a été possible, à édifier des voies ferrées, seules voies de communications vraiment pratiques dans les pays nouvellement ouverts à la civilisation.

Ici, encore, comme dans l'organisation administrative, l'esprit pratique des Anglais s'est donné libre carrière. Pour répondre à des besoins spéciaux, ils ont construit des voies spéciales ; pas d'œuvres d'art ni d'installations luxueuses comme en Europe : ils ont voulu faire vite et à peu de frais. Tous les chemins de fer construits dans l'Afrique australe sont à voie étroite (1^m,07); on peut ainsi mieux adapter la voie aux formes du terrain qu'on ne pourrait le faire avec la voie normale usitée en Europe, et l'on évite, en même temps, de nombreux travaux d'art.

Le voyageur qui s'attendrait à trouver le long de ces lignes des gares, avec leurs belles constructions et leur attirail de matériel et d'employés plus ou moins utiles, serait fort désappointé. Les Anglais ont parfaitement compris ce que doit être un chemin de fer colonial, appelé à participer au drainage des ressources naturelles d'un pays habité par une population clairsemée. En certaines portions des lignes, dans la région du Karrou par exemple, les stations sont séparées par des intervalles qui atteignent cinquante et jusqu'à quatre-vingts kilomètres, et, dans la plupart de ces stations, il n'y a pas d'employés : ce sont le plus souvent de simples hangars, quelquefois même c'est un simple poteau.

Quoique cette installation puisse paraître précaire, le rendement est en général très satisfaisant. En 1893 par exemple, les recettes brutes se sont élevées à 17.000 francs par kilomètre pour l'ensemble du réseau; elles ont même atteint 25.000 francs dans la région minière. Quant aux frais d'exploitation, ils n'ont pas dépassé 10.000 francs par kilomètre.

Aujourd'hui, le réseau ferré de la colonie du Cap, y compris les chemins de fer de l'Etat d'Orange, qui sont exploités par la même administration, et le prolongement de la ligne de Kimberley jusqu'à Buluwayo, a un développement de plus de 4.500 kilomètres. Il faut y ajouter les 650 kilomètres de Natal et les 800 du Transvaal pour avoir le développement total du réseau ferré de l'Afrique australe, soit 6.000 kilomètres environ.

Si le rêve de M. Cecil Rhodes doit un jour se réaliser, ce réseau est loin d'avoir atteint le maximum de son développement. Quoi qu'il en soit, on peut augurer que peu d'années s'écouleront avant que la ligne du Cap par Kimberley à Mafeking et Buluwayo soit prolongée jusqu'au Zambèze et même jusqu'au lac Tanganyika. Buluwayo a été atteint dans le courant de 1897, la ligne sera prolongée de Buluwayo au Tanganyika ; elle traversera le Zambèze, à 160 kilomètres au-dessous des chutes Victoria, et l'on compte qu'elle sera terminée en 1903.

6· ANGLAIS ET BOERS

Dans le développement colonial qui s'est produit en Afrique australe depuis un quart de siècle, l'augmentation du chiffre de la population a surtout été amenée par l'affluence des chercheurs d'or ou de diamants, ainsi que des gens qui vivent de ceux-ci en pourvoyant à une partie de leurs besoins. Quant à la population agricole, en dehors des quelques coolies importés des Indes par les Anglais pour la mise en culture de la zone semi-tropicale, elle est surtout constituée par les Boers, non seulement dans les deux Etats indépendants de l'Orange et du Transvaal, mais encore dans les possessions anglaises.

Ce sont d'admirables pionniers, et c'est leur présence dans ces contrées qui seule a rendu possibles les progrès qui y ont été réalisés. Dans toutes les régions minières situées à proximité de leurs fermes, la nourriture se trouve en abondance et à des prix abordables ; il n'en est pas de même dans la Rhodesia, par exemple, où l'on est réduit au régime des viandes de conserve.

On eût pu espérer à un moment donné que lorsque la

défiance qu'ils professaient — avec juste raison — à l'égard de M. Cecil Rhodes et de la Compagnie à charte se fut éteinte, un certain nombre d'entre eux consentissent à s'établir dans cette région si favorable à l'acclimatement des Européens. Leur système de vie patriarcale exige de grands espaces, et ils ont montré à maintes reprises qu'ils ne craignent pas de s'expatrier pour trouver des pâturages ou des terrains de culture ; il en est qui, partis du Transvaal, sont allés s'établir jusque dans l'Angola et le Damaraland.

Il n'était pas audacieux, il y a quelques années, d'augurer que, dans un avenir peu éloigné, ils se fussent trouvés en grande majorité dans l'Afrique australe. Ils possédaient, en effet, un coefficient de multiplication suffisamment éloquent, puisque les 26.000 blancs qui habitaient le Cap lorsque les Anglais en prirent possession au début du siècle, étaient devenus 360.000. Mais la guerre qu'ils viennent de soutenir laisse en suspens la solution de cette question.

D'un autre côté, il est fort probable que, lorsque les mines seront épuisées, la plupart des Uitlanders iront chercher fortune ailleurs. En effet, pour bien des raisons, ceux-ci ne pourront se fixer dans l'Afrique australe. D'abord les ressources territoriales n'y sont pas en rapport avec le nombre des immigrés, ni avec leurs facultés colonisatrices. Dans les parties tempérées et facilement habitables, le terrain est surtout favorable à l'élevage ; mais des épizooties nombreuses y sévissent sur les chevaux et les bœufs ; seuls les moutons y prospèrent réellement (1) : il ne faut pas perdre de vue non plus que l'Afrique australe est habitée par des popula-

---

(1) En 1893-94, sur un chiffre d'exportations de 350 millions, l'or et les diamants étaient représentés par 263 millions et la laine par 62 millions.

tions indigènes nombreuses et qui, vivant de l'agriculture, se fixent au sol. Loin de s'éteindre devant l'invasion des blancs, comme les indigènes de l'Amérique ou de l'Australie, ils se multiplient au contraire avec une grande rapidité, depuis que la présence des Européens a mis fin aux guerres de tribu à tribu, qui dévastaient jadis ces contrées. Les Hottentots et les Bushmen paraissent seuls être en voie de disparition.

Ce n'est guère que dans la région même du Cap et sur la côte méridionale, jusqu'à Port-Elisabeth, ou bien à Natal, que les Européens, les Anglais surtout, pourront créer des établissements agricoles; les terrasses du plateau du Karrou ne peuvent déjà plus permettre la culture intensive. Au nord-est de Port-Elisabeth, le sol est fortement occupé par les indigènes et le climat devient trop chaud.

Les contrées qui seraient les plus favorables à l'établissement des Européens sont constituées par les plateaux; le climat y est supportable et la population indigène y est clairsemée.

Avant la guerre du Transvaal, dans toute la partie montagneuse de la colonie du Cap, l'Etat d'Orange et la moitié méridionale du Transvaal, les blancs formaient plus du quart de la population totale. Néanmoins, malgré la richesse de certaines parties, ce sont là principalement des terrains d'élevage, et d'assez grandes distances devront toujours séparer les fermes qui peuvent y être établies. Pour ces raisons, ils conviennent surtout aux Boers et non à des immigrants européens.

Il y avait donc peu de doutes que les Boers n'arrivassent un jour à l'emporter définitivement en nombre sur leurs compétiteurs; la politique anglaise eut dû chercher à se concilier ces derniers; elle paraissait l'avoir enfin compris depuis les événements de 1895, où elle avait été rappelée vigoureusement à l'ordre par l'énergie patriotique de cette race d'élite.

Malgré ces apparences qui ne faisaient que cacher les préparatifs d'une lutte opiniâtre et terrible, les haines entre les deux portions de l'élément européen étaient restées plus vivaces que jamais. Néanmoins, l'entente était bien près de se produire lorsque l'Etat d'Orange, sur l'instigation d'un parti nombreux favorable à la reconnaissance de la suzeraineté anglaise, conclut, en 1889, avec la colonie du Cap, une union douanière à laquelle ont adhéré depuis le Basoutoland, le Betchouanaland et la Rhodesia.

Ç'aurait été un grand pas fait dans le sens d'une fédération des Etats de l'Afrique australe, sous l'égide de l'Angleterre, si, poursuivant sagement et prudemment l'application de ce système, on avait réussi à y faire entrer le Transvaal.

Mais, au lieu de cela, les Anglais ont toujours employé, vis-à-vis de cet Etat des procédés violents.

Nous avons vu que l'Angleterre avait reconnu l'indépendance du Transvaal en 1852 et celle de l'Etat d'Orange l'année suivante; elle espérait alors que le manque de débouchés sur l'Océan ruinerait ces deux Etats et les amènerait à accepter son protectorat. En 1877, elle crut avoir atteint son but. Le Transvaal était aux prises avec d'assez sérieuses difficultés financières, et Cettivayo, roi des Zoulous, se préparait à en faire la conquête. Un commissaire anglais fut envoyé à Prétoria, et il déclara la république du Transvaal annexée aux possessions anglaises, malgré les réclamations du gouvernement transvaalien, auxquelles l'Angleterre répondit par l'envoi d'un corps de troupes.

Les Boers avaient projeté la construction d'un chemin de fer de Prétoria à Lourenço-Marquez, et le matériel avait été acheté. Les Anglais promirent la construction rapide de ce chemin de fer; mais ils s'empressèrent de vendre à vil prix le matériel, qui fut transporté à Natal, où il servit à construire la voie ferrée de Port-Natal à Pieter-Maritzbourg.

C'en était trop. Les Boers prirent les armes, soutenus par le parti hollandais du Cap. Ils battirent les Anglais dans plusieurs combats, notamment à Majouba-Hill, en février 1881, où un détachement de 700 Anglais, retranché sur une hauteur, fut attaqué par 150 Boers et chassé de sa position avec une perte de 259 hommes et 18 officiers, alors que les Boers n'avaient eu que 7 hommes hors de combat, dont deux tués. Grâce à la grande précision de leur tir, ceux-ci avaient obtenu là un résultat qui décida les Anglais à traiter.

L'Angleterre, en 1884, par une convention nouvelle, s'engage à ne s'immiscer en rien dans les affaires intérieures du Transvaal; mais elle se réserve le droit d'opposer son veto, dans les six mois de sa promulgation, à toute convention qui pourrait survenir entre le gouvernement de ce pays et tout autre Etat; c'était l'époque où l'Allemagne s'établissait dans ces parages.

Depuis, le Transvaal a vu renaître sous une autre forme, le péril de son annexion aux possessions anglaises. La découverte des mines d'or amena dans le pays des aventuriers qui ne tardèrent pas à être plus nombreux que les Boers eux-mêmes (1). Les Uitlanders, forts de leur nombre et à peu près sûrs de l'appui de l'Angleterre, réclamait l'obtention de droits politiques. Les leur accorder, ç'aurait été, de la part des Boers, une véritable abdication de tous leurs droits et la perte

---

(1) A la fin de 1895, ceux-ci ne formaient plus que le tiers de la population blanche du Transvaal.

de leurs libertés; aussi résistèrent-ils, d'autant plus que leurs adversaires se vantaient de renverser l'ordre de choses établi.

Pour échapper à l'influence anglaise, ils hâtèrent la construction d'une ligne ferrée entre Prétoria et Lourenço-Marquez; ils accordèrent aux produits de l'Etat d'Orange, ainsi qu'à ceux de Mozambique, l'entrée en franchise, alors qu'ils fermèrent leurs frontières à ceux des autres Etats de l'union douanière.

M. Cecil Rhodes, qui songeait à faire un tout de l'Afrique australe sous l'autorité britannique, voulut tenter un coup de force pour réduire le Transvaal. Un plan d'opérations fut arrêté entre les Uitlanders du Rand et les membres de la Compagnie sud-africaine, et le docteur Jameson, gouverneur du Mashonaland pour le compte de la Compagnie à charte, se mit à la tête du mouvement. Il partit de Mafeking avec une troupe de 800 hommes, comprenant des officiers anglais en activité de service, et envahit le Transvaal en décembre 1895. Il avait eu soin, pour éviter tout ordre de rappel, de couper derrière lui les communications télégraphiques; il voulait mettre l'Angleterre et l'Europe en présence d'un fait accompli, que l'Angleterre aurait certainement accepté s'il avait réussi — témoin la prise de possession du Manica par la Compagnie sud-africaine. Mais les Uitlanders, qui avaient promis leur concours, ne bougèrent pas au moment voulu, et les Boers, qui se tenaient sur leurs gardes, arrêtèrent Jameson à Krügersdorp, où il fut obligé de mettre bas les armes.

Ces événements ont produit en Europe un contre-coup dont nous parlerons plus loin. Dans l'Afrique australe, ils ont détruit tout espoir d'entente entre les deux éléments de la race blanche qui se partagent la plus grande partie du pays. L'Etat d'Orange, qui jusqu'alors s'était montré favorable à l'établissement de la suzeraineté britannique, a adopté lui-même une politique franchement hostile à l'Angleterre.

Pour ramener la confiance, il eut fallu tout d'abord reconnaître franchement l'indépendance du Transvaal et laisser tomber dans l'oubli les byzantines discussions sur la convention de Londres, qui a reconnu, en 1884, l'indépendance et non l'autonomie seulement du Transvaal, et qui, de plus, a effacé le mot de suzeraineté qui était contenu dans la convention de 1881. Il eut fallu également — mais c'était peut-être là beaucoup demander, étant donnée l'attitude prise par l'Allemagne à l'issue de l'affaire Jameson — cesser de considérer comme une espèce de protectorat le droit de veto que possédait l'Angleterre sur les traités ou conventions que pouvait conclure le gouvernement du Transvaal. Enfin, il eut été bon d'engager les Uitlanders à renoncer, durant quelque temps du moins, à toute revendication politique. D'ailleurs cette question des Uitlanders n'eut pas été insoluble, si le gouvernement du Transvaal eut consenti à faire quelques concessions, et il en eut fait certainement si la confiance avait pu renaître.

Obligé de quitter le pouvoir en janvier 1896, à la suite de l'affaire Jameson, M. Cecil Rhodes déclara que, loin d'être terminée, sa carrière politique allait seulement commencer. Il ne renonça pas à ses projets de fédération de tous les États de l'Afrique australe, et, dans le but de les réaliser, il appela dans la Rhodesia tous les Afrikanders sans distinction de race. Il voulait y constituer une puissante organisation économique et politique dont l'action eut pu s'étendre et décider du mouvement général. Mais les Boers se défiaient de lui et de ses compatriotes; l'histoire de leurs relations avec les Anglais depuis le commencement du siècle leur avait appris à connaître l'avidité de ceux-ci. Ils savaient que leurs ennemis n'auraient de cesse qu'ils ne les eussent asservis, aussi firent-ils tous leurs efforts pour se préparer à soutenir une guerre devenue désormais inévitable.

LES ÉTATS DE L'AFRIQUE DU SUD ET LA GUERRE DU TRANSVAAL

En dehors des possessions anglaises, existaient jusqu'en ces derniers temps dans l'Afrique australe deux États indépendants et des possessions appartenant soit au Portugal, soit à l'Allemagne.

L'État libre d'Orange, que les Anglais ont annexé à leurs possessions le 24 mai 1900, s'étend entre le fleuve Orange et son affluent le Vaal, c'était jadis une république agricole; sa population était de 207.500 habitants, dont 77.700 de race blanche. Sa capitale, Bloemfontein, comptait environ 6.000 habitants; elle était reliée au Transvaal et à la colonie du Cap par une voie ferrée qui bifurque, d'une part, sur le Cap et Port-Elisabeth et, d'autre part, sur East-London.

Le principal débouché des produits de l'Etat d'Orange était le Witwatersrand, au Transvaal, en raison des nombreuses populations qu'y a amenées la recherche de l'or.

La République sud-africaine, ou Transvaal, s'étend, entre le Vaal et le Limpopo; c'était jusqu'à l'époque de la guerre, un Etat autonome et indépendant, mais astreint à soumettre à l'opprobation du gouvernement anglais les traités ou conventions qu'il voudrait conclure avec les puissances étrangères, sauf l'Etat d'Orange, ou avec les indigènes.

Sa population était de plus de 900.000 habitants, dont

200.000 blancs; la capitale, Prétoria, est reliée par voie ferrée à Lourenço-Marquez, à Natal (Durban) et à l'Etat d'Orange.

La découverte de riches gisements aurifères a ouvert pour ce pays des perspectives d'avenir extraordinaires. L'exploitation a commencé en 1880, et le commerce du Transvaal, à peu près nul auparavant, s'est élevé subitement à 9 millions en 1883 et à 60 millions en 1888. En 1894, on a exporté 70.448 kilogrammes d'or, soit pour 185 millions de francs. Les installations des compagnies minières pour l'extraction de ces richesses représentent un capital de plus d'un milliard. En dehors des mines d'or, on a découvert au Transvaal des mines de houille, de fer, de cuivre, d'étain, de cobalt, ainsi que des gisements diamantifères.

La ville de Johannesburg, qui s'est élevée en cinq ans au milieu des savanes et qui comptait 100.000 habitants, au début de la guerre, peut donner une idée de la prospérité de ce pays.

Les possessions portugaises de l'Afrique australe sont aujourd'hui divisées en deux parties : le gouvernement général de l'Angola, sur l'océan Atlantique; la colonie de Mozambique, sur l'océan Indien.

Les limites du gouvernement général de l'Angola ont été déterminées par une série de conventions diplomatiques. Au nord et au nord-est, par les conventions du 23 février 1885 et du 25 mai 1891, avec l'Etat du Congo; elles partent de l'embouchure du Congo, coupent le cours de ses affluents le Kouanga et le Kouïlou, suivent une partie de celui du Kassaï et enveloppent la région marécageuse du lac Dilolo jusqu'aux sources du Kabompo, affluent du Zambèze. Au sud, par la convention du 30 décembre 1886, avec l'Allemagne; elles suivent un parallèle partant de l'embouchure du

Kounéné et allant rejoindre le Zambèze aux chutes de Katima ; le cours du Kounéné et du Koubango en modifie légèrement le tracé au bénéfice du Portugal. A l'est, par la convention du 28 mai 1891, avec l'Angleterre, elles suivent le cours du Kabompo et celui du Zambèze jusqu'aux chutes de Katima.

Au gouvernement de l'Angola est rattachée l'enclave de Kabinda, située au nord de l'embouchure du Congo.

La colonie de Mozambique, qui a pris le nom d'Etat libre de l'Afrique orientale, est limitée au nord par la Rouvouma, qui la sépare de l'Est africain allemand ; ses autres limites, ainsi que nous l'avons vu précédemment en étudiant les possessions anglaises, ont été fixées par la convention du 28 mai 1891.

Depuis quelques années, de grands efforts ont été faits pour la mise en valeur des territoires de cette colonie ; mais de sérieux obstacles s'y rencontrent encore : le manque de capitaux et l'opposition turbulente des indigènes.

La baie Delagoa, revendiquée jadis par l'Angleterre et reconnue définitivement au Portugal, à la suite de la décision arbitrale rendue en 1873 par le maréchal de Mac-Mahon, président de la République française, possède le port de Lourenço-Marquez, qui est le véritable débouché du Transvaal. En effet, alors que la distance entre Prétoria et le Cap, Port-Elisabeth ou East-London est respectivement de 1.674, 1.191, 1.114 kilomètres, elle n'est que de 593 kilomètres entre le même point et Lourenço-Marquez. Port-Natal serait le seul point capable de lui faire concurrence.

Lourenço-Marquez est relié télégraphiquement avec Mozambique, Port-Natal et Le Cap ; Mozambique l'est avec Majunga (Madagascar), Aden et l'Europe.

Le Sud-Ouest africain allemand s'étend sur un développement de côtes de 1.300 kilomètres environ, de l'embouchure du Kounéné à celle du fleuve Orange.

En avril 1884, l'Allemagne en prit possession, à la suite de difficultés survenues entre une Compagnie allemande (1) installée dans la baie d'Angra-Pequeña et les Anglais du Cap. L'Angleterre dut reconnaître la souveraineté allemande sur ces régions; mais elle se réserva l'enclave de Walfish-Bay, qui est le seul bon mouillage de la côte.

Les limites orientales ont été fixées par le traité de Berlin du 1ᵉʳ juillet 1890; elles partent des cataractes de Georges-IV sur l'Orange, et suivent le 20ᵉ degré de longitude est de Greenwich jusqu'au 22ᵉ degré de latitude méridionale, ensuite le 21ᵉ degré de longitude est de Greenwich jusqu'au 18ᵉ de latitude méridionale, puis celui-ci jusqu'au Tchobé, en aval de Lynianti; elles suivent ensuite le cours du Tchobé jusqu'à son confluent avec le Zambèze.

La présence des Allemands dans l'Afrique australe a porté un coup sérieux à la puissance anglaise. Naguère, nulle autre puissance ne s'occupait de ce qui se passait dans ces régions et le Portugal lui-même croyait ses possessions assez éloignées pour n'avoir pas à ressentir le contre-coup de son action.

L'issue inattendue de l'escapade de Jameson semblait dans les années qui la suivirent, avoir ouvert un horizon nouveau dans la politique générale. Lorsque son échec fut connu en Angleterre, la population tout entière de la Grande-Bretagne éprouva une émotion aussi grande que s'il se fût agi d'une défaite grave de l'armée anglaise elle-même, et l'amour-propre national se sentit profondément blessé. L'émotion fut à son comble lors-

____

(1) La Compagnie Lüderitz, de Brême.

qu'on apprit la teneur du télégramme de félicitations adressé au président Krüger par l'empereur d'Allemagne.

Le gouvernement anglais et la Compagnie sud-africaine eurent l'habileté de désavouer Jameson, mais implorèrent, pour lui et ses compagnons, la clémence des Boers. Ceux-ci firent preuve de grandeur d'âme et de générosité en refusant de tirer vengeance de l'acte inqualifiable commis à leur égard et en remettant les coupables aux mains de l'Angleterre, afin qu'ils fussent jugés par elle.

Au télégramme de l'empereur d'Allemagne, conçu en ces termes : « Je vous félicite sincèrement parce que, avec votre peuple, sans recourir à l'aide des puissances amies et en n'employant que vos propres forces contre les bandes armées qui avaient fait irruption sur votre territoire en perturbateurs de la paix, vous avez réussi à rétablir sa situation politique et à protéger votre pays contre une attaque provenant du dehors », à ce télégramme, disons-nous, l'Angleterre n'a fait aucune réponse ; elle a feint de l'ignorer, mais elle a donné immédiatement à son amirauté une grande activité.

L'Allemagne venait de se placer vis-à-vis d'elle sur un terrain nettement offensif ; depuis 1870, cette nation a fait de grands progrès, et elle s'est trouvée souvent en concurrence avec l'Angleterre là où cette dernière n'avait eu guère à redouter jusque-là que la concurrence française. Cet adversaire, que l'Angleterre avait rencontré déjà maintes fois sur le terrain commercial et industriel, venait donc de se placer franchement en travers de sa route pour s'opposer à ses agissements en Afrique ; c'était là un fait des plus graves, au point de vue des conséquences, en même temps que l'avènement d'une ère de menaces pour l'avenir.

Les efforts faits par les Allemands, depuis 1884, pour acquérir au Transvaal une influence prépondérante ont longtemps réussi, et on eut pu croire que cette circonstance, jointe aux motifs de haine qu'ont fait naître autour d'eux les agissements des Anglais, ne soit un obstacle à peu près insurmontable à la réalisation des projets de ceux qui rêvaient une fédération des Etats de l'Afrique australe, analogue à celle des Etats-Unis d'Amérique.

Evidemment, cette perspective ne faisait pas du tout l'affaire des coloniaux anglais, dont les intérêts bien compris réclament, au contraire, la prise de possession de ces régions qui détiennent les débouchés naturels de leurs établissements de la Rhodesia, du Nyassaland, du Betchouanaland.

Au grand bénéfice du Portugal, les menées britanniques ont été arrêtées à temps. Les Anglais ne doutaient nullement d'être maîtres, un jour ou l'autre, de toute la partie des possessions portugaises qui se trouve au sud du lac Nyassa; il suffit, pour s'en convaincre, de jeter les yeux sur une carte. Ils n'ont laissé, momentanément dans leur esprit du moins, au Portugal que les points où celui-ci avait effectivement des établissements sur le Zambèze; mais ils se sont emparés de l'embouchure de cette importante voie de pénétration et y ont créé, à Chindé, un port qui prend de jour en jour de l'importance et qui est appelé à devenir l'un des plus importants du monde entier : tel Hong-Kong, qu'ils ont créé de même en Chine, à l'embouchure du Si-Kiang.

Le gouvernement portugais manque de capitaux pour exploiter lui-même ses possessions; il a essayé l'emploi des compagnies commerciales dont les plus importantes sont celles du Mozambique, du cap Delgado, d'Inham-

banc. Mais ces Compagnies ont dû prendre à leur charge
la construction des voies de pénétration, et cela obère
singulièrement leur budget. Si le Portugal trouvait le
moyen d'y faire engager des capitaux allemands ou
français, il est certain qu'il aurait par là une garantie
de plus pour leur sécurité, en même temps qu'un levier
puissant pour assurer leur développement.

Les événements qui se sont déroulés au Transvaal à
la fin de 1895 ont donc amené une modification profonde dans les conditions d'avenir qui semblaient, à ce
moment, s'ouvrir pour l'Afrique australe. Grâce au développement des voies de communications et aux relations qui s'échangeaient de plus en plus entre les peuples de différentes races, l'Afrikander-Bond, ligue formée en 1883, par les Boers, contre la prépondérance
anglaise, avait peu à peu changé d'esprit. La méfiance
que professaient les Boers à l'égard des Anglais semblait s'éteindre, et le parti anglais du Parlement du
Cap acceptait l'idée d'une Confédération sud-africaine,
sous la suzeraineté de la Grande-Bretagne, laquelle
n'aurait eu qu'une influence toute nominale ; mais dont
on se réservait, pour le cas de nécessité, l'appui militaire et maritime.

L'affaire Jameson a tout remis en question et donné
l'éveil aux Boers. Ceux-ci ont senti que leurs ennemis
ne reculeraient devant rien pour les réduire et ils se sont
préparés à défendre leur indépendance par la force des
armes.

Sous le couvert d'une expédition au Swaziland, qui
n'a été qu'une promenade de quelques centaines de
Burghers, des armements considérables furent faits par
le gouvernement boer et poussés avec activité et en
secret, pendant que les relations diplomatiques avec
l'Angleterre devenaient de plus en plus tendues.

Dans le courant de l'année 1899, les événements se précipitent et la guerre devient inévitable. Le 26 septembre, le Volksraad de Bloemfontein, par une fort belle proclamation, déclare « qu'uni au Transvaal par les liens les plus étroits du sang et de la fédération, quoi qu'il puisse arriver, l'Etat libre d'Orange remplira honnêtement et fidèlement envers lui les obligations qui lui incombent par l'effet de la politique existant entre les deux Républiques. »

Le 29 septembre, le ministre anglais Chamberlain émet ces conditions impossibles à accepter :

« Le gouvernement britannique exige que le droit de vote soit accordé aux Uitlanders après cinq ans de résidence, sans formalités qui puissent être de nature à entraver ce droit;

» Séparation complète du pouvoir exécutif et du pouvoir judiciaire au Transvaal;

» Abolition du monopole de la dynamite;

» Démantèlement du fort de Johannesburg;

» Régime municipal particulier à accorder à Johannesburg;

» Admission officielle de la langue anglaise sur le même pied que la langue hollandaise. »

Le 30 septembre, la mobilisation des Boers commence. L'armée du Transvaal comptait 24.000 hommes (13.500 hommes de 18 à 34 ans; 6.600 de 34 à 50 ans; 3.900 au-dessous de 18 et au-dessus de 50 ans); en y ajoutant les Burghers de l'Orange, l'armée de campagne pouvait atteindre l'effectif total de 50 à 60.000 hommes. Ces forces, réunies en commandos sans cohésion et sans discipline, et dont jamais plus des deux tiers ne furent présents sous les armes pendant toute la durée de la guerre, allaient avoir à lutter contre toutes les ressources de l'Angleterre et de ses colonies.

Dès le milieu de l'année 1899, l'Angleterre avait renforcé ses garnisons de l'Afrique du Sud, dont l'effectif se trouva porté à 10.800 hommes. Au début des hostilités, les Anglais disposaient de 25.000 hommes; enfin, le 6 octobre, un corps expéditionnaire de 44.000 hommes fut embarqué pour l'Afrique australe.

A la suite du désastre de Nicholson-Neck, et pour réparer les pertes éprouvées par les troupes du Natal dans les premières opérations autour de Ladysmith, l'Angleterre reconnaît la nécessité d'envoyer des renforts en Afrique. Le 1er novembre, les premiers renforts furent mobilisés; ils furent embarqués successivement et, en février 1900, l'armée anglaise d'opérations atteignait le chiffre énorme de 204.000 hommes.

En ce même mois de février, le budget de la campagne s'élevait déjà à 46.817.333 livres sterling, et, le 28 juillet 1900, à la Chambre des communes, le sous-secrétaire d'Etat à la guerre annonçait une dépense de 61.500.000 livres et un effectif de 233.500 hommes.

Ces chiffres démontrent éloquemment les sacrifices que dut s'imposer l'Angleterre pour asservir ce peuple boer qui, suivant l'expression du président Krüger, devait « étonner le monde ».

Les débuts de la guerre semblaient devoir assurer le succès aux Boers : ils avaient envahi le territoire anglais et mis le siège devant Ladysmith, Kimberley et Mafeking. On eut pu croire qu'ils allaient s'emparer rapidement de ces places, puis pousser jusqu'à la côte, en entraînant après eux les nombreux partisans qu'ils auraient trouvés dans la colonie du Cap, et s'opposer au débarquement des troupes anglaises.

Mais cette guerre est venue une fois de plus, prouver que la bravoure et l'enthousiasme mis au service d'une noble cause ne peuvent à eux seuls assurer des résultats durables. Il a toujours manqué aux Boers la force que procurent la discipline et la cohésion, et ils n'ont jamais pu profiter de leurs succès passagers, ni les pousser à fond et les rendre décisifs, devant des troupes bien organisées, même au moment où ils avaient la supériorité du nombre.

Ils durent céder devant la marche méthodique des Anglais lorsque ceux-ci purent disposer d'une supériorité écrasante.

Le gouvernement britannique déclara l'Etat libre d'Orange annexé aux possessions anglaises le 24 mai 1900 et le Transvaal le 1er septembre de la même année.

Indépendamment de l'intérêt immédiat qu'elle avait à s'emparer de la région des mines d'or, il était certain que la Grande-Bretagne devait faire les plus grands efforts pour assurer le maintien de sa souveraineté sur l'Afrique australe. Elle y est en effet intéressée au premier chef. De tous les points stratégiques de première importance qu'elle possède sur la surface du globe, le Cap lui est peut-être le plus cher. Situé à peu près à mi-distance sur le chemin des Indes et sur la seule route qui pourrait vraisemblablement être utilisée en cas de guerre entre les grandes puissances européennes, cette position a une valeur incomparable, surtout depuis que la France s'est établie à Madagascar.

Du reste, la consolidation de son autorité dans cette partie de l'Afrique se rattache trop à la possibilité du maintien de sa mainmise sur l'Egypte pour qu'elle ait négligé de l'assurer, et nous devons voir là encore une preuve de l'esprit de suite et de la sûreté de vues de la politique anglaise.

CINQUIÈME PARTIE

CONCLUSION

1· L'ÉLÉMENT INDIGÈNE

Au point de vue purement humanitaire, la colonisation, qui consiste, la plupart du temps, à déposséder les populations d'un pays, n'a sa justification que dans l'action civilisatrice, dans le fait d'assurer à ces populations, par le développement et l'utilisation des ressources que celles-ci laissaient sans emploi, des conditions d'existence meilleures et plus conformes aux aspirations modernes.

Au point de vue économique, il n'en est et ne peut pas en être de même; car, dans la lutte pour la recherche des débouchés commerciaux, en même temps que des sources de production, c'est la loi du plus fort qui seule trouve son application.

Néanmoins, les conditions climatériques d'une part, qui, dans la plupart des régions africaines, interdisent aux Européens tout travail manuel, les razzias des marchands d'esclaves d'autre part, qui menacent l'existence même de la race noire, imposent la nécessité de s'opposer, dans la mesure du possible, à la dépopulation du continent africain et exigent des conquérants européens, dans leurs rapports avec les indigènes, la mise en œuvre d'une politique de sagesse et de prudence.

Il ne faut pas perdre de vue, en effet, que, si nous voulons obtenir des indigènes tous les résultats qu'il est possible d'en espérer, nous devons tenir compte de la nécessité inéluctable de respecter les institutions exis- tantes ; or, l'une de ces institutions et la plus importante au point de vue de l'organisation sociale, c'est l'escla- vage.

Les différents Etats européens ont aboli l'esclavage d'une façon solennelle et imprescriptible. Pour l'hon- neur même de l'humanité, on ne peut s'empêcher d'ad- mirer cette mesure ; mais il faut la réserver pour la traite, qui a dévasté et dévaste encore le centre du con- tinent. Contrairement à ce qui a été fait jusqu'ici, dans la plupart des cas, il ne faut pas la confondre avec la captivité, qui est une des institutions fondamentales des peuples de l'Afrique, chez lesquels la société ne com- prend que des hommes libres et des esclaves, et il faut se montrer patient en face de cet esclavage domestique.

Vouloir supprimer complètement et à bref délai la captivité, ce serait, non pas faire avancer le moment où tous les noirs seront libres, mais le retarder peut- être indéfiniment, en en compromettant la possibilité et en créant, chez les populations noires une anarchie complète.

Il y a, chez les peuples africains, deux espèces d'es- claves ; les uns sont des captifs faits à la guerre ou achetés à des marchands, qui s'en emparent dans des razzias ; les autres, captifs héréditaires, font partie de la propriété, presque de la famille du maître. Ces der- niers eux-mêmes ont le droit de posséder des esclaves, qui, à leur tour, peuvent en posséder également.

L'esclave est, par rapport au maître, une sorte d'as- socié qui peut disposer de tout, sauf de son indépen- dance. Les captives peuvent parfois conquérir leur li- berté, lorsque le maître les épouse et que l'union est fertile : c'est ainsi que, dans la famille régnante du

Maroc, qui est d'origine chérifienne, s'est infiltré du sang noir. Les captifs également peuvent conquérir leur liberté, lorsque, par leur intelligence, ils prouvent qu'ils en sont dignes. Un article du Coran dit, en effet : « Quand un esclave te demandera sa liberté par écrit, tu la lui donneras, en y ajoutant une partie des biens que le Seigneur t'a prodigués. »

L'esclavage en Afrique est donc une sorte de hiérarchie sociale, sans classe intermédiaire entre l'esclave et l'homme libre, lequel bien souvent reconnaît lui-même la suzeraineté des fonctionnaires du potentat, qui sont des esclaves de celui-ci. Chez la plupart des rois nègres, en effet, les gouverneurs des provinces, les chefs militaires, tous les représentants du roi, en un mot, sont des esclaves qui agissent en son nom et sous son autorité. Il y a là une organisation sociale qui ne nous est pas encore bien connue et que nous aurions tort de vouloir transformer brusquement.

Avant de songer à faire de tous les noirs, des hommes libres, capables de se diriger et d'agir par eux-mêmes, suivant leur libre arbitre et sans tutelle d'aucune sorte, il faudrait tout d'abord faire entrer dans leur tête certaines idées abstraites, dont ils ne saisissent pas la portée : l'idée de liberté, par exemple, telle que nous l'entendons en Europe. Il faudrait également arriver à remplacer la propriété collective, qui existe dans la plupart des tribus, par la propriété individuelle. Il faudrait, en un mot, transformer complètement le genre de vie de ces populations.

Or, les révolutions sociales ne peuvent se faire brusquement sans de graves dangers. Si nous voulions transformer complètement cette société noire, nous amènerions la ruine complète des hommes libres, dont la richesse s'évalue seulement par le nombre de captifs qu'ils possèdent ; nous enlèverions à l'esclave l'espoir, qui le soutient dans ses épreuves, de posséder lui-même des captifs et de devenir homme libre à son tour. Nous provoquerions un soulèvement général, une guerre terrible, qui coaliserait contre nous maîtres et esclaves ; l'exemple du soulèvement du Soudan égyptien sous l'égide du mahdi, il y a une quinzaine d'années, est assez éloquent pour nous prêcher la prudence.

En admettant même que nous parvenions à changer du jour au lendemain l'état social de ces populations, en libérant tous les captifs, que deviendraient ceux-ci, si l'on ne peut leur procurer, en même temps que la liberté, des moyens d'existence ? En les laissant sans soutien dans une vie toute nouvelle pour eux, en luttant contre leurs traditions, leurs mœurs, leurs convictions religieuses, les idées admises autour d'eux, nous courrions le risque d'en faire des mécontents, des affamés, peut-être des bandits.

Quant aux hommes libres, dont nous aurions consommé la ruine, s'ils ne se sentaient pas assez forts pour nous combattre, ils feraient le vide autour de nous, et, comme la chose s'est déjà produite pour une partie du Sahara, nous verrions les voies d'échange disparaître, ainsi que les courants commerciaux et les marchés avec lesquels nous nous efforçons d'entrer en relations.

Nous n'obtiendrions vraisemblablement pas le résultat cherché, et, après avoir provoqué la ruine d'un certain nombre de régions, qui seraient abandonnées, nous verrions se reporter ailleurs les richesses qu'elles contiennent, en même temps que l'élément indigène, indispensable à leur mise en valeur, aurait en grande partie disparu.

Ce n'est donc qu'avec le temps que nous pourrons arriver à la suppression de l'esclavage ; il faudra pour cela transformer complètement le concept social de la race nègre, et ce sera peut-être l'affaire de plusieurs siècles. Le contact du blanc, le développement des relations commerciales, la création de chemins de fer amèneront, par leur action patiente et continue, l'affranchissement de la race nègre et feront disparaître la barbarie séculaire des peuples de l'Afrique.

Les seules mesures directes qu'il soit possible de prendre dès aujourd'hui consistent à empêcher les grands conquérants, tels qu'Amadou, Rabah ou Samory, de se produire et à mettre un terme aux guerres continuelles de tribu à tribu, ainsi qu'aux razzias des marchands d'esclaves, dont le récit suivant, extrait de la relation du voyage que fit Samuel Baker en 1861 à la recherche des sources du Nil, démontre toute l'horreur :

« A Khartoum, l'argent valant de trente-six à quatre-vingts pour cent, il y a peu de place pour un commerce légitime; aussi n'en fait-on guère d'autre ici que celui des esclaves, et, en général, c'est dans cette catégorie d'affaires qu'il faut ranger ce que l'on appelle le commerce du Nil Blanc.

» Voici comment cela s'organise. Un aventurier sans ressources trouve pour ce négoce à emprunter à cent pour cent. Il lève une bande de coupe-jarrets et part vers le mois de décembre. Au delà de Gondokoro, il s'allie à un chef nègre quelconque, cerne un village hostile à ce dernier, y met le feu, tue les hommes et emmène les femmes et les enfants, avec le bétail, l'ivoire et le reste du butin. Pour sa peine, le chef nègre obtient d'abord trente ou quarante têtes de bétail ; un tiers des vaches et des bœufs revient aux gens de l'expédition, et le reste au négociant, qui rentre graduellement en possession de tout, en troquant contre des esclaves ce qu'ont obtenu ses gens, puis en profitant d'une dispute pour tuer le chef son allié, dont le peuple est à son tour pillé et réduit en esclavage. Le bétail est troqué ensuite contre des esclaves et de l'ivoire. Alors le négociant, laissant jusqu'à son retour une partie de sa bande continuer les mêmes procédés, prend le chemin de Khartoum. A quelques lieues en avant, il se défait de ses esclaves, qu'on expédie vers tous les pays de l'islamisme. Rentré en ville avec son ivoire et son argent, le négociant liquide son emprunt et devient capitaliste à son tour. Tel est le commerce du Nil Blanc. »

Nous avons constaté, au cours de cette étude, que, dans bien des régions, le travail manuel est interdit aux Européens et qu'il y a nécessité à faire exploiter les ressources du sol par l'indigène lui-même. Or, l'expérience, qui a été faite à ce point de vue dans les régions minières de l'Afrique australe, a prouvé que le caractère du nègre s'y oppose malheureusement et que celui-ci ne possède aucune aptitude pour le travail libre, aussi bien dans l'agriculture que dans l'industrie. N'ayant que des besoins insignifiants, consommant peu, les noirs ne conçoivent pas l'utilité de produire au delà des nécessités journalières. Cette apathie naturelle et ce manque de prévoyance, qui caractérisent la race nègre, seront longtemps encore de sérieux obstacles à son émancipation.

Les indigènes se trouvent actuellement dans une situation analogue à celle dans laquelle nous nous trouvions nous-mêmes, il y a deux ou trois mille ans. N'ayant pas à se former eux-mêmes, comme l'ont dû faire les blancs, pour arriver au point où ils en sont aujourd'hui, ils mettront vraisemblablement moins de temps pour atteindre au même résultat. Ils n'auront pas à inventer, mais seulement à imiter ; néanmoins, on conçoit qu'il faudra, pour faire des nègres une population industrieuse, un temps bien long, et l'on ne saurait attendre jusque-là pour mettre en valeur le continent africain.

Grâce à la paix relative que la prise de possession du sol par les Européens leur assurera, les causes qui déciment les populations indigènes disparaîtront prochainement, et celles-ci pulluleront bientôt sur le continent tout entier : dans certaines parties de l'Afrique australe, elles ont plus que doublé durant les vingt dernières années. Or qu'adviendra-t-il si la race nègre se contente d'encombrer le sol sans en tirer toutes les ressources qu'il est capable de fournir ?

Il est absolument indispensable que des mesures soient prises pour engager le nègre à produire plus qu'il ne consomme, pour lui donner enfin le goût du travail, qui est la base de la civilisation.

Dans plusieurs parties de l'Afrique, on a fait en sorte qu'à défaut du goût au travail le nègre ait néanmoins intérêt à travailler, et l'on a établi des impôts sur les habitations ; mais on a pu voir, tout récemment, qu'à Sierra-Leone, cette mesure a amené un soulèvement, les indigènes préférant brûler leurs cases que payer l'impôt.

On peut se demander, en présence de ces difficultés, s'il ne deviendra pas indispensable, pour la mise en valeur du continent africain, de provoquer, comme cela a déjà été tenté sur certains points, l'immigration de coolies venant de l'Inde, ou même de la Chine. C'est là une grave question pour l'avenir des possessions européennes en Afrique.

Peut-être sera-t-il nécessaire, en présence du danger qu'offrirait, pour l'Europe, la multiplication rapide de masses asiatiques sur le sol africain, de renoncer à l'emploi des coolies et de prendre des mesures capables de contraindre les noirs au travail?

Il est inadmissible, dans l'état actuel de la civilisation, que la plus grande partie d'un continent reste improductive et à peine défrichée par une population paresseuse, alors qu'elle peut fournir de nombreuses ressources utiles à tous.

De même qu'en Europe chaque homme valide est tenu de contribuer effectivement, pendant un certain nombre d'années, à la défense de ses concitoyens et des richesses de son pays, de même les nègres devraient, sous la surveillance d'un gouvernement sage et équitable, être contraints à un travail obligatoire pendant un certain temps, afin de prendre leur part des efforts que font aujourd'hui tous les hommes pour assurer le bien-être de l'humanité tout entière.

2· CONCLUSION

Depuis vingt-cinq ans, le domaine colonial de la France s'est accru considérablement, et il est passé d'une superficie de 450.000 kilomètres carrés, avec une population de 3 millions 200.000 habitants, à une superficie de 8.350.000 kilomètres carrés, comptant environ 35 millions d'habitants. Mais, malgré cet accroissement, il a peine à soutenir la comparaison avec l'empire colonial anglais, qui compte plus de 300 millions d'habitants.

Nous avons vu, dans le cours de cette étude, que ce n'est pas dans la prétendue inaptitude des Français à coloniser qu'il faut rechercher les caüses de cette différence, mais que des circonstances multiples ont contribué à la produire.

Certes, les progrès réalisés, depuis un quart de siècle,

dans cette branche de l'activité nationale qu'on appelle l'expansion coloniale, ont été très appréciables; on peut néanmoins se demander s'ils n'auraient pas été plus considérables encore par l'emploi de procédés différents de ceux qui ont été mis en œuvre.

« L'expansion de la colonisation française a toujours eu plutôt le caractère chevaleresque d'aventures militaires que celui de spéculations commerciales.

» Ce sont les hommes d'esprit ardent, les désintéressés et les dévoués qui ouvrent la route, missionnaires, voyageurs, marins et soldats. Le commerçant ne vient qu'ensuite, et le commerçant sérieux ne vient souvent que trop tard, lorsque les étrangers ont déjà pris les meilleures places.

» Les missionnaires partent les premiers; généralement, ce sont des hommes de foi et d'abnégation; mais, quelque conflit survenant, ils réclament la protection nationale. Il y a des persécutions à faire cesser, des injustices à venger, des cruautés à punir; un navire de guerre est envoyé; on tire quelques coups de canon; parfois on débarque joyeusement et on part en guerre. Une poignée d'hommes bouscule une armée d'Asiatiques; on emporte les citadelles de haute-main, et l'on s'installe, insoucieux du lendemain. Nos officiers se transforment alors en diplomates et en administrateurs et apportent, dans cette nouvelle tâche, l'esprit qui fait l'honneur de notre armée et de notre flotte, mais qui, la plupart du temps, est étranger, sinon antipathique, aux spéculations du négoce.

» Bien différente est la politique coloniale anglaise, politique d'intérêt et de bénéfice. On voit rarement les Anglais céder, comme nous, au désir d'assimiler les populations au milieu desquelles ils s'établissent, ni former le rêve de les rendre plus heureuses, de les soustraire à la tyrannie qui les opprime, de les améliorer, de les civiliser, de leur inspirer une sympathie dont ils se soucient peu. Les transformer en consommateurs de produits anglais, tel est le but principal. Aussi, partout le négociant anglais est-il le premier à se montrer. Parfois ce négociant est, en même temps, missionnaire anglican ; mais ces deux natures se confondent, et la première l'emporte généralement sur la seconde, la dirige ou l'inspire. C'est lui qui plante le pavillon national sur de nouvelles terres, et, s'il est porté atteinte à ses intérêts de commerçant, il met en cause l'honneur des couleurs qui flottent sur sa factorerie. L'Angleterre tout entière est prête à en tirer vengeance (1). »

On a souvent reproché à la colonisation française le rôle exclusif que l'Etat s'est attribué dans son développement, dont il a fait une œuvre officielle entraînant pour lui de grands frais. Les Anglais, eux, s'appuient, en principe, sur l'initiative privée : lorsque les pionniers dont nous venons de signaler l'action ont ouvert la voie dans une région offrant quelque avenir, de grandes Compagnies à charte sont constituées, et elles exploitent à leurs risques et périls. Elles jouissent des droits les plus étendus, qui leur donnent la souveraineté sur les régions dont elles obtiennent la concession ; elles sont enfin effectivement protégées par l'Etat, qui leur assure son appui en cas de litiges avec les autres nations.

Les concessions accordées par le gouvernement anglais ont une durée limitée, quoique renouvelable, et, dès qu'une colonie est bien organisée, l'Etat la déclare annexée à ses possessions, dont il augmente ainsi l'étendue sans bourse délier.

---

(1) Général Niox, *L'expansion européenne.*

Grâce à ce système, la race anglo-saxonne s'est étendue sur le monde entier, et elle s'est emparée de toutes les sources de matières premières, ainsi que de tous les principaux marchés du globe, en même temps que le gouvernement anglais créait, sur toutes les routes maritimes, des ports de relâche et des postes de ravitaillement, qui mettent entre ses mains la plupart des points stratégiques du globe et lui assureraient, en quelque sorte, en cas de guerre, le monopole de la navigation (1).

Les deux systèmes de colonisation, anglais et français, sont actuellement en action en Afrique, et nous avons vu par quels procédés le premier cherche à s'assurer non seulement la plus grande, mais encore la meilleure place.

Grâce à ses intrigues et surtout à l'esprit de suite qui caractérise sa politique, l'Angleterre a réussi à s'emparer des principaux débouchés du continent africain. Elle jouit, dans toute la partie australe de ce continent, d'une autorité presque incontestée ; elle a réussi à étendre sa colonie du Cap jusqu'à la région des Grands Lacs, coupant en deux tronçons les possessions portugaises, qui sont séparées aujourd'hui par une zone anglaise de près de 800 kilomètres de largeur.

Elle a été assez habile pour contrecarrer, dans ces régions, les projets allemands, et, si la faute colossale commise à la fin de 1895 lui a aliéné d'une façon définitive l'esprit des Boers, et a amené la ruine momentanée de l'idée d'une fédération de tous les États de

---

(1) Les colonies françaises autres que l'Algérie et la Tunisie font un commerce total d'environ un demi-milliard, dont les 2/3 avec la France ; elles coûtent à l'État 72 millions environ. Les colonies anglaises font un commerce d'environ 12 milliards, dont 5 avec l'Angleterre ; elles coûtent à la métropole 50 millions.

l'Afrique du Sud sous la suzeraineté britannique, elle a su s'emparer par la force des territoires des deux Républiques sud-africaines. Le prodigieux développement économique auquel sont arrivées ces régions depuis moins de quinze ans, joint à l'extension du réseau ferré, aux conventions postales et télégraphiques, amènera peu à peu, par la communauté d'intérêts longtemps contradictoires, l'affaiblissement des rivalités de race; enfin, la résistance si légitime des Boers finira probablement par s'éteindre grâce au temps et à l'emploi d'une politique habile, et ces différentes circonstances rendront peut-être un jour cette fédération possible.

Maîtresse à peu près incontestée de l'Afrique australe, l'Angleterre, implantée en Egypte, s'est emparée du bassin inférieur du Niger et s'efforce de prendre des dispositions grâce auxquelles le continent africain tout entier, avec ses nombreuses populations, avec ses fleuves immenses, avec ses productions de toutes sortes, puisse, à un moment donné, tomber en son pouvoir, lui assurant, comme jadis les Indes, des richesses presque sans limites.

Elle a dû consentir à partager son influence avec celle de la France, qui a des droits incontestables sur toute la partie septentrionale du continent; mais elle a eu soin de ne laisser à celle-ci que des espaces à peu près déserts, quoique immenses, espaces habités par les races belliqueuses et fanatiques, soumises à la loi du Coran. Elle a eu soin de se réserver, dans ce partage léonin, toute la partie vraiment fertile, peuplée par des populations calmes et drainée par des fleuves ouvrant des communications à la fois faciles et nombreuses. Pour le bassin du Congo seul, sa politique s'est trouvée en défaut, et elle n'a pu empêcher la France de se créer des droits incontestables, devant lesquels elle devra s'incliner.

Tenir les cours du Niger et du Congo, c'est en effet être maître des relations commerciales de l'Afrique centrale. Aussi conçoit-on le soin qu'ont pris les nations européennes d'assurer solennellement la liberté de la navigation sur ces deux fleuves.

Le traité de Berlin du 26 février 1885 a déclaré, en effet, que le système du Niger et de ses affluents d'une part, celui du Congo et de ses affluents d'autre part, sont ouverts librement à tous les navires marchands, sans distinction de provenance. Un article spécial porte, de plus, que les routes, les chemins de fer, les canaux latéraux qui pourraient être établis pour suppléer aux parties dangereuses et non navigables de ces fleuves sont également internationalisés. Ce sont là des garanties que l'Europe a dû prendre contre l'avidité anglaise, et nous avons pu constater, dans le cours de cette étude, qu'il est nécessaire aujourd'hui d'étendre au Nil le même régime, et que, dans l'intérêt général de tous les peuples, aussi bien que dans celui de l'Egypte elle-même, il serait à désirer que cette dernière contrée fût également internationalisée.

Dans la part qui lui a été reconnue par le traité du 5 août 1890, la France a cherché à étendre son influence; elle a créé des troupes sahariennes et leur a fait occuper une série de postes militaires qui lui assurent la possession du Sahara algérien et ont préparé la conquête du Touât, région qu'il nous faudra arracher définitivement à la domination des Touareg Ahaggar.

Par la prise de Tombouctou et par les traités conclus avec le sultan de l'Adrar et avec les Touareg Aouëlimmiden, la France peut considérer le Sahara occidental et le Sahara central comme définitivement placés sous son influence exclusive; mais le rêve des enthousiastes qui voient déjà, depuis les projets élaborés en 1879, un courant de transit établi régulièrement à traver le Sahara, par voie ferrée, entre l'Algérie, la Tunisie et le Soudan central, n'est peut-être pas près de se réaliser, malgré les avantages que nous en pourrions tirer au point de vue stratégique.

En effet, en admettant même qu'on puisse prendre sur les écumeurs du désert une influence assez grande pour s'assurer contre leurs déprédations, rien ne prouve que le commerce de transit serait assez rémunérateur pour combler les frais et produire des bénéfices. Pour atteindre ce résultat, il faudrait que deux conditions essentielles fussent remplies : tout d'abord, suggérer des besoins aux indigènes, en créant autour d'eux un milieu nouveau capable de les assimiler, afin d'en faire des consommateurs; créer au Soudan de grands établissements agricoles, miniers ou industriels capables de fournir des produits d'exportation en quantité suffisante. C'est une perspective d'immenses efforts à entreprendre, et rien ne prouve que, lorsqu'on les aura tentés, ce n'est pas par la voie du Niger que leur écoulement se fera vers l'Europe. Il n'y a, en effet, que 1.500 kilomètres de Sokoto au golfe de Guinée par la Bénoué et le Niger, alors qu'il y en a 2.500 de Sokoto à la Méditerranée.

Nous avons commis une faute en laissant les Anglais nous supplanter sur la Bénoué, et nous en subirons sans doute longtemps les effets.

Les Anglais ont, en quelque sorte, escamoté l'Egypte; ils ont dépossédé brutalement le Portugal de ses possessions, et, depuis quinze ans, leur ambition est d'établir un empire africain britannique, sans solution de continuité, du cap de Bonne Espérance jusqu'à Alexandrie.

Nous avons vu leurs tentatives pour obtenir une zone anglaise entre le Tanganyika et l'Albert-Nyanza, leur mainmise sur l'Ouganda, leurs essais d'arrangement avec l'Etat du Congo, leurs conventions avec les Allemands pour le partage du Tchad, le traité de 1897 avec Ménélik, tous leurs efforts enfin pour empêcher les Français d'atteindre le Nil.

Au cours de cette étude, nous avons constaté que la France n'avait pu conserver, tant en ce qui concerne le chiffre de sa population qu'en ce qui a trait à son commerce et à son industrie, la place relative qu'elle occupait au commencement du siècle. Malgré les tendances de certains esprits, il ne faudrait pas croire, pour cela, que sa puissance ait décru effectivement; mais ce qui est certain, c'est que des rivaux jadis négligeables ont grandi autour d'elle.

Longtemps elle a servi de modèle et de sujet d'études pour les autres nations, et les leçons qu'elle a données à celles-ci n'ont pas été perdues pour elles. A nous de savoir nous reprendre aujourd'hui, si nous voulons rendre à la France la place qu'elle doit occuper à la tête de la civilisation. Regardons autour de nous ce que font nos voisins, et, dans la grande lutte pour l'existence, ne craignons pas d'employer les mêmes armes qu'eux-mêmes. N'oublions pas que la concurrence vitale est faite de continuels combats et que la vie, pour les peuples aussi bien que pour les individus, réside dans le mouvement, dans l'activité.

Le siècle qui vient de s'ouvrir, plus peut-être que ceux qui l'ont précédé, sera un siècle de lutte. De tous côtés, des champions se lèvent pour entrer dans l'arène, et la guerre économique que se livrent toutes les nations semble devoir gagner encore en intensité.

Cette guerre de tous les jours tend à augmenter considérablement le budget de chaque peuple en exigeant une plus grande somme d'efforts dans les travaux publics pour le développement des voies de communications ; dans l'outillage indispensable pour soutenir, avec chances de succès, la concurrence économique ; dans la constitution d'une force militaire·et maritime capable d'imposer le respect, en même temps que d'inspirer une crainte salutaire. Et ce budget ne pourra s'équilibrer que par un travail incessant dans toutes les branches de l'activité nationale.

Persuadons-nous bien que, dans cette lutte grandiose, la victoire appartiendra finalement au peuple qui aura su maintenir les sentiments moraux au point le plus élevé, à celui chez lequel chaque individu verra avant tout le devoir et ne songera à ses droits que pour faire mieux et mieux encore. — Au peuple dont les divers membres, à tous les degrés de la hiérarchie sociale, auront l'énergie nécessaire pour joindre la volonté la plus ferme à l'esprit de sacrifice et d'abnégation le plus complet. — A celui, enfin, qui saura favoriser la mise en relief et l'utilisation des vraies capacités et assurer, au profit de l'ensemble, l'indépendance des caractères, en facilitant le développement des initiatives particulières.

Il faut, en définitive, que le mot d'ordre de demain soit plus que jamais :

PRO PATRIA !

PRINCIPAUX OUVRAGES CONSULTÉS

Général Niox, *L'expansion européenne.*
Commandant Leblond, *L'Afrique* (Cours de l'Ecole supérieure de
   de guerre).
Pierre Leroy-Beaulieu, *Nouvelles sociétés anglo-saxonnes.*
Général Philebert, *Le partage de l'Afrique.*
Colonel Chaillé-Long-Bey, *L'Egypte et ses provinces perdues.*
Octave Borelli, *Choses politiques d'Egypte.*
Arthur Silva-White, *Le développement de l'Afrique.*
Capitaine Binger, *Du Niger au golfe de Guinée.*
Lanier, *L'Afrique.*
Maspero, *Histoire ancienne des peuples de l'Orient.*
De Lanoye, *Le Nil, son bassin et ses sources.*
L'Afrique française (publication périodique).
Etc., etc.

TABLE DES MATIÈRES

II. — LE SOUDAN

III. — CONGO

IIIe PARTIE

AFRIQUE ORIENTALE

IV° PARTIE

AFRIQUE AUSTRALE

V° PARTIE

CONCLUSION

Paris et Limoges. — Imp. milit. Henri CHARLES-LAVAUZELLE.